人文教育就是人心教育：人的善良心、
同情心、责任心、羞耻心和爱国心。

——高万祥

· 教育家成长丛书 ·

高万祥
与人文教育

GAOWANXIANG YU RENWEN JIAOYU

中国教育报刊社 · 人民教育家研究院 组编

高万祥 著

北京师范大学出版集团
BEIJING NORMAL UNIVERSITY PUBLISHING GROUP
北京师范大学出版社

图书在版编目（CIP）数据

高万祥与人文教育/高万祥著；中国教育报刊社人民教育家研
究院组编. —北京：北京师范大学出版社，2015.10（2025.3 重印）
（教育家成长丛书）
ISBN 978-7-303-19131-4

Ⅰ.①高…　Ⅱ.①高…②中…　Ⅲ.①中学语文课－教学研究
Ⅳ.①G633.302

中国版本图书馆 CIP 数据核字（2015）第 134601 号

出版发行：北京师范大学出版社 https：//www.bnupg.com
　　　　　北京市西城区新街口外大街 12-3 号
　　　　　邮政编码：100088
印　　刷：北京虎彩文化传播有限公司
经　　销：全国新华书店
开　　本：787 mm×1092 mm　1/16
印　　张：19.5
字　　数：320 千字
版　　次：2015 年 10 月第 1 版
印　　次：2025 年 3 月第 2 次印刷
定　　价：65.00 元

策划编辑：伊师孟　　　　　责任编辑：鲍红玉
美术编辑：焦　丽　　　　　装帧设计：焦　丽
责任校对：陈　民　　　　　责任印制：马　洁

教育家成长丛书

编委会名单

总　序

　　教育是国家发展的基石，教师是基石的奠基者。古人云："国将兴，必贵师而重傅。"兴国必先强教，强教必先重师。党中央、国务院高度重视教师队伍建设。2013 年教师节，习近平总书记在给全国广大教师的慰问信中指出："百年大计，教育为本。教师是立教之本、兴教之源，承担着让每个孩子健康成长、办好人民满意教育的重任。"2014 年，在第 30 个教师节前夕，习总书记到北京师范大学视察并发表重要讲话，指出："一个人遇到好老师是人生的幸运，一个学校拥有好老师是学校的光荣，一个民族源源不断涌现出一批又一批好老师则是民族的希望。"《国家中长期教育改革和发展规划纲要（2010—2020 年）》也明确提出，"有好的教师，才有好的教育"，要"努力造就一支师德高尚、业务精湛、结构合理、充满活力的高素质专业化教师队伍"。"倡导教育家办学"，要创造有利条件，鼓励教师和校长在实践中大胆探索，创新教育思想、教育模式和教育方法，形成教学特色和办学风格，造就一批教育家。"两个一百年"奋斗目标的实现、中华民族伟大复兴中国梦的实现，归根结底要靠人才、靠教育，而支撑起教育光荣梦想的，是千百万的教师。

　　时代呼唤好老师。有一流的教师，才有一流的教育；有一流的教育，才有一流的国家。出名师、育英才、成伟业，是时代赋予我们教育战线的神圣使命。"所谓大学者，非谓有大楼之谓也，有大师之谓也。"好学校、好教育的最重要标准，就是要有好老师。一所学校、一个地区，乃至一个国家，如果教师有理想、有爱心、有学识、有高超的教育艺术，那么即使硬件设施有些简陋，家长、学生也会心向往之。教师是中国梦的奠基者。教师的重要使命，就是为每个孩子播种梦想、点燃梦想，并帮助他们实现梦想。每一间平凡的教室，每一节朴实的课，都不仅是知识的传递，而且是人类文明精神的接续、人生梦想的起航。正是有亿万个孩子梦想的放飞、绽放，中国梦才更加光彩夺目。如果说中国梦最坚实的土壤是学校，那么教师就是最伟大的"筑梦师"，他们用默默无闻、孜孜不倦的智慧劳动，让每一颗年轻的心灵都与中国梦激情相拥。

倡导教育家办学，造就一批好老师，首先要尊重、珍惜我们的本土智慧、本土创造。教育家不是凭空产生的，而是扎根于自己的民族文化土壤，同时吸收人类文明成果，从而创造出独特而生动的教育实践、教育智慧和教育文明。五千年源远流长的中华文明，不但形成了有我们民族特色的教育理论体系，而且涌现出了千千万万优秀的教育家，有被推崇为"大成至圣先师""万世师表"的孔子，有"匹夫而为百世师，一言而为天下法"的韩愈，有"捧着一颗心来，不带半根草去"的人民教育家陶行知，等等。改革开放 40 年来，随着教育改革的不断深入，教育战线涌现出了一大批杰出教师。他们痴情于教育事业，坚守理想信念和教育良知，在三尺讲台上默默耕耘、刻苦钻研，同时以敢为天下先的精神大胆创新，不断进取、不断超越，形成了各具特色的教育思想和教学风格。正是他们的成功探索和实践，创造了具有中国风格的教育经验，丰富了具有中国特色的教育理论宝库。原由教育部师范教育司组织编写，现由中国教育报刊社人民教育家研究院组织编写的"教育家成长丛书"，就是要向这些宝贵的本土创造性的教育经验致敬。

当前，教育领域综合改革正在深入推进，考试招生制度改革的大幕已经拉开，立德树人、培育和践行社会主义核心价值观成为大中小学教育的头等任务。可以预见，中国教育将发生深刻的变革，将从"中国制造"向"中国创造"转变。"没有革命的理论，就没有革命的运动。"没有适合中国土壤、具有中国智慧的教育理论，就不可能为未来的中国教育改革提供有效的指导。我们的教育要向"中国创造"飞跃，必然要首先创造属于我们自己的教育理论，而不是"言必称希腊"或者老是贩卖欧美的教育理论。170多年前，美国思想家、诗人爱默生发表了著名演说《美国学者》，号召美国知识界："我们依赖旁人的日子，我们师从他国的长期学徒期时代即将结束。在我们周围，有成百上千万的青年正在走向生活，他们不能老是依赖外国学识的残余来获得营养。"由此，美国迈入精神立国阶段。

如今，我们也面临与爱默生同样的情形。随着我国GDP已从世界第二向第一迈进，我们要自觉养成强烈的"中国意识"，独立的中国文化品格，并由此去环视世界，去改造本土实践，去创造属于我们自己的精神养料——这在教育界显得尤为紧迫。"教育家成长丛书"，旨在把我们本土教育实践中蕴含的中国智慧提炼出来，从而形成具有时代意义的中国特色的教育话语体系，再以此去观照、引领、改造中国的教育实践，为伟大的教育改革提供经验、理论支持，也为未来的教育家提供丰富、可资借鉴的精神养料。

让我们为中国教育的伟大未来一起努力吧！

2018年3月9日

前　言

　　见证着中国基础教育半个世纪的春华秋实，代表着中国基础教育教学成果的最高成就——"首届基础教育国家级教学成果奖"，闪耀着李吉林、窦桂梅、吴正宪、张思明、洪宗礼、唐江澎、邱学华、于永正、孙双金、薄俊生、龚春燕等一大批优秀教师的名字。而上述这些教师杰出代表恰恰都是《人民教育》"名师人生"栏目中最受读者喜爱的名师，都是"教育家成长丛书"的作者。

　　"教育家成长丛书"（以下简称"丛书"），是在第 20 个教师节前夕，为了研究、总结、宣传和推广我国众多优秀中小学教师的先进教育思想和鲜活宝贵的教育教学经验，培养造就一大批德才兼备的优秀教师和杰出的教育家，促进教师队伍整体素质的提高，根据教育部党组安排，由师范教育司组织编写的一套凝聚着一大批教育家成长智慧的大型教育丛书。

　　"丛书"自 2006 年问世以来，不但得到国务院和教育部领导同志的高度重视，而且先后印刷多次尚不能满足广大读者的需求。这其中的奥秘何在？

　　当你翻开"丛书"，每一部著作都讲述着一位教育家成长的故事。这些著作主要从"成长历程""思想概述""课堂实录"和"社会反响"等方面全景式反映其教育思想、教育智慧、专业精神和专业人格的形成过程与教学实践过程。这是教育家成长的基本素质所在。

　　当你沿着教育家成长的足迹走近他们的时候，你会融入这些带有"草根色彩"、扎根中华教育实践大地、充满田野芳香的真实感人的教育故事中。

当你从"丛书"中，从这些当年和自己一样的普通教师，成长为今天受人尊敬的教育家的成长过程中受到启迪，当你触摸着自己的心，把学生的成长和祖国的未来紧紧连在一起的时候，你会真切地感受到教育家离我们并不遥远。

当你用整个身心蘸着自己的生活积累去品味"丛书"中的每一部著作的"成长历程"时，在一位位名师不断学习、不断超越自我、不断超越学科教学的求索足迹中，你会读懂"教育是事业，其意义在于奉献"的丰富内涵。

当你研读"丛书"中的每一部著作的"思想概述"，和每一位名师展开心灵对话的时候，都会深深地感受到，一名教师对教育独立的理解与执着的追求有多么重要。从一名普通的教师成长为受人尊敬的教育家的过程中，你会读懂"教育是科学，其价值在于求真"的深刻含义。透过"丛书"，你会看到一代代教师用爱与智慧塑造民族未来的教育理想。

随着我们从"知识核心时代"走向"核心素养时代"，教师教育教学活动的视野已拓展到人的生存与发展的方方面面。教师要结合自己的教学实践去感悟"教育理念是指导教育行为的思想观念和精神追求"，应该把爱化为自己的教育行为，让爱充盈课堂，触摸到一个个灵动的生命，让爱产生智慧，让爱与智慧在学生心中留下岁月抹不去的美好回忆，让教育者和受教育者都感受到教育的幸福。这是"丛书"给我们的启示，也是每位教师应有的胸怀和视野。

时代呼唤教育家。为了进一步把我们本土教育实践中蕴含的中国智慧提炼出来，从而形成具有时代意义的中国特色的教育话语体系，以此去观照、引领、创新中国的教育实践并在更大范围加以推广，"丛书"将由中国教育报刊社人民教育家研究院继续组织编写，希望能够在更广大教师的心田中播种教育家成长的智慧，从而出更多的名师，育更多的英才，成就中华民族复兴的伟业。这是时代赋予广大教育工作者的神圣使命。如果广大教师能在每位教育家成长、探索教育智慧的过程中受到启迪，形成自己的教育智慧，则实现了我们编辑这套"丛书"的初衷。

"教育家成长丛书"
编委会
2018 年 3 月

目 录
CONTENTS

教育，我的宗教
——我的成长之路

文化关怀：把人看成目的
——我的教育理念

大爱，浓缩在细节里
——我的校长工作案例

颠倒的聪明
——我的语言教学案例

教育情怀教育诗
——社会反响

附　录

教育，我的宗教

——我的成长之路

一、慈母是堂上的活佛

"你在哪里？下班了吗？吃晚饭了吗？去看宝宝（我小外孙女）了吗？"每天傍晚，电话线那头总传来母亲如此亲切地询问。唠叨不已的话还有："雷雯（我妻）呢？她身体好吗？你到外面吃饭为什么不带她一起去呢？你为什么不带她一起出门（指旅行）呢？"几十年反反复复、念兹在兹的内容，于我不啻凤鸣朝阳。思维敏捷，口齿清楚，声音清脆有力，让人不敢相信母亲已是一个 88 岁的老人。佛经有云："送给父母的最好礼物，就是每天两三次面带笑容向父母请安。"也许应该这样理解，当自己想要孝敬父母而能力上又不允许时，至少应该让父母常常看到自己的笑容和健康的身体。因为这才是父母最高兴的。我为什么每天至少给母亲打一次电话，尽管明知没什么要紧的事情联系，尽管日复一日、年复一年地不断重复说一些冬温夏清的家常话，除发自内心地对母亲的牵挂思念，很重要的一点就是想让母亲知道，我过得很好，我很开心、快乐。相信母亲在电话的那一头，能"看"到我的笑容和健康。

慈母是堂上的活佛。母亲 1926 年出生在南通狼山脚下的一个叫小娘港的小镇上。1931 年因长江特大洪水，6 岁的母亲和我外婆被水患赶到了长江南岸，全家落脚在常阴沙"陶岸三圩"，就是今天的张家港市乐余镇红星村二组。八十多年后，读传记《枯木开花》等书后，我才知道，和我母亲因为同一个原因，从同一个小镇上流落到江南同一个地方不远处的还有一个当时尚在襁褓中的男孩，姓张名保康，学名张志德，以后在狼山出家为僧，法号"圣严"——台湾高僧圣严法师是也！尽管圣严和我们母子及家人属清尘浊水，但秋水伊人，从此我对这位本就堪称伟大的大师就特别亲切，也莫名地为母亲、为家乡有如此一代高僧而骄傲不已。甚至我常默默思忖，母亲那种深入骨髓的善良和慈悲，那种似乎是天生的佛性和圣严，又有着怎样的内在联系呢？

2011 年 12 月 25 日，星期天。上午九点二十分，我给几位挚友发出如此手机短信："上午好！早早地从苏州赶到乡下，在老家乐余镇上的菜场买了菜，回到母亲身边了。此时此刻，和母亲、二哥及邻居坐在满是阳光的屋子里晒着太阳，吃着母亲烧的饭泡粥。那是铁锅里做的饭，有着久违的锅巴的香味，吃着特别有味道。一边看着屋前的菜地，一边把目光停留在菜地边上结满了冰块的小河上。一切都是如此亲切。在母亲身边觉得天上的阳光格外温暖。"在母亲身边，总是特别温暖。记忆深处，永远忘不掉的是儿时母亲替我洗脸后一定会搂着我硬往我脸上涂雪花膏的画面；永远忘不掉的是大学时代每一次放假回家，迎接我的总是那暖烘烘的、透着太阳气息和特殊香味的热被窝。短信回复中，河北唐山开滦一中校长、作家张丽钧的最让我动心："读你发来的关于母亲的那条短信，让我心中又甜又暖。活到我们这个年龄，在看轻一些东西的同时，也开始看重一些东西。分享着你的轻与重，我在觉悟中微笑。"是的，我现在特别看重一些东西，如亲情友情、平淡真实、健康快乐、宁静喜悦。此时此刻，回忆关于父母、关于亲人、关于家乡的尘封往事，我特别看重的是慈母那特别的善良、博大和真爱。

"母年一百岁，常忧八十儿。"如今，母亲自下，四代同堂，老人对每一个子孙都关怀备至。对哪一个喜欢吃什么菜肴、什么水果、什么零食，哪一个不爱吃或忌口什么，哪一个近来工作状况怎样，哪一个近来身体状况如何等都了如指掌。一个个地关心，一次次地操心。主题永远不变，一定是身体健康、家庭和谐。我们一代兄弟四个，没有姐妹，而我们的下一代则是六朵金花，没一个男孩。我女儿是六姐妹中最小的，说实话，当时我特别希望能有个儿子。1984年农历2月19日，我守在医院产房门口，当护士抱着女儿推门报喜时，我有点失落地脱口而出："哟，怎么又是女孩？"然而，我母亲却没有一点点重男轻女的狭隘。早年她还一直安慰我们兄弟："生儿生女都一样，而且还是生女儿好。你们看，我生了你们兄弟四个，多辛苦。现在，幸亏我有了六个孙女，一年到头给我买吃的穿的，根本吃不掉、穿不完啊！"说这话时，母亲是满脸的笑容和满足。六个孙女，基本上都是她一把屎一把尿地带大的。现在六个孙女中的五人已绿叶成荫，母亲常常提醒我们："什么时候把宝宝带回乡下来，让我看看呢？"我家里的书桌上，摆放着一张照片，那是我母亲和刚满一周岁的我的小外孙女的合影。母亲端坐在凳上，脸上浮现着淡淡而宁静的笑意，目光里满是慈祥和温柔。母亲左手抱着宝宝。小宝宝那双可爱明亮的眼睛注视着前方。在柔和的光线和并不优雅的背景中，这一老一少沉浸在相互之间的热爱和信任之中，犹如一首蕴藉耐读的诗，犹如一尊时光悠远和充满人性之爱的雕塑。百看不厌之际，我的心间总有一股暖流：常回家看看。虽不能在母亲身边昏定晨省，但心里总想着，此生此日，结草衔环，定当尽力行孝。每次回家，母亲一定会倚门倚闾，我的饮食起居母亲也总是臻臻至至。每次话别，母亲总会送出家门，一字一珠地叮咛再三之后，总是原地伫立，目送我的车渐行渐远。驹马三跪拜，报答舐犊情。燕子行千里，回归家门口。母亲是永远也走不出的生命家园。

母亲一直住在乡下，横竖不肯住进城里。其中很重要的原因是乡邻乡亲关系融洽。因为对人对事总佛眼相看，母亲特别受人尊敬。农户人家，难免父子不和、婆媳反目，张家长、李家短，大家都愿意找我母亲诉说倾吐。不肯住进城里，还因为农村里有精神和信仰生活。一是家庭祭祀。每年的清明和除夕必定举行隆重大祭。先是在家中祭供，满桌的鱼肉酒菜，酒过三巡之后，举家一个个地磕着响头，最后是焚烧纸钞元宝以给逝者金钱。家中仪式既毕，必去墓地上坟，再如此这般重新演绎一遍。另外，一年中，我爷爷奶奶、外公外婆和我父亲的忌日，也必有神圣庄重的合家祭祀。除不去上坟以外，其他程序一如清明、除夕。每逢这些日子，母亲总要先做长久准备，这主要是做金元宝之类的工作。尽管现在街市上应有尽有，但母亲总仍要十分虔诚地亲手为之。于她，此中必有一番真意，我们也不去探究和干扰。不去干扰她的，还有社会性佛事活动。她有一个相对固定的生活圈子，都是一些同龄老太太。一年到头，方圆百里，她们都会结队前往，或庙宇，或善男信女之家中，参加佛事祭奠。我对兄嫂侄女们说，应该支持她，因为至少有两条重要理由：一是外出踏青郊游，有益身体健康；二是精神上有所寄托，有益心情愉悦。母亲往往真诚中有几分神秘地对我们说："为什么我们全家上下如此平安康健，全靠菩萨保佑啊！"我理解，母亲自信她是佛祖和我们家之间的联络人。我想，也许母亲这类人可能是中国农村最后一代有信仰的人。

中国农村最后一代如此勤劳能干的最优秀者。儿时乡下没电，每晚床头伴我入睡的昏暗的灯草，总摇曳着唐诗般的蕴藉，母亲纺纱织布的声音，是我童年最优美的摇篮曲。兄弟四个，从小所有的穿戴，从头上的帽子到脚上的袜子，都是母亲一手缝制的。而且是从田里的棉花收上来，一直到穿在我们身上，其中所有的生产工艺都是在家里完成的。轧花脱籽、弹花、纺纱、浆纱、织布、染色、裁剪制衣，母亲什么都会，什么都做。白天生产队要上工，以上所有劳作全在早晚和雨天进行。母亲每天都纺纱织布，忙到深夜，睡下去几个小时，醒来再也不敢赖床，起来又是继续，同时还要洗衣做饭，还要把我们兄弟一个个地叫醒起床。母亲喊我们起床的声音整个生产队都能听到。母亲喊我们起床的声音和模样，五十多年后我仍历历如在耳目。直至前年，有一次和母亲闲聊，我才十分惊讶地知道，当年不仅是我们自家，整个生产队近二十户人家的布都是我母亲织的，而报酬只有工分。因此，我母亲小女子一个，工分却是全生产队最高的。年成好，年终按工分能分得一些小钱，而年成不好的时候，工分分文不值。然而现在我懂得了，母亲的勤劳是一种信念和责任——维持生计，创造家庭幸福！为此，她可以忍受最繁重的体力劳动，忍受无数个接连不断的生活磨难和打击。从南通狼山到江南沙滩，母亲的移民拓荒背景，母亲的克勤克俭和大爱本身，母亲的信念和责任，给我的成长烙上了深深的印记。母亲是我这辈子最好的老师。"世若无佛，善父母，即是事佛。"佛家经典中的如是偈颂，一直回响在我耳边。

二、种桃种李种春风

我在2009年出版的拙著《优秀教师的九堂必修课》的后记中写道："在生活中，我并不是一个喜欢和擅长讲话的人，但从小学开始，往往有机会在正式场合发言。这首先要感谢我小学五、六年级的语文老师同时也是班主任的程丽华老师。正是她的赏识鼓励，我有了很多锻炼和出风头的机会。"遇见程老师是我一辈子的福分。人生天地，于千万人之中，于时空无涯的荒野里，没有早一步，也没有晚一步，遇见本是一瞬间的事。有些遇见是相识恨晚，有些遇见会成为生命的捉弄，但总有一些遇见会影响人的一辈子。种桃种李种春风，生命中，和程丽华老师的遇见影响了我的人生轨迹。

还是顺着我在后记中的话说下去。小学阶段我最出风头的发言是在全校师生大会上批斗校长方龙江先生。四十多年来，每想到这件事，我总有一种十分强烈的内疚。那是1966年，我小学毕业的那一年，中国历史上也是人类历史上一场最大的惨剧"无产阶级文化大革命"，一夜之间出现在中国大地上。用当年的话说，那可是风卷残云，摧枯拉朽，势不可挡啊！我读书的家乡村校义成小学校长方龙江，成了首当其冲的受难对象。方校长是部队转业干部，当年的月工资是 66 元，这在我们全县都是最高的。由此推算，他应该是一个县处级干部。他为人谦和，心地善良。我读书时，义成小学是单轨制，共六个班，两百来个学生。教师只有九名，包括校长在内都在一间屋子里办公。程老师曾和我们讲过一个故事：一次，少不更事的程老师和另外一位同样年轻的女老师在办公室里打闹取乐，一不小心，把置于柜子上的领袖石膏塑像给打碎了。天哪，这还了得，要是被人揭发报告，铁定是"反革命罪"，甚至会引来杀身之祸。方校长知道后，开始表示一定要向上级汇报。程老师她们一方面诚惶诚恐反反复复向破碎了的领袖像鞠躬谢罪，一方面哭哭啼啼反反复复地向方校长求情。终于，此事不了了之。程老师说，方校长简直是救了她们的命。当然他能不去汇报而如此担当，内心也一定是经过激烈和十分痛苦的斗争的。可就是这样一位仁慈的老干部，不幸遇上了那个荒唐的年代。

1966 年 5 月 16 日，中共中央发出关于在全国开展"无产阶级'文化大革命'运动"的通知，史称"五一六"通知。5 月 25 日，北大哲学系党总支书记聂元梓在校内贴出全国第一张大字报，点名批判北大党委书记兼校长陆平，煽动群众起来揭发、批判、斗争、夺权。6 月 1 日，经最高领袖亲自批准，这张大字报在全国广播。6 月 2 日，又在《人民日报》全文刊出。正是在这样的大背景下，义成小学的两个男教师想夺方校长的权，便趁"文化大革命"爆发，煽动全校师生揭发批斗方校长。那天，方校长戴着硬纸糊制的高帽子，脖子里挂着一块黑板，黑板上写着"打倒资产阶级反动学术权威"，低着头站立于主席台一侧接受批斗。台上台下，口号声此起彼伏，还不时有石块和唾沫飞溅其身。究竟是不是程老师推荐我作为学生代表上台做批斗发言的，发言稿是不是我自己写的，方校长以后是不是一直怀恨着我，时至今日，这些都已不复重要。但一直让我这个当年的"毛主席的红小兵"耿耿于怀的是，可怜的方校长，一个文弱瘦小的谦谦君子，竟遭受如此奇耻大辱！小学阶段能留在记忆里的东西已经很少，但方校长被批斗的那个场景，几十年来一直镌刻在我的脑海。以后，特别是大学毕业以后，除了诅咒那个荒唐和疯狂的年代，我一直想找机会当面向方校长道歉，但终究没如愿，只能几次拜托程老师转达我的歉疚和忏悔。道歉自责之余，至今让我颇为得意的是，在这样的乱世，在如此这般的活动中，我的口头表达能力得到了极大提高。是程老师给了我很多这种锻炼的机会。

遇见程老师是我一辈子的幸福。她是常熟城里的大家闺秀，师范毕业时直接分配到我读书的那所乡村小学。我喜欢和感念她，不仅因为她长得漂亮大气，更因为她的文雅淑慧和兰心蕙质；不仅因为她教课教得好，更因为她对待学生慈祥柔和、湿润如玉。我印象中，程老师的微笑很灿烂真诚。有时也板着一个脸，但说话却始终轻言轻语，柔软温和，更不会讽刺挖苦、恶语伤害。有时，看见我们同学间相互取笑、嘲弄或出言不逊，程老师批评时最严厉的一句话，也是她的习惯性用语便是"你是不是想到自己说别人啊？"我一直十分感念程老师，因为她对我人生最大的帮助，便是鼓励了我的自尊自信，经常让我上台发言，让我出班级的黑板报，经常把我的作文作为范文在班上朗读，让我作为为数很少的学生代表参加镇里的"夏令营"活动——这在当时是极为风光隆重的大事。正如莫言大师所说："教过我的老师有非常好的，也有非常坏的。"我是在另一所更小的小学读的一年级，当时教我的那个班主任，可能就属于"坏"的一类，因为他最大的本领和最惯用的"教育"手段就是体罚学生。比如打手心，踢屁股，甚至揪耳朵，打耳光。我应该属于比较乖的孩子，没被打过耳光，但罚站和打手心却是家常便饭。以后想到这个老师，我心里总觉得难过，而想到程老师，心里却总是有一种亲切和温暖。现在我知道，教师和教师最大的差别就在于对待学生的态度。现在想想，就是放在几十年后的今天，程老师绝对也是一流的教师，甚至可以说，这样有爱心、有气质、有水平、有责任的好教师，在今天也是不可多得的。你希望学生成为什么样的人，你首先必须成为那样的人。程老师永远是我不断校准自己行为的一个标杆！"每个人心里都有一亩田。用它种什么？种桃种李种春风。开尽梨花，春又来。那是我心里一个不醒的梦。"这是台湾著名歌手齐豫、潘越云演唱的歌词。在我少小的心田里，程老师种下的是一颗永远不老的大爱之心。而且，"长大后，我就成了你！"

　　在我的一生中，能遇上程老师真是我的幸运。这还表现在，因为她，我遇上了初中的一位极为优秀的良师——初中语文老师赵延滨。赵老师是江苏南通人，"民国"时期的大户人家出身，1949年后被定为"工商地主"成分，于是几代人都沦为劣等公民。赵老师从小成绩优异，却只能读师范专科，而且毕业后只能被发配到外地的农村中学任教，以后体制下放，又从镇中学被打发到由义成小学演变成的九年制学校，成了程老师的同事，成了我的初中语文老师。他和程老师因缘巧合，喜结良缘。让我一辈子受益也一辈子学习不尽的，是赵老师的风华才气和职业素养。中等个子，端正的国字形脸上戴着一副宽边近视眼镜，衣衫一向笔挺，头发总是锃亮，一副绅士派头，让我们油然起敬。更绝的是他的普通话，字正腔圆，浑厚的男高音，朗读课文总是那么抑扬顿挫、声情并茂，让我们听得入迷。讲课幽默生动，往往妙语解颐。毫不夸张，和现在的电视主持人或话剧演员比，赵老师一点不会逊色。还有他的字写得实在漂亮。无论上课板书，还是作文评语，简直和正式出版的正楷字帖没什么两样。自从我做了教师，而且也是语文教师后，每每想到自己十分"普通"的普通话，想到自己那不堪入目、难登大雅之堂的烂字，总觉得十分自卑和对不起赵老师。

我们师生结缘在那个不幸的年代，但在我的中小学时代有程老师和赵老师这样一等的好教师，又是我人生的大幸。我一直十分感恩他们夫妇。"文化大革命"结束以后，他们先后调离我的家乡张家港市，回到了程老师的老家常熟。程老师后来在常熟名校石梅小学退休，赵老师因出众才华被调入常熟的一所大专学校，现已退休多年。如今他们在常熟城里安享幸福晚年。白衣卿相，光风霁月。然每念师恩，我自泪眼潸然。2012 年 10 月的一天，一位从小学到高中的老同学造访。午餐席间，几杯小酒下肚，老同学真情感慨："这辈子有程老师、赵老师做我们的老师，是十分骄傲的事情……以后我和赵老师多年师生成朋友，可以一起喝酒一起打牌，但是在程老师面前，我一定是毕恭毕敬的，因为我一直把程老师作为我的母亲一样看待！"幸福啊，程老师！能让学生一辈子视自己为母亲，这是做教师的最高境界啊！

"你的身影，你的歌声，永远印在我的心中。昨天虽已消逝，分别难相逢，怎能忘记你的一片深情。"想到程老师，我往往会情不自禁地唱起李谷一的代表作《乡恋》。

三、恩师张菊生的师道尊严

中学时代印象最深最好的、对我帮助最大的，是高中语文老师张菊生。

小学毕业之时，正是"文化大革命"开始之日。学校停课，教师下放农村劳动改造，谓之知识分子必须接受贫下中农再教育。从 1966 年 7 月到 1968 年 8 月，我和所有小学同学都失学在家。我大哥他们高中学生，好多人都留在学校参加"红卫兵"组织，批老师、砸校园、破四旧、搞武斗，接着是全国大串连，步行到北京接受伟大领袖的检阅。我们年纪小，只能回家做家务，割猪草、羊草成了我们的"主业"。当然也偶尔作为小尾巴参加一些"破四旧"之类惊世骇俗的"革命"行动。别人家里的，自己家里的，特别是地主富农家里的，凡雕刻着龙凤花草、旧时人物，或写着"福禄寿喜"一类文字的，一切家什用品，都是我们"革命"的对象。轻则铲刮涂抹，重则砸烂烧毁。那可是比当年日本鬼子进村扫荡还要彻底的一次文化大破坏！这三年，因为年幼，又身处乡野，孤陋寡闻在所难免，其实外面的世界更"精彩"。

从1966年初夏到1969年秋，这是"文化大革命"最疯狂和血腥的年代。著名作家老舍，文学大师傅雷及夫人，中国"乒坛三杰"容国团等三人，大学者邓拓、吴晗，中共早期领袖李立三，解放军东海舰队司令陶勇，著名画家吴湖帆，著名作家周瘦鹃，中共开国元勋刘少奇、贺龙、陶铸，等等，都在腥风血雨之中，不堪批斗凌辱，或自杀、他杀，或变相他杀，纷纷惨死于乱世。"革命干部"一律靠边，知识分子斯文扫地。文化、教育、艺术、科技、体育、卫生等各个领域的社会精英，无论是胸中甲兵、一片丹心之杰，还是秀出班行、昆山片玉之辈；无论是鲁殿灵光、桑榆暮景之翘楚，还是和光同尘、善气迎人之书生……在那风雨如晦的岁月里，或唾面自干，偷合苟容，俯仰由人；或骥服盐车，知白守黑，聊以卒岁。当然，这些事都是以后才慢慢知道和明白的。中共"九大"以后，因着"复课闹革命"的口号，我又重新回到学校上学。1968年秋到1970年秋的初中两年，是在"'文化大革命'就是好，就是好"的叫喊声中，在贫下中农讲师团和工农业基础知识为主要课程的日子里度过的。1970年秋至1973年1月，我在家乡镇上的兆丰中学读完高中。高中的课程稍微有些规范了，教师也大多是接受改造获得"解放"以后返校的中青年骨干。其中，语文教师张菊生，数学教师邱家健、姜殿洪，英语教师吴淑凤，历史教师谢师荣等，都是水平很高的好教师。特别是张菊生老师，更是那一塌糊涂之乱世校园里的佼佼者。

首先是他的水平。张老师是张家港本土人，从小爱好文学，成绩也特别好。但因为是地主家庭出身，他只能读中师，以后因为工作出色，蒙政府开恩得缘去南京师范大学脱产学习了两年。张老师的文学素养深厚，特别擅长于人物形象、主题思想、写作艺术等方面的鉴赏分析。普通话好，又富于激情，听他的课真是一种特别的享受。哪怕是语文不好的同学，听张老师的课也十分认真投入。我从小爱语文，读小学和初中时分别受程丽华、赵延滨等名师的教育感染，高中又接受张老师的教诲熏陶，于是对文学更加着迷，对作家更加崇拜。从那个时候起，我就觉得，这个世界上最了不起的人一定非作家莫属。当然，这个看法至今没变。张老师对文学的生动阐述和精彩演绎，让我佩服得五体投地之际，也让我产生了一种羡慕和向往：将来，我也要做张老师这样的语文教师。

张老师的卓尔不群和对我人生的影响，还在于他的认真敬业。那个年代，没有测验，没有多少考试，没有统考以及小数点都要保留几位的成绩统计和分数排名，也没有根据成绩分数去评什么职称和先进荣誉称号的事情，更没有那令人讨厌的层层级级的检查、评估、验收和考核。学校工作和教学运行，一切的一切，似乎全凭惯性，全凭教师的自觉和良心。而张老师恐怕是其中最杰出的代表。他上课总是胸有成竹，详略有致，一环扣着一环的，那一定是建立在认真备课和精心设计的基础之上。批作业特别是批作文，总是有详细修改，有眉批，有总评，有时作文本的上下左右都是他的红笔墨迹。更难能可贵的，是他对差生的帮助转化，向来是盯住不放，锲而不舍，持之以恒。记得有一次，班上一位同学下午不知何故缺课，又正好是张老师的课，课后张老师居然骑着自行车，找到这个同学的家里去家访了解。记得有一位同学早上总是迟到，张老师居然一大早赶到他家里，把他从床上拖出来，让他准时到校上课。这些，在当时的校园里无疑是空谷足音，一时传为佳话。以后读到周国平先生的《安静》中的"中国人缺少真正的灵魂生活和广义的宗教精神，因而没有敬畏之心，没有绝对意义上的自律"时，我马上想到了张菊生老师。也许，正是灵魂生活、宗教精神，才使他没有随波逐流、明哲保身或避世修行，而是怀揣对知识的敬畏、肩负人世间的重负，依然坚定地行走在教育的朝圣路上。

正因为张老师的"认真"，在我人生最关键的时候，他实实在在地帮了我一个大忙。我是1978年参加高考的。"文化大革命"结束后，1977年恢复高考，我本已复习迎考，无奈突发急性黄疸肝炎而放弃。后于1978年7月20日至22日参加恢复以后的第二届高考。我报的是文科，先后考政治、历史、数学、地理、语文、英语六门。其中，英语不计入总分，只作录取参考。高考结束后的7月25日，我在日记中写道："两天四门功课考后，深知决定性的一仗还在明天的语文……究竟是怎样的考题，会不会在我最喜欢的语文上毁于一旦？实在是忐忑不安……22日上午八点整，打开试卷，8开的纸，正反两面全是试题。点标点，填实词，填关联词语，改病句，缩写文章，文言句子解释，译古文，就是没有作文题。啊？没有作文的高考！惊愕了。转而内心充满喜欢，一篇文章能否成功，把握不大，这样完全是基础知识的试卷，我还是比较拿手的。"其实，这段日记漏了一个极为重要的内容，我的古文题做得特别好。这正得益于张老师的帮助！那是1978年7月19日下午，第二天就要走进考场了，我一个人在家埋头复习。突然，在语文复习讲义上看到一段古文，是《礼记·学记》中"教学相长"那一段，有几个词语我还不能解释弄懂。我立马放下讲义，骑自行车赶到学校找张老师。张老师认认真真，一字一字地给我解释、疏通、串讲、翻译。豁然开朗！我高高兴兴地回到家里。等到22日上午打开语文试卷，看到古文部分的翻译题，正是我前天向张老师请教过的那段文字，那种高兴啊，差一点在考场里手舞足蹈！后来，我以全公社文科总分第一名的成绩考入苏州大学中文系。其中，张老师实在是功不可没！

功不可没，铭记终生的，绝不止于知识传授和文学的启蒙。张老师对我影响最大的，是人格的影响，是知识尊严、师道尊严、教育尊严这些精神上的感染。中小学时代，尽管我爱语文，各科成绩中也数语文最好。但实实在在地说，和自学相比，学校和老师教给我并能让我终身受益的东西其实并不很多。作为语文教师，我觉得有必要呼吁一番，从20世纪六七十年代的串讲分析，到八九十年代倡导提问和启发，再到当下时兴的讨论、合作、探究，从语文体系的构建，到语文教学和语文学习方式的构建，如果离开了教师自身素养的提高和师表形象的要求，究竟对语文本身有多大的意义呢？我这样讲并非全盘否定学校和老师的作用，我想告诉大家的是，从小学的程丽华老师、初中的赵延滨老师，到高中的张菊生老师，他们给我最大的帮助，是为我树立了一个"语文人"的形象，让我从小有了一个强烈的心愿，将来我也要成为像他们一样知识渊博而且是爱生敬业的优秀语文老师。也就是说，最重要的，不是语文课本和语文教学内容，不是教学方式和教学水平，而是教语文这个人的精神内涵、人格魅力和职业形象。

现在想想，张老师身上最可贵的人格特征是拥有热情。不是浅表层面的待人接物，而是对文学和教育充满虔诚、对生活和事业充满热爱的一种积极向上的生命态度。爱默生说："有史以来，任何一项伟大的事业，没有不是因为热忱而成功的。"一个人能不能做成一点事情，能不能有一点人生的成就，能不能真正享受生活的快乐和幸福，不是由能力决定的，也不是由机会决定的，而是由热情决定，由想成大事情的生命的活力决定的。因此，当今世界最有影响力的人才学家安东尼·罗宾指出：在成功的各种特质中，热情是第一位的。张菊生老师给我最好的职业和人生启蒙也正在于此。

四、永远记着我从教的启蒙老师

1975 年秋季，在沙洲县（今张家港市）兆丰公社草沙中学——濒临长江的一所农村初中，我开始做了教师——临时的代课教师。

1966 年，饿着肚子读完小学。接着，在贫下中农讲师团加"工农业基础知识"为主要教科书的初中里毕业。1973 年 1 月，又在"'文化大革命'就是好"的叫喊声中结束高中生活。因为父母是农民，更因为有所谓"复杂的社会关系"，我被打入了同龄人的另册，高中毕业后我唯一的去处就是回家务农。于是，遥远的当一个作家的美梦，陪伴我在高中毕业后一边劳动一边自学苦读了六年。我永远记着那不能读书的日子。

三年纯粹又十分痛苦的农民生活以后，一个偶然的机会，我开始做了代课教师。三年中，我辗转于本乡（当时简称"公社"）的十几所中小学校，从幼儿园到高中的讲台都站过，从一般的班级到复式班都教过。许多到过的地方都已淡忘，唯独三年代课"流浪"生活的第一站——草沙中学，却深深地刻在了我记忆的深处和生命的年轮里。

至今不泯的记忆中，最难忘的是草沙中学校长陈丕正先生。当时，"文化大革命"末期，办学体制下放，每个村（当时叫大队）几乎都有小学，几个村就有一所联办初中。草沙中学就是这样的村校。当时农村的小学和初中教师，大多是"民办教师"，家往往就在学校附近。因此，这些"民办教师"除了学历低——一般都是初高中毕业生，还有一个问题就是因为照顾家庭而普遍不够认真敬业。然而，校长陈丕正却是一个"另类"。他是正式公办教师不说，还曾经是当时沙洲县最好的双桥初级中学的校长，因为体制下放才调来这个偏僻的农村初中做校长。他的家就在离学校不到一公里的地方。他的一双儿女也都在这所学校任教。家就在学校旁边，陈丕正校长却天天吃住在学校。更让我敬佩不已的是他的认真。我在学校属三类教师，即公办教师、民办教师之后不入流的临时代课人员。因为第一次做教师，起点低，没经验，更因为我想通过努力工作争取一个"民办教师"的身份，因此，我的工作特别认真，备课上课一丝不苟。这样，陈老校长好像比较赏识我。一次中午，我在他办公室闲聊，他竟然把他的几本文摘笔记本都拿给我看，这一看给了我终身的影响，也影响了我的终身！啊，满本满本，一笔一画，工工整整，都是书报摘录。当时为数不多的报纸（好像没有什么杂志的），他天天认真阅读，凡和教育有关的消息资料，他都认真抄录下来。还有，当时的广播特别重要，上至党中央和领袖的声音，下到地方政府的有关通知，都通过广播传达。陈老校长每天在固定时间必定收听，并且凡他认为有用的内容，都会认真地整理抄写在笔记本上。因此，学校老师乃至他的儿女都讥讽他太迂，是"套中人"，说老头子不通人情世故，什么都只听广播里的，只相信报纸上的。而我却为他的认真深深感动和感染。

他的工作和做笔记一样认真，同时也深深影响了我。比如，每天早晨，他会在教师没有来校前在校门口的黑板上写好"每日工作"。其字迹之工整，版面之整洁，几乎无人企及。比如，他常常要抽查老师的备课笔记。在那个荒诞不经的年代，"'文化大革命'就是好"的声音响彻中国的每一个地方，学校里批斗"资产阶级反动学术权威"其实是优秀教师的暴力和血腥场面，大家都还记忆犹新，心有余悸，谁会有心思去认真写备课笔记呢？于是，陈老校长就常常在全校教师大会上批评大家，而教师们都不愿意或不屑听他啰唆。会场里往往叽叽喳喳地乱成一锅粥。只见陈老校长气得脸色发紫。于是，他使出了"绝招"——拿一个体育教师用的哨子在手上，当会场里讲话声音大得不行时，他就拿哨子"哗哗哗——，哗哗哗——"吹上一通。短暂安静之后，他又必须"哗哗哗——，哗哗哗——"地再吹上一次。这时，他的眼睛一定是瞪得大大的，脸还一定是涨得通红通红的。这种特写镜头后来一直在我脑海里定格。后来想想，这是我步入教坛接受的最重要的启蒙教育。

我一直怀念这位有点"不合时宜"的老校长，因为他告诉了我一条真理——人生最神圣的行为，就是我们每天在做着的事情！

有了草沙中学这个代课第一站打下的基础，以后到其他学校任教我就有些底气了。当时的农村中小学办学条件很差。一般说来，一个学校除了教室、办公室、食堂以外，就没有其他专用室场了。没有图书馆，没有阅览室，没有理化生实验室，没有音乐美术的专用教室。会场也没有，学生开会都是在户外场地上进行的。也没有像样的操场和跑道。难得有一片水泥篮球场，那就是条件最好的学校了。至于语音室、体育馆和计算机房之类的，当时就根本不敢想象了。不仅硬件差，教师的学科配备也不齐全。一般民办教师只能教语文和数学，至于音体美都没有专业老师，而由大家兼着上上。我代课三年，以教语文为主，有时没办法也教初中数学和小学算术，还教过音乐、教过美术、教过体育。天哪！我自己五音不全，一点也不会画画，真不知当时是怎么混过来的。只记得上体育课时，我先进行队列训练，喊个"一二一，齐步走"之后，就让学生自由活动，而活动器材就是篮球和乒乓球。我从小就喜欢打乒乓球，在学生面前露几手绰绰有余。而篮球则是边教边学、边学边教的。想不到我一下子就喜欢上了打篮球，而且因为篮球，在几个学校和一些喜欢打球的男生变成了亦师亦友的哥们。以后考上大学，至少在大一大二时，我几乎天天活跃在篮球场上。

三年代课生活，印象很深的还有复式班的教学。那是在我自己的大队小学里，因为每个大队都办了小学，因此，有的年级生源严重不足，于是学校就把分别只有十多个学生的两个年级安排在一个班级上课。教室里稀稀拉拉地坐着四排学生，左边两排是三年级的，右边两排是四年级的，我教他们的算术。我一般先安排四年级学生自学课本，自己给三年级学生上课，讲完公式概念和例题，马上出示课前准备好的小黑板，上面是配套的练习题目。在三年级学生做题目后，我再给四年级学生讲课。幸亏农村孩子老实淳朴听话，教室里的秩序往往很好。幸亏那个时候没有统考抽测，教学评价唯一的就是过程评价了。我因此常常受到学校负责人和老教师的表扬。当然，在谦虚一番之余，我总要想起陈老校长那认真工作和整天忙碌不停的身影。

三年代课生活，其实是我的第一所"大学"。几年中，我利用工作之余，贪婪地读到了《红日》《红旗谱》《林海雪原》《铁道游击队》《三家巷》《苦斗》《苦菜花》《创业史》《金光大道》《艺海拾贝》等。当然，能够读到的还有《毛泽东诗集》。午间，校园里一片寂静，我淌着汗水，摇着芭蕉在读书、摘抄，还拼命写一些自以为是的小说或散文的东西。知了那一声声凄凉的声音至今还在耳边回响。夏夜，我用棉花塞住耳朵，用长衣长裤和高筒雨靴抵挡住纳凉人的谈笑骚扰和蚊虫的侵犯。读遍了能找到和买到的书，翻烂了一本《新华字典》，也写满了厚厚的几大本笔记本。自己认为是"创作"的稿件，更是写了撕、撕了写，寄出后退回，退回修改后复寄出。心也苦闷，情也阑珊。然而，在"大学还是要办"的年代，最使我痛苦的还是，虽有强烈的读大学的愿望，却敢想而不敢言。人家有贫下中农推荐，有红色家庭和革命干部为背景，我却一无所有。我唯一的力量就是我的坚持精神！

终于盼来了1978年！因为自己在中小学读书成绩一向偏好，高中毕业后又一直在自学进修，特别是三年代课任教使我对一些学科的基础知识掌握得更加扎实，因此，我以全公社最高分的成绩考进了江苏师范学校（苏州大学的前身）中文系，跨进了我心目中神圣的殿堂。此前，我的高考志愿栏里，清一色填写的是师范和中文系——我太爱文学了，我渴望做一个正式的语文教师！爱因斯坦说："科学殿堂里有三种人，一种人是把科学作为谋生的职业，一种人是把科学作为智力的游戏，还有一种人是把科学作为自己的'宗教'，他们兢兢业业废寝忘食地寻找科学现象背后的规律，发现自然的和谐，从中得到无穷的乐趣。"我不信宗教，也不敢自诩如何优秀，但此生此日，对教育，对语文，对学生，我确实有一份解不开的宗教般的情结。我每天在做着校园中那些琐碎平凡的事情，我珍惜这些"人生最神圣的行为"，甚至连当年妻子生女儿时我也没有脱掉一节课。那是1984年2月19日上午，得知妻子已临产住进了医院，我在课堂上满怀激情地讲完《水调歌头·大江东去》以后，匆匆地对我的学生说：我得马上去医院，也许，一个小伟人即将诞生！20多年过去了，至今，和当年的学生聚会，他们总会说到这件事情。不知什么原因，这种时候，我常常会想到陈老校长。

五、为了那旧日的时光

——写在大学毕业30年同窗聚会之际

2012年3月25日，一个春和景明的日子，太湖东山杨湾湖沙山上的华侨公墓。我们在苏州的大学师生一行18人为老同学吴纪康扫墓祭祀。背山面水，风景极佳。而且能和乔冠华、陆文夫、陆小曼、董竹君、李政道等名流永远比邻而居，三鞠躬之际，大家那沉甸甸的心情也算有了一丝安慰。

又想起了杨湾镇上明善堂的一副对联——"积金积玉不如积书教子，宽田宽地莫若宽厚待人"，用来送给故去的纪康，倒也十分贴切。逝者已矣，生者一定要好好珍惜。倡议者，三十年如一日的热心肠好兄弟王家伦；响应者，参加这次活动的两位老班恩师吴邦域、倪均强，以及同窗张修龄、郭明蕴、王家驹、查尔明、赵明等。

"天边飘过故乡的云，它不停地向我召唤。当身边的微风轻轻吹起，有个声音在对我呼唤，归来吧归来哟，浪迹天涯的游子。"3月25日以后，憧憬着同学聚会的日子里，这首歌常常回荡在我心里。三十年了，该回去看看母校、看看老师了。慈父般的老班吴邦域老师，年已八旬，仍面色红润，精神健朗。25日午餐时，无意中，他解密了尘封三十年的一个"情报"：当年，正是他去南京招生录取，亲手把我们一个个挑选进了江苏师院中文系，于是才有了我们师生一场、同窗一世的缘分。幸运啊，世界上有那么多人，我们能走到一起，坐在一个课堂，这只是几十亿分之一的可能！现在想想，吴师实在是我们永远感激不尽的生命中的贵人！另一位亦师亦友的老班倪均强老师，依然是一个工作狂。在中文系这样钟灵毓秀的地方，从普通教师到总支书记，而且系主任换了一届又一届，倪师却以他的宵衣旰食和智圆行方，赢得普遍信任，而多届连任。以后改行搞科技产业，成就卓著，至今退而不休，劳动模范本色不变。他主持的苏大高科技产业，在苏州乃至全省全国已然独树一帜。从他身上，我们读懂了什么叫生活的强者，什么叫生命的活力！一个有意义、有质量的生命，一定具有健康的生命本能和崇高的精神追求。健康的生命本能不仅指医学或生理学意义上的健康和没有疾病，更重要的是指一种内在的生命活力，即基于热爱生活的生命力的旺盛和坚韧。倪师便是十分生动的主角和精彩的演绎。难能可贵的还有，毕业三十年来，两位恩师常参加我们苏州同学的聚会，也常常念叨着一个又一个同学的名字。在伏案写作本文的此时此刻，我的心早已回到了母校，回到了大学老师的身边。多想再听听吴企明老师讲述他心中的唐诗以及古人如何为画作题鉴、配诗的学问，再听听徐永端老师激情演绎的明清诗文以及她那传奇般的身世阅历，再听听朱子南、卜仲康老师的写作课，再听听范伯群、范培松老师的现当代文学课。还有应启后师的文艺理论，何孔鲁师的外国文学，董志翘师的古代汉语，李晋堂和张艺馨老师的现代汉语……纸短情长，恕我不能一一列举，伏惟其他恩师见谅。

　　我们77级和78级同学，大多是经历了"文革"劫难的老三届、新三届，如今有幸风云际会，自然十分珍惜这得之不易的上大学的机会。我更是几乎每天都是宿舍——教室——图书馆这样三点一线式孜孜矻矻的生活。然而，看窗外云卷云舒，无边风月，激荡人心。1978年到1982年，大学四年，对于我们国家来说，是一段改变历史也创造了历史的峥嵘岁月。

　　1978年12月召开的中共十一届三中全会，结束了"以阶级斗争为纲"的恐怖时代，并号召人们把工作重点转移到经济建设上来。1979年，给右派平反，给张志新平反，深得人心；在深圳、珠海、厦门、汕头设立经济特区；国家破天荒鼓励发展乡镇企业；继元旦全国人大发表《告台湾同胞书》，向海峡对岸示好之后，7月25日《人民日报》刊发中共元老廖承志《致蒋经国公开信》，他们年轻时是莫斯科中山大学的同学。这一年，邓丽君的歌声和名字从东南沿海传入大陆，以致白天听老邓（小平），晚上（偷）听小邓的，成为大陆特有的一道文化景观。1980年9月25日，中共中央以公开信方式，提倡"一对夫妇只生一个好"，计划生育正式确定为基本国策。1980年，《诗刊》在北戴河组织全国首届"青年诗作者创作学习会"，历时一个月。新时期一批青年诗人如舒婷、北岛、顾城、梁小斌等声名鹊起。1981年，1月25日正式审判"四人帮"。11月6日，中国女排在日本举行的第三届世界杯女子排球赛上首获世界冠军，我们都在宿舍里敲脸盆饭碗欢呼雀跃！是年，"人民公社"正式退出历史舞台，农村政权的基层单位以"乡政府"取代。1982年，日本电视连续剧《血凝》在中国热播，使山口百惠成为中国人的超级偶像，满大街都是"幸子衫""幸子头""光头衫"和"大鸟茂包"，让中国人明白了什么叫名人效应。然而，尽管外面的世界如此热闹非凡，我都几乎是目不窥园，大学四年始终是黄卷青灯。"三生有梦书当枕，半床明月半床书"，老师、同学和图书是我大学岁月里的"吉祥三宝"。

　　2012年7月15日，聚会如期举办。"你好，你好""没变，没变"大家互相陪着慢慢变老，自然觉得彼此没变。其实，关键是大家在潜意识里希望自己依然年轻。但走进校园，看着年轻的学弟学妹，大家才哑然失笑，"没变，没变"纯属自欺欺人。哎，人为什么要变老！人为什么不能一直上学到永远！"还记得吗？我们中文系的学号是'01'开头的数字，这意味着我们中文系在全校各学科的排行中属于老大地位。"王明明同学的话勾起了我心中的涟漪。我一直觉得，我们特别幸福，因为我们学的是中文系，是国文。国文国文，堂堂一国之文，中华五千年文明之根，也是每一个中国人的精神血脉之源，东吴园四年，唤起我的正是心灵深处对自己国家民族文化的亲切感和认同感。我骄傲，我是语文教师，我是母语之子，也是母语的传承人和提卫者，这是我一生的财富。大学的岁月，不是像油漆或颜色附着在我的精神肌体上，而是渗于体内、调节血脉的氧气和水分。大学岁月积淀生成的，是人生中最隐秘、最独特的生命能量和精神底色。"还记得吗？我入学后的第一年，两个班级所有的男生住的都是教室楼上的大房间大统铺。我俩挨着睡。一天夜里，我起来解手，不小心踩在你的手上。你还罚我第二天中午在食堂请客了一份糖醋排骨呢。"怎能忘记！钟楼依旧在，草地仍芳菲。不变的还有教室、操场、图书馆，还有宿舍、食堂和味道特别诱人的大块肉和糖醋小排。永存心间的是三十年不变的思念、依恋和感恩！

　　相逢是缘，相聚是福。"归来吧归来哟，浪迹天涯的游子！"人生岁月，被人怀念是快乐的，能够怀念更是幸福，还有富足——一种精神的充实和富足！三十年前，大家有缘走进了同一所大学，于是便有了一生的相亲、相爱和相守。不必担心岁月匆匆，过去的一切都会模糊。没关系，想不起来的，同学会替你记着。当然，更重要的是，哪怕未来不再让人期待，至少我们还拥有一个无限温暖的过去。同学中，最让大家感觉温暖的一定是王家伦。大家都有一个共识，没有王家伦兄，我们会松散得多，疏远得多。我们深深依恋，读书时，他的家就在天赐庄望星桥北堍，离十梓街老校门咫尺之遥。空间的便利，加上主人包括他夫人洪梅英大姐的特别热心，他的家成了我们班的校外活动室，他的自行车几乎成了班级的公车。记得每学期开学和放假时，先来姑苏或放假后滞留学校的，都会把他的家作为旅馆和食堂。更加让我们觉得温暖和感动的是，家伦是三十年如一日地成为我们同学的信息中心和联络枢纽。你想了解哪个同学、哪位老师的情况，最有效、最方便的办法便是问王家伦。两个班级百余名同学的工作情况如何、评了什么职称、获得了什么荣誉、换了什么房子、爱人在哪里工作、子女读什么学校、子女是否找对象结婚，哪个老师现在何处、家庭地址、身体状况，等等，家伦心里都有一本明细账。在同学聚会时，我提议，推荐王家伦参加"苏州好人"甚至"中国好人"的评选。同学相聚，把酒言欢，叹岁月无情，大家都已神采不复奕奕，甚至难免会互惊老丑，然岁月催化，我们的友情已经变成亲情，每一次聚会，都使得亲情的成分进一步发酵香醇。老同学在一起，最高兴、最享受的，便是洗尽铅华，以亲人般的赤裸本色相拥在一起。"为了那旧日的时光，老朋友，为了那旧日的时光，让我们干一杯友谊之酒，为了那旧日的时光。你准会把一大杯喝尽，我也会把我的喝光。让我们干一杯友谊之酒，为了那旧日的时光！忠实的朋友，这是我的手，请给我，你那只手掌。我们干一杯友谊之酒，为了那旧日的时光！"聚会的那几天，我一直在心里默默念诵着这首诗。那旧日的时光里，永远珍藏着的是一个青春的梦，它在不断地激励自己、更新自己。青春不是人生的一个时期，而是一种心理和精神的状态。年轻的程度取决于对待生活的态度，取决于是不是愿意采取行动去掌控自己的生活，改变自己的人生。我至今搞不清楚，我不是学生干部，也不是学习尖子，全校的大学毕业典礼上怎么会让我代表中文系同学发言，记得最清楚的我说的几句话是："响应党的号召，服从祖国分配，到最艰苦的地方去，到西藏去！"我想，让我发言的唯一原因，是我喜欢做教师，专业心态较好，以及我对母校的依恋和热爱。在大学即将毕业的日子里，我一直想着，应该以怎样的方式告别母校？于是我相约几位室友，把我们常用的几间教室，把宿舍里里外外，都打扫整理得干干净净。系总支书记钱锋先生在我们以后的几届校友中反复以此为例，表扬我怎么怎么的。"梦里走了许多路，醒来还是在床上。"毕业告别母校的那一天，回家的路上，我的脑海里反反复复的，都是这句诗。

大学毕业后，我先后在张家港市梁丰中学、张家港市一中、张家港高级中学、苏州工业园区唯亭学校和苏大附中工作。做教师，做校长，作为"明师"——一个比较明白的教师，也算尽心尽力、尽职尽忠。如今本职赋闲，上班之余，双休节假之日，常受邀赴全国各地"传经布道"，每每也弄些文字发表出版，聊以寄托"我写故我在"的自我安慰。当然，我一直十分感谢阅读、写作和演讲带给我的快乐，感谢大学带给我的文字生涯的快乐，感恩大学同窗带给我的亲人般的幸福滋润。母校永远是一种力量，那是一种让我常常怀念、常常激励、有时甚至让我泪流满面的心灵和生命的力量。我是 2005 年从张家港来到苏州工作定居的。"三生花草梦苏州"，因为这里有我的母校，有我朝思暮想的精神的故乡。自从使用手机之后，我的号码一直没变，尾数永远是"1978"。那是我和大学同窗共同的名字，是永远陪伴我的吉祥人生的心灵密码。

大学，那是此生此日永远不能复制和重来的人生最明亮的时光！

六、寻找生命中的贵人

在张家港高级中学做校长时，我提出教改科研合二为一，全校教师要人人参与，人人做到"三个一"，即人人有一个自己真正喜欢的研究课题，有一个可以从满世界去寻找的最理想的导师，以及能写一手好的文章。你想成为什么样的人，就要和什么样的人交往。有一个最好的导师，寻找能影响和改变自己人生的生命中的贵人，对教师的专业成长和幸福人生至关重要。这方面我自己的体会极深。从教以后，除勤奋工作、广泛阅读以外，我十分喜欢和名师、大师交往，时时以"海纳百川，有容乃大"这句话激励自己。朱永新、于漪、魏书生、周德藩、李镇西、成尚荣、杨九俊、洪宗礼、周国平、莫言、陶继新、黄玉峰、吴非等，对我的工作事业和人生观、价值观都产生了极大的影响。这里重点介绍我生命中的三位贵人。

认识朱永新是我一辈子的幸运。苏州大学同学，但我在中文系，他在政教系，而且他从大三开始被选拔去上海改学心理学。我们的认识交往是从工作以后开始的。彼时他在苏大，我在张家港市梁丰中学，大家都是普通教师。因为爱读书，因为写作和科研，我们走到了一起。我主编出版的第一本书，我参加的第一个国际学术会议，我认识国内许多学术大师，都是因为他的帮助实现的。在他发起"新教育"以前，对我影响最大的是参加他主持的苏州市首届名师、名校长培训班。

名师班荟萃了苏州市中小学教师中的中青年精英。他们当中不乏全国优秀教育工作者、省级名师、特级教师、劳动模范、市名师、学科带头人。中小学沟通，各门学科碰撞。没有作业，也没有考核和评选。但面对大师、面对名著，我们多了一份清醒，多了一份责任，多了一份努力，多了一份挖掘自身潜力的自信。与大师比，我们确有距离，我们未必能超越老一辈优秀教师，且并不一定是同行中的佼佼者，或许还没有足够的能力示范并带动一个区域的一大批教师。所以，称号也好，成绩也罢，名教师也好，名校长也罢，何必计较？何必在意？我们唯有坦坦然然地以"名"激励自己，珍惜机遇，珍惜过程。

53 名学员，加上亦师亦友同样年轻的班主任张翔老师，54 位"名师"——有名有姓，有棱有角，有成绩、有个性、有潜力、有前途的苏州教坛之佼佼者，构成了苏州教育现代化发展视野中一道独特的风景线。

苏州市首届"名师、名校长"培训班，从 1998 年 8 月开班以后，应邀前来讲学的都是国内一流的专家。他们中，有著名教授钟启泉、袁振国、燕国材、叶澜、于光远、朱永新，有享誉全国教育界的专家名师冯恩洪、李吉林、魏书生、邱学华、李镇西、顾泠沅……与大师对话，先进的现代教育观念和教育思想，精彩的教育哲学和教育原理，教育科学的成果和经验，伴随着一个个如雷贯耳的大名，连同神交心仪已久的学者风范和师表偶像，如今都实实在在地来到了苏州，也走进了学员心中。如此盛况，全国罕见。朱永新副市长说："如果编一本《著名学者苏州演讲录》，再编一本《与大师的对话》，恐怕也是别有情趣和价值的。"

与大师对话，向大师学什么？来自苏州教科所的学员任苏明说："学习大师，固然要有学其'器'，更要学其'道'。我们要学大师们的理论精髓和实践经验，但更重要的是学习大师而不迷信权威。我们要学的首先是大师们不懈追求的人生境界，追求真理的批判精神，献身事业的人格力量。只有这样，才能把学习内容转化积淀为自己的综合素养和创造能力。"他的话，表达了学员的心声，也道出了办班宗旨。

读教育名著是培训班第一年为学员们准备的第二道"大菜"，请看下列书目：联合国教科文组织教育丛书（4 本）、马卡连柯的《教育诗》、赞科夫的《和教师的谈话》、苏霍姆林斯基的《育人三部曲》、魏书生的《班主任工作漫谈》等，总计 22 本教育名著。阅读教育名著，不仅提高了学员的理论水平，更重要的是提升了他们的职业素养和职业品味，提升了他们的人格修养和事业境界。一位校长说，这种提升的核心内容是教育的爱心和社会的良知，这是做一个"真正的教师"、做一个"完整的校长"不可或缺的精神底子。大家牢记苏霍姆林斯基的话："要天天看书，终生以书籍为友。这是一天也不断流的潺潺小溪，它充实着思想江河。"

办班伊始，苏州市教委领导和朱永新副市长就明确而响亮地提出：要培养我们"苏州的魏书生"。我们没有在全省有名望、在全国有影响的名教师、名校长，是我们的遗憾，一定程度上也阻碍了我们苏州教育向新的高度提升的发展步伐，甚至成了苏州教育现代化发展的瓶颈危机。因此，我们要通过名师班及其辐射作用，经过几年努力，培养出我们苏州的"李吉林"、苏州的"李镇西"、苏州的"魏书生"。一石激起千层浪。击节赞叹者有之，冷嘲热讽亦乱耳。然而，实践证明，办班的意义不在结果，而在它的过程。它是苏州当代教育历史上的"黄埔一期"，当年的学员李婧娟、薛法根、高本大、薄俊生、徐天中、柳袁照、许红琴、袁卫星、王依、洪亮等，如今都是苏州教育界一个个绕不过的响亮名字！

道德文章，一代师表，于漪老师对我的影响，更多的是人格和社会担当。

在我办公桌后边的书橱里，陈放着一个印有于漪老师头像的景德镇瓷碟，正面"滋兰树蕙"四字为于老师手迹，下边写着"于漪教育思想暨从教五十周年学术研讨会纪念"。瓷艺背面的文字为"全国中语会、上海市中语会、上海市教委、上海市杨浦高级中学赠"。而在我办公桌对面的书柜上，垒着高高的一摞于漪老师的书。

于漪对我的影响和帮助，我永远不会忘怀。因为，这种影响已经融入我的精神和血液。

吾辈生不逢时，出道亦晚。认识于老师是通过范守纲老师的介绍，那是1996年1月13日，她由守纲师陪同来我校讲学。尽管通过文章书籍或报章杂志和她神交已久，但甫一见面，于老师还是深深地触动了我。从扶她下车的一刹那开始，一种慈祥宽厚的蔼蔼长者风范便如雕塑一般深深烙在脑海。以后和她交往渐多，每次拨完她家的电话号码，我都怀着激动的心情等候着听到那睿智美妙的声音；每次和她聚首告别，我总有一种光风霁月、心神朗朗以及行将离开慈母一般的依恋之情。于老师那师长般的教诲，亲人般的关心，点点滴滴，涓涓细流，已汇聚成思想的江河，永在我心底流淌。

多年来，于老师赠我的《语文教苑耕耘录》《教你学作文》等书籍一直放在我书架最显眼的地方。她在南京讲学时邀我同游中山陵的合影，我一直压在办公桌的玻璃下面。1999年11月，在天津召开的全国中语会年会上，我们几个与会的朋友，都格外认真和虔诚地聆听她的书面发言。那最后两句意味深长的话至今难忘。事后我问她，"你以'祝学术研究百家争鸣，祝代表大会圆满成功'两句收尾，该是别有深意？"她沉稳地说，"我又能说什么呢？"

凤鸣朝阳，她的声音是那样的响亮，那样的年轻和充满活力。比如，对于1997年开始的语文教改大讨论，于老师表现得如此热情开怀，如此坦荡大度。她明确表示："对大讨论我很支持，语文教改不能没有大学教授和圈外人士的推动。"因为在她看来，这里的道理十分简单——如果所有的人都站在一边，那一定不是好事，轮船上如此，生活中亦然。话虽如此，作为功成名就的一代大家，能悟出和接受这一点，还是需要科学情怀和人文勇气的。

人们都称冰心是当代文坛的祖母，那么，于漪老师可称当代教坛的母亲。她的尊严在于她的思想，她的力量在于她的人格，她的价值在于她的伟大。当年有人曾说过，一个钱学森值五个师，那么于老师又值多少呢？1999年教师节，上海成立名师讲师团，当着博士生导师和院士的市长徐匡迪名列首席，列第二位的就是于漪老师。我想，这大概就是上海这座城市给于老师的价值定位。

2000年4月14日下午，"语文沙龙"一行8人在晚饭以后启程赴沪。两辆汽车一路穿行在风雨之中。我想起了林语堂先生的话："我们可以和任何人谈话或谈公事，但不是和任何人都可以做一席之谈。所以我们如若得到一个真正谈天的朋友，则其愉快实在不下于读一本名著，再加上亲耳听见的语音，亲眼看见她的动作的乐趣。如果想要享受人生，则第一个必要条件就是和性情相投的人交朋友，且须尽力维持这友谊，如维持爱情一般，或如一个下棋名手，方愿跑一千里的长途去会见一个同志一般。"

我们要去会见的"同志"就是于漪老师。

每次见到于老师，总使我想起自己的母亲。虽然一个是当代名师，一个是农村妇女，但却是一样的女性、一样的年龄、一样的勤劳能干和一样的温柔敦厚。更重要的是，在她身上，我感受到了"母亲"的伟大。对于老师而言，这是一种以强烈的人生责任感和社会使命感为核心内容的人格的伟大。在聆听了她的讲话以后，一个极为鲜明的印象和感受是：她的心依然那样年轻。

她从刚去南京参加教育部语文教学大纲修订研讨活动开始谈起，谈古说今，如数家珍；纵横捭阖，常能沁人心脾。她强调，语文教改，要紧的是首先要搞清语文的性质。于老师认为："语言是文化的地质层，没有文化就没有语言。语言的差异反映了文化的差异。学好一种语言就是掌握了一种文化的理解和认同。"一颗年轻的心依然钟情于语文教改，一颗有着伟大追求的心永远年轻美丽。

不仅如此，于漪老师给我们的更是一种崇高创造人格的震撼。她说："为什么50年来重理轻文愈演愈烈，毛病都出在'急功近利'这四个字上。这是要负历史责任的，因为人文精神的失落必然导致国民素质的下降，导致国家民族的灾难！……爱祖国爱人民是知识分子的优良传统，这是做人的底线。我们再也不能办没有灵魂的教育了，否则，我们怎么对得起纳税的公民，怎么对得起可爱的孩子啊！"发自肺腑，醍醐灌顶啊！望着那母亲般慈祥亲切的脸庞，我想到了"心如明镜，又心如止水"这句禅宗之言，这不正是于老师事业境界和人格魅力的高度概括吗？

一颗依然年轻的心属于我们这个古老而伟大的民族，一颗永远年轻的心也属于上海和我们生活的这个伟大时代。

2001年春天，我请于老师为自己的书稿《语文的诗意》写序。我觉得对我自己而言，这是最应该和再自然不过的事。好像女孩行将出嫁，总希望母亲能给配上些嫁妆；又好像儿子即将远行，总希望能听到母亲的临行嘱托。"高万祥是位充满朝气、充满活力的语文教师和中学校长。与他接触，您会感受到他敏捷的思维、开拓进取的精神和对理想目标的不懈追求。真是文如其人。读这本书稿，就会强烈感受到在活泼跳荡的文字中蕴含着多么活跃的思想。……高万祥同志既激情满怀地憧憬语文教育的理想境界，又潜下心来进行教育实践，一步一个脚印。"整整三大张稿件纸上写满了隽秀流畅的字迹，包括标点符号，没有一处涂抹改动的地方。拜读于老师热情洋溢的话语，感激惶恐之际，我突然感到，最年轻和幸福的人，是对于自己的职业感兴趣的人。面对执着追求、老而弥笃的于老师，遥思忘我工作、乐此不疲的于老师，我在心里对于老师也对自己说，工作是把苦闷变成快乐，把人生岁月变成永远青春的炼丹仙人。

2001年秋天，知道上海即将举行于漪老师从教50年的庆祝活动，我特地去陶都宜兴为她量身制作了一份纪念礼品——陶质盆状工艺品，上面有一只美丽的金凤凰光彩照人。在我心中，这正是于老师从教50载，人生古稀却依然凤鸣朝阳、英气勃发的形象写照。

"凤凰鸣矣，于彼高冈；梧桐生矣，于彼朝阳。"（《诗经·大雅·卷阿》）英才逢良时，于漪老师是幸福的。而且，我相信，从教50年不是她事业的终结而是一个更新更好的开端。"从你，我看到那在入海口处逐渐宏伟地扩大并展开的河口。"在她喜庆的日子里，惠特曼的这句话总在我脑海闪现。衷心祝愿，生命的河流永远奔向生活的大海，美丽的青春与美丽的晚霞永远相映生辉。

下面再说说我十分敬仰的亦师亦友的魏书生老师。

1998年11月1日，下午3点35分演讲一结束，不等主持者讲结束语，他便直接冲下台去，几乎是跳着走到了礼堂外的车上。从张家港到上海虹桥机场也出奇的顺畅，只用了整两个小时，于是能从容地在机场吃晚饭。他又是只吃快餐，便又多出了些时间，我抓住机会请他在中午送的三本书上签名留念："处天外遥望地球很小，居体内细察心域极宽。""仁者无忧，智者无惑。""埋头工作处处皆可为净土，潜心科研时时俱能在天堂。"是哲语禅言，又是隽永的诗句，我爱不释手。

来时先送了两本书，昨日中午又给了我几本：《班主任工作漫谈》《中学生实用学习法》《魏书生文选》（两册）和《家教漫谈》，遥远的偶像现在连同他的著作一下子实实在在地走到了我身边。许多人说他名人架子、落落寡合、不易亲近、不好接待，实在是有违事实。耳听为虚，眼见为实。他的观念是：不喝茶，不抽烟，不吃酒，不食瓜果，不用盛宴招待，这不都是挺好的吗？一杯白开水，讲遍全中国，平平淡淡的伟大者，真真切切的教育家。如果也如我辈凡夫俗子，谙练于人情世故，应酬于杯盏往来，哪有今天这般大彻大悟的魏书生呢？

一直将信将疑，总觉得他的一套太神太玄。如今，真正走近了解他以后，不免心生浅薄内疚之感。他用"课本整体教学法"培养学生的学习习惯和学习能力，实践证明是行之有效的。因为他自己就是初中毕业，自学成才。自身的成功便为语文教改提供了足以自信的生动典型。他从哲学的高度，从人生观、价值观的高度，看待工作，看待学生，看待生活。精彩的讨论，特别是大量来自实践、来自生活的生动事例，令听众无不为之动容。遥想当年孔繁森，在拉萨陪他整整三天半演讲后，赞不绝口，两人也因此结下深厚友情。近看此次张家港演讲，全市所有的中小学校长和中小学语文教师都被他的演说折服。一位领导说，从来没见市里开什么大会有如此盛况，大礼堂里座无虚席，并有百多号人站着听得津津有味。

2007年春天，魏老师又应我的邀请到苏大附中讲学。他告诉我，2006年一年坐了162次飞机。要知道，他当时还在盘锦市教育局一把手的位置上啊！2012年5月，我们一起在山东济南讲课，他又告知，在超龄服役之后终于卸任了，无官一身轻了。2011年一年坐了212次飞机。除了春节和一些重要节假日，他几乎天天都在飞啊！我对他说："想当年，孔子游学四方，没走出山东河南，你比孔子还厉害啊！"他笑笑说："我讲课的听众，肯定比孔子多得多！"是的，在当代中国基础教育界，魏老师的成就和影响力之大，无可匹敌！

他的思想、他的成果和他的一些经典名言，对我的影响极大。"母亲爱孩子是因为在孩子身上付出了自己的心血。为了自己，也要爱自己的学生，爱自己的岗位，爱自己的家庭。伤害学生，伤害他人，受害最大的是自己。""医生从来不会怪人怎么会得这个毛病的，教师呢？而且医生正是在治疗各种疑难杂症的实践中提高自己的。""不怕慢，只怕站。""静能生慧。""一件事有一百种做法。一篇文章有一百种写法。""写日记是道德长跑。""守住心灵的净土。""改变有用的能自己说了算的事，珍惜自己宝贵的人生资源，才能提高生命质量。""灵魂流浪，精神漂泊，思想没有信仰的人会悲观。坚信人类社会会走向更真更善更美，就能正确面对眼前的困难。""当心中充满大爱时，最占便宜的是自己。""一个校长给教师最宝贵的奖励，是能引领大家提高素质，使自己成为一个可流动的自然人。""人最重要的是守住自己，守住自己的平常心和感恩的心。""把平凡的工作看作一个宏大的世界，尊重自己的工作。一堂课是一个宏大的世界，每一个学生都是一个宏大的世界。""多干活是享福啊！把眼前的工作看作机遇，从而争取更好的机遇。生命是自我作战。""第八次课改没新东西，几个洋博士在折腾。'观念'改'理念'，'互助'改'合作'，'教学大纲'改'课程标准'，就是新课改了吗？要洗尽铅华，晒干泡沫，剩下的还是我们一直做的东西。创新不是遍地挖坑，更多的是坚守，是往下挖。守住民族的，守住孔夫子的，守住自己，人家才瞧得你啊。""不要说坏任何一个学生，讽刺挖苦学生是折腾自己啊！我真心诚意地感谢那些后进学生，他们教给了我好多办法啊！你让他找优点，任何人是不会对抗的。""优秀教师要学会处理好自己和自己的关系，解放自己，珍爱自己，超越自己。爱自己的特长不随波逐流。活在中学爱中学，活在大学爱大学，活在 20 岁爱 20 岁，活在 50 岁爱 50 岁，就能天天活在好日子好时光。坚守，坚守，再坚守，守住自己心中的'爱'！"认识魏老师以前，读他的书，我在扉页上写下："放下了，又拿起的是你的书籍。拿起了，放不下的是我对你的敬意。"认识并亲近他以后，我的这种敬意更为强烈了。又想起了我们第一次在一起时我问他的一句话："魏老师，当年你插队和当工人时，有没有想到会有今天这样的事业成就呢？"他略一沉思后平静而坚定地回答："应该想到的！"由"应该想到的"，我想到，是书籍和阅读拯救和成就了他。刘墉说："伟人必要的气质，是他自认为必须伟大起来的。"诚哉斯言！

七、相聚在"语文沙龙"

"张家港市语文沙龙",三个名词连在一起,便诞生了一个新的实体。1999 年 11 月 3 日,星期六下午,大家相聚在张家港市第一中学。带来了热情,带来了追求,也带来了依稀的憧憬和忐忑不安的心情。以文会友,以书交友。政府组织,学科活动。重在参与,美在过程。我们感谢市教委对语文和语文教师的青睐,从教委主任董华、分管副主任李宏平,到具体操办执行的有关领导,都对此举倾注了很大热情,发文件,拨经费,给我们鼓励支持。我们深知,机遇和挑战并存,困难和希望同在,唯有行动才是最好的表态和回答。我们重点商量的是,"沙龙"是舶来品名词,能不能从母语中找一个贴切的词语命名呢。大家颇费了一番心神之后,最终还是"洋为中用"地定名为"沙龙"。大家感觉,只有这两个字于我们这七个人的组织形式和活动方式最为贴切。而且,用这个名称,很有些宽松活泼搞学术的风度。

定期交流之中,不仅谈课堂教学和提高分数,更多的是交流自身的阅读写作、专业成长和语文人生。创办同名刊物——《语文沙龙》,区别于为教学技术主义和功利主义服务的刊物,《语文沙龙》立足时代和社会看语文,立足人的发展看语文,以大语文、大教育、大文化为办刊方向和追求,是一种观念的交流和思想的盛宴。我们的工作一时深受圈内外的好评。苏州市副市长朱永新教授多次在讲话中赞扬"语文沙龙"。他说:"最近,苏州语文教学界出现了一些让我非常感动的事。一是在张家港,成立了以特级教师高万祥为首、以一群年轻的语文教师为主体的'语文沙龙',并出版了品味很高的同名刊物……""在教科研的具体途径和方法上,我很欣赏张家港语文特级教师高万祥的做法,他们组织了一个语文沙龙,不仅吸收张家港的老师参加,而且吸引了一部分全国知名的特级教师,搞得十分活跃。他们还创办了一个刊物,刊发沙龙成员的文章,已产生了一定的影响。其实这是行动研究法的一种形式。"

著名语文教育专家李镇西来信说:"《语文沙龙》已收到。我真不相信会如此精美,而且内容质量也很高!"

2001 年 1 月 12 日，一个冬日的下午。张家港市中小学"语文沙龙"举办的联谊会在古城南京的南京饭店举行。虽纯粹是民间活动，然而省教育厅基教处和省教科所的主要领导却来了，省教育系统几家主要报刊如《江苏教育》《成才导报》《初中生世界》和《江苏教育研究》的编辑们也来了，南京师大附中著名特级教师、作家王栋生（笔名吴非）也来了。特别应该提到的是，吉林长春出版社的 3 位编辑也专程从遥远的东北赶来参加聚会。会议的话题、众人的眼光和照相机的镜头，都聚集在四个字上——语文沙龙。

"在商品经济大潮冲击的社会，张家港一批年轻的同志关心语文、关心教育，进行文化的交流和思想的碰撞，办出了反映自己思想的杂志，而且新鲜深刻，不像一般的杂志那样四平八稳，了不起。一份刊物，如果读后没有一种崇敬的感情油然而生，这样的刊物是没有忠实的读者的。""他们把《语文沙龙》作为一种文化事业来做。这份杂志本身就是张家港市文明程度发展到一定阶段的产物。刊物宗旨应该是文化辐射和思想交流，不要急功近利。教育，特别是语文教育，功利性太强是最忌讳的，要淡化阶段性目标，一个高品位的名师要有一种胸怀，相信最终会实现目标。刊物也如此，不管怎样，我不希望《语文沙龙》的'味道'发生变化。在众多的文学和语文刊物里，这是我读得最认真的唯一的一种。"杨九俊如是称赞道。

自 1999 年 12 月创刊以来，《语文沙龙》得到了许多领导、专家的支持，杨九俊先生就是其中的一位。他 37 岁就成为江苏语文特级教师，尔后从政，官至省教育厅基础教育处处长而不失书生本色。作为专家型领导，此时此刻，他的这一番讲话无疑给人鼓励，令人振奋。

听着如此智者之言，会场十分宁静。比会场更静的是听众的内心世界。钱钟书云，"寂静并非是声响全无……寂静能使人听见平常所听不到的声息，使道德家听见良心的微语，使诗人们听见了暮色移动的潜息或青草萌芽的幽响。"思想的声音，良心的微语，还有"潜息"和"幽响"，使会场更加寂静。而于我们，"这种寂静像怀着胎，充满了未发出声音的隐动。"（钱钟书《写在人生边上》）

智者和智者在一起，没有社会职业和分工的贵贱之分，没有社会身份和社会地位的隔阂尴尬，也没有社会分配和利益的倾轧图谋，享有的是真正的宽松、自由和阳光般的温暖，以及心灵碰撞的愉悦。

给我们带来温暖愉悦的还有于漪、朱永新、余杰、吴非、黄玉峰、李镇西、韩军、程红兵、陈军、王尚文、窦桂梅、李海林……一个名字，就是一缕精神之光，就是一团思想之火。精神需要精神的浇灌，智慧需要智慧的启迪。患了贫血症的当代语文教育，需要的正是思想之光和精神之光。

"中国的语文教改需要一支非正规的部队。《北京文学》引起的争论好处极大，而且要一直讨论下去，语文可以成为一个永恒的话题，有讨论争论才有真正的活力，才能不断向前发展。参与这次讨论的最有活力的是非正规力量，思想特别活跃，战斗力很强。《语文沙龙》也是这样一种非正规的野战部队，我非常珍惜这支部队和这本刊物。我以为可以借用高万祥'中国语文的财富论坛'这句话为《语文沙龙》定位。这就是面向全国、海纳百川、视野开阔，用智慧的方式表达智慧的思想。《语文沙龙》发表的往往是智慧的闪光。刊物自由开放，表达方式和形式也是智慧的产物。需要规范，但又要突破规范。要有自己的个性，如《读者》以品位见长，上海的《教育参考》以思想的锋芒见长。要处理好批判和建设的关系。用批判的形式推动建设。对语文教育现象观察要敏锐，对问题的批判要尖锐，要深刻，应毫不吝惜，一针见血。要把握好批判的分寸，着眼于建设。"江苏省教科所所长成尚荣先生的这番宏论高屋建瓴、鞭辟入里。

我们"沙龙"成员都称成先生年轻、英俊、潇洒，依据的是心理指标和精神状态，而不是生理年龄。我曾经在一篇文章里说过（在许多大众场合也反复说过），一个人的衰老不是从生理开始而是从心理开始的。只要你有一种积极进取的心态，只要你有敏锐活跃、不迂腐、不保守的思想，你就永远拥有年轻。在我们"沙龙"成员的眼里，如果用这个标准来衡量和评选的话，成先生应该当选全省乃至全国的"先进个人"。我们清楚地记得，《语文沙龙》第一期出版以后，他就把杂志放在他办公室杂志架最显眼的位置上，还嘱咐他辖下的"正规军"们要好好关注这个新生"婴儿"。此情此景，耳闻目睹之后，令我好一番感动。

冬日的阳光柔和而美丽，令人瞩目，还给人许多遐想甚至挡不住的诱惑。此时，和冬日的阳光站在一起，我感受到了春天的声音、春天的气息和春天的躁动。

《江苏教育研究》副主编金连平说，"非常羡慕《语文沙龙》自由探索的精神和氛围，探索的空间大而且可以只问耕耘不问收获。也非常羡慕刊物的作者、编委和导师队伍如此豪华，作为同人刊物，比我们正规报刊拥有更多的自由和活力。"

拥有上百万读者的《初中生世界》主编王写之先生说："《语文沙龙》的精神和

追求令人钦佩，值得我们搞专业刊物的人员学习反思。要保持思想自由犀利的特点，坚持离经不叛道的办刊风格。这本刊物的文章我几乎篇篇都读。"

彭钢、许元新、张俊平、朱亮、方苑、仇玉坤、蔡守龙、王咏梅、何刚、王占通、许广彦、杨爱萍……应邀践约的一个个书友，带来了"正规军"的经验和教训、喜悦和无奈、视野和感受、希望和建议、思想和智慧。尽管三九严寒，但有书的冬天不觉冷。有友谊、有阳光的冬天，更让人如坐春风。

张俊平讲了个在山西某地区流传的真实故事：

放羊干啥？/卖钱。/有了钱干啥？/盖房。/盖了房干啥？/娶媳妇。/娶了媳妇干啥？/生娃。/娃娃长大了干啥？/放羊。/……

《语文沙龙》和放羊的山里娃，似乎没什么直接关系，但大家听得特别认真投入。也许，做教师的对"孩子"两字特别敏感；也许，听到"贫困"两字，容易引起人们的伤感；也许，对于一个有社会责任感的知识分子来说，如此沉重的经典对话引起了某种特别沉重的思想情感。

伴随沉重"经典"和沉重情感的是真诚的掌声。临近年关，大家都从百忙中抽空赴约，掌声也许是对他们最好的回报。而且，真正的掌声永远只属于那些有真人格、真学问、真思想的人。

不觉间已下午 7 点。没有忘了晚饭。但思想的盛宴，蛮醉人的。

醉人的，还有那永存心头的冬日的阳光……

八、在千山万水茫茫人海相遇

2013 年 12 月 10 日，黑龙江大庆市教育局邀我前往讲学。他们采用远程培训方式，以市教育学院录课中心为主会场，全市五区四县另设七个分会场同步网络直播。参加对象一是各县区教育局副局长、各教师进修学校正副校长及研培人员，二是全市各中小学校长、副校长、教务主任、教科主任、年级主任和教研组长。市教育局有关领导及市教育学院从一把手到所有教培人员全员都参加了。感谢邀请我的大庆市教育学院卢士安院长和培训部付红霞主任，他们让我的声音传遍了大庆城乡。这次整整一天的讲座，反响十分热烈，有些老师当场给我发来热情洋溢的手机短信。"高老师您好！您的讲座太精彩、太感人了！您把您大半生积累的做人和育人的宝贵财富毫无保留地传递给我们，让我们与您分享。您送给了我们也送给大庆人民和大庆千千万万个孩子一份最丰富的礼物，是奢侈品，是心灵的鸡汤。您的声声呼唤——拯救孩子，拯救民族，无不震撼着每个教育工作者的心灵。您的博学、慈悲，您的智慧、幽默，您的平易真实，给我们树立了最好的典范……近距离聆听智者，如饮甘露，醍醐灌顶。您强烈的责任感、使命感和无限的慈悲智慧，一定会唤醒更多教育工作者的良知……谢谢您！有您这样有良知的人，中国的教育还是有希望的！""高老师您好！在大庆我听过各种各样的讲座，却从来没有今天这样冲动。久违啊，久违啊！两年来内心祈祷和祈愿能有一位真正的教育家给大庆的局长、校长们上一堂'师道'课，今天您的到来，是大庆孩子的福气啊！我一直兴奋地聆听着，工作中从此我可以挺直腰板，大踏步地弘扬优秀文化，也设计着我校未来的同学课程……大庆教育的春天来啦！大庆的孩子有希望啦！教育有救啦！由衷的感恩，感恩，感恩！"在零下十几度的严寒里，读如此温暖的文字，我的心里春暖花开。

　　"从现在起做一个幸福的读书人"是印在我名片上的一句话。感谢《中国教育报》等媒体，让全国更多的校长和教师知道了我的阅读主张，并常有邀请我前往讲演交流。从2005年获《中国教育报》全国十大"读书人物"至今，八年中我在全国30个省市做教育讲演近500场次，讲学校管理、生活德育，讲道德关怀、情趣培养，讲语文教改、作文教学，讲师生关系、人文大爱，以及讲享受幸福教育和幸福的教育人生。然而讲得最多的是教师读书和学生阅读，最让我感动的是许多书友积极响应、激情追随和热情鼓励。高山流水遇知音，让我往往有刘若英歌里所唱"在千山万水人海相遇，原来你也在这里"的感动。兹记录几则片断，谨表无限感念、感恩之万一。

　　2009年广西蒙山县和桂林市同时和我联系讲学，于是相约接连安排。4月11日，在蒙山县为全县一千多名中小学教师讲座。这里是太平天国的发源地，洪秀全金田举事之后，攻克的第一个县城就是一百多公里之外的蒙山。也是武侠大师梁羽生的家乡。气候四季分明，也盛产丝绸，使这里有"广西"小江南之誉。但经济和社会发展实在滞后。那天傍晚，我走进宾馆房间，习惯性地想翻拣一张宾馆名片以作收藏纪念，结果只找到了一个信封。只见信封下方这样写着宾馆地址：蒙山县城大槐树西侧。略做思忖，我一下子明白了，原来的这里的县城，至今连马路的名字也没有！虽然经济有欠发达，但文风一向昌盛。蒙山教育局局长李世朝，党委书记韦文周都是我的读者。我讲座后韦先生激情点评，给了很多至高溢美之词，并竭力推荐全县教师读我的《优秀教师的九堂必修课》一书。半月之后，出版社告知，他们一下子邮购了一千册！4月11日，我登上了桂林市"百姓文化大讲堂"的讲台，省立艺术馆的旧址，如今的"桂林大剧场"，古色古香之中洋溢着浓浓的书卷气息。这是政府组织的公益论坛，在这之前已举办过五十余场，内容涉及社会各个方面。我主讲的内容当然是读书。会场里有教师和学生，也有机关干部和普通市民。我首先说，我们都有一个共同的名字——读书人，我们都有一份共同的事业和使命——建设书香校园、书香家庭和书香城市。阅读能给我们带来什么，把文学和童话带给童年，让桂林成为儿童读书的天堂……如此场合，如此对象，本来有些惴惴不安，想不到反响十分强烈。结束后，一个八十来岁的老者，在拥挤的人群里拉着我的手说："你讲得真好，应该让我们的市长、书记都来听听！我是部队转业的离休干部，一辈子读红头文件，不会读书，今天让我受益匪浅啊！"他记下了我的联系方式。几天后，我收到他寄来的一张照片——桂林市秀峰区老干部读书沙龙成员合影。还有他的一篇读书笔记。央视名嘴白岩松于2012年4月在北京电视台"书香讲堂"做的演讲中说："我总相信，富起来、吃饱了、穿暖了的中国人，不会天天只是卡拉OK，不会把全部注意力都放在物质的获得上。当物质方面有了巨大进步的时候，也许一个真正与精神、与灵魂、与信仰有关的中国人追求的时代也就真正开始了。好多人沮丧着说，在中国读书的好时代过去了。我想说：不！它可能刚刚开始！"谨以此和这位尊敬的长者以及广大读书人共勉！

　　2010年7月24日，我在上海一家叫"圣贤居"的酒店为湖北黄梅县的校长班讲课。下午五时许到宾馆总台办理入住。一位服务员小姑娘知道我是来讲课的教师后，马上热情地说："你去年也来过？""是啊，你怎么知道？""你是江苏的。""奇怪，她怎么认识我呢？"正想着，只听她微笑着说："去年，我在会场服务，听你讲过课的。"哦，这句话让我想起，2009年11月28日，我也在这里讲课，也是黄梅县的校长班。散场时，我走出会场，门口一位服务员对我说："讲得真好，我一直在听，很感动的。"当时，我急着赶去机场，匆忙间没能和她交谈。当然也没问她姓名，在去机场的路上，还自责没有礼貌。想不到故地重游又相逢，她还记得我当时急于赶机场的事。我的讲课很难说是时雨春风，她却一定不是一个安常处顺、目光如豆之辈。只可惜一日之雅，如今已成清尘浊水，各自天涯。

2011年10月15日，我在郑州师范学院为河南省国家级小学语文骨干教师培训班讲了一整天。培训班学员为主，还有一些专程赶来听课的老师，还有少量师院中文系的在校大学生，共400余人。上午讲教师自身的读写，下午讲学生的读写教学，效果出奇的好。下午整整三小时结束后，老师们都坐着不想离开。因没人主持。我说了两次"散会了"，"散会了啊！"大家依然不动。许多人在下面喊："还想听高老师唱个歌！"接着纷纷上台要求签名合影，或询问哪里可以购买什么什么好书。许久，工作人员嘀嘀咕咕上前说，要关门下班了，大家才依依惜别。煞风景，但我的虚荣心得到了十分的满足！第二天上午，一位老师发来手机短信："高老师您好！这是我第三次听您演讲，这次聆听中非常想跟您对话。缘于您对语文是人学和您从宗教文化角度的解读，因为只有当语文和宗教相融合的时候，才是最究竟圆满的教育；缘于您对父亲去世能写出《哭父亲》一文以至于我梦中哭父泪眼模糊；缘于最好的国防是教育那种责任心的呼唤……难得更是缘于恰逢今天是农历八月二十九——观世音菩萨出家的纪念日，世界本来就缘聚缘散。当我走上讲台要您的联系方式时，发现您太需要休息一会儿了。匆匆的两句交流和六个小时的演讲，一利耳根永为道种。从现在开始，做一名幸福的读书人！"经询问，知道她是濮阳市华龙区的，叫耿卫东。耿老师，我永远记着并感念你的名字！

2011年7月17日，经过张家港市副市长当时在西藏林周县挂职任县委副书记的黄亚平先生的联系帮助，我们一行十人，自称"苏州市教育文化学习考察团"，踏上了去西藏的旅程。19日我们应邀到达林周县林周中学。极为隆重和礼仪周至的欢迎过后，张家港高级中学、张家港市二中和他们签约缔结友好学校，华东师大出版社北京分社赠书仪式后，参观学校，最后便是我的讲座。我本"三高人群"，一直因为害怕高原反应而不敢前往西藏，想不到，这次来到雪域高原，来到海拔4000米的林周县，站在林周中学礼堂的讲台上，一口气讲了两个小时而没一点高原反应。阿弥陀佛，感谢佛祖保佑！中午，学校在操场上临时搭建了帐篷，让我们一边吃藏餐一边看学校师生的歌舞表演。最后全体演出师生走下舞台，拉着我们一起唱歌跳舞。

我很乐意参与，可惜五音不全，跳舞连三步四步也不会，实在是勉为其难。到了西藏，我就可以为自己做个广告了：中国大陆的30个省市我全到过讲过了！讲遍中国，此生此日，斯复何求！

2011年12月19日，我应邀去北京国家教育行政学院，为他们的干部远程教育讲课录像。题目是《学校应该是幸福的天堂》。讲得最多的依旧是师生阅读和校园书香。教育部直属，全国教育学院的"中央党校"，网校在读的校长、局长近12万人之多。做了最充分的准备的我，依然缺少几分自信。想不到邀请我的刘慎浩老师，以及其他几位他的领导和同事，在场听后都欣赏有加。连摄像师都听得十分投入，几次表示说我讲得很好。几天后，其中的一位给我手机短信："高校长：您好！我是国家教育行政学院干训网的王淑清，曾于上周五您来我们学院录课时听您的报告……因为同样是爱书的人，所以对您的报告感受格外深刻，您的办学及自身成长历程给我很深的启示……"谢谢王老师的褒奖和鼓励！以后和刘慎浩老师保持着联系。2012年6月27日，他发来短信："小刘，《学校应该是幸福的天堂》是谁的课来着？/高万祥校长的。/他这个课的点击量这么高啊?! /不仅是点击量高，推荐量也非常高，我特意关注过，上传第一周就超过200多，这在之前是没有过的。"惊喜之余，我回复致谢。他复云："在不久前的一次读书交流会上，我借用'位卑未敢忘忧国'一句，希望能够寻找和发现更多的优秀校长和教育者，通过宣传他们来改变和触动更多的校长们，通过这些校长来影响我们的孩子们，哪怕是一丁点，哪怕是只影响到一位校长和一个孩子，我也会欣慰的。"我为他如此的教育情怀和社会责任感鼓掌！

2013年5月30日，儿童节前夕，我为苏州工业园区娄封实小做志愿公益讲座，题目是《儿童经典阅读的三大课程》，听课的对象为一至三年级家长和全体语文老师。第二天上午，我收到了一位家长的手机短信："尊敬的高校长您好！昨天听了您的演讲，让我有一种'听君一席话，胜读十年书'的感觉。我是一个正在为如何正确引导孩子的学习而伤脑筋的母亲，您犹如一盏明灯给我指明了方向。我以前都是让孩子一个人看书，讲故事只是上小学以前的事，我没想到二年级的女儿昨晚听了我讲的故事《红线的心愿》（汤素兰著《红鞋子》中的一篇）后，一直在专心听的女儿放声大哭。情节震撼了孩子的心灵。我感慨万分，差点迷失的我衷心感谢您！向您致敬！"我随即打电话把这事告诉了韩郁香校长。她高兴地说："好，哪怕只影响了一个家长，一个家庭，我们的活动也是值得的。"

近年来，此类给我肯定鼓励也让我十分高兴感恩的反馈短信很多。"诗意话语文，翰墨慰平生。谢谢高校长！您慷慨激昂的演讲和教育家的气度胸襟一直深深地印在我们的脑海中，感谢您亲临南充，为四川的语文教师播种教育智慧！""老师，节日快乐！今天还跟我带的学员谈到您，谢谢您带给我太多的语文烙印，岁月流逝中，越来越感受到这种影响的价值。""多年前拜读您的大作《相约星期一》，为之心悦诚服。今日得幸一睹大师风采，您的演讲非常精彩，为您四个小时的站着演讲热烈鼓舞！""您给我们带来了一场文化的盛宴，谢谢您，好崇拜您！您是我心中比黄晓明还要帅的偶像！我也喜欢读书，好想做一个您说的那样的幸福的读书人。""听了您的报告热血沸腾！因语文界有您这样的大力倡导阅读为己任的大行动者！我每带一个新班上第一堂课，总要让学生记下一句话：一个阅读的人其力量无可估量！""你的学识渊博，你的谈吐诙谐，你的口才一流，你的演讲叫绝。""无论如何，您的讲座至少是前无古人，也有可能是后无来者。""高老师，在这样一个功利的社会里，还有这样一份情怀，真是沙漠绿洲啊！这也正是我最景仰高老师的地方，您经历这么多，还没泯灭知识分子的良知和文人的情怀。悲哉！壮哉！怎能不让人击节赞叹！""我很不安，让您辛苦了。我们的老师反响强烈得不得了，都说从未如此有收获受震撼，都希望您下一次一定还要常来！""俺被俺学校的好几个老师表扬了。他们说，校长啊，以后把高万祥校长这样的人多整点来，忒爱听！""高老师，您是我们的精神引领。昨天的报告，实在不好意思，好几次我热泪盈眶！感动于您的执着，感动于您的热情！""敬爱的高老师，能听到您的课我三生有幸，认识您是我们修来的福气，衷心感谢您！""昨天在宜宾听了您的讲座，受益良多，您说出了一个敢于坚持教育理想的教育家的心声，为我们树立了标杆。"也许有偏爱偏颇，一定有夸大夸张，但高山流水，萍水相逢，无须投我所好，相信所言皆出自真诚。

文化关怀：把人看成目的

——我的教育理念

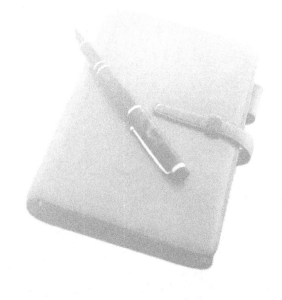

一、从现在起，做一个幸福的读书人

——和《班主任》杂志社关于阅读的对话

《班主任》杂志社：高校长这些年来走了很多学校，开了许多讲座，对中小学教师的读书状况是比较了解的，您能给我们概括一下，在您的印象中，中小学教师的读书状况吗？

高万祥：这是一个十分悲惨的话题。如今，中小学教师普遍不读书已是一个不争的事实。百分之九十的教师基本不读书；百分之九十没有自己的研究课题，甚至没有教改科研和事业热情；百分之九十不会写作，也没有文章发表，因此一辈子停留在教书匠层面而庸庸碌碌。在一个国家里，如果教师都没有真正的阅读，那么这个国家的所有学校，一定会沉沦为一种牢狱般的地方，这个国家最终也会沉沦为一座精神的地狱。苏霍姆林斯基说："学校应该是图书的王国，教师应该是精神贵族。"离开了经典阅读，教师往往只能成为精神侏儒而不可能高尚如贵族。博尔赫斯说："什么是天堂？天堂就是图书馆。"造物主对人类说，你们知道吗？你们最优美的姿态就是阅读。人类和生活中一切的丑陋都和这个姿态的缺失有关！反思六十年来中国的基础教育，也许，一切的不如意，都能从教师不读书这点上找到缘由。当然，不能怪教师，教师也是受害者，真正的问题在于体制和环境。所以有人说，在今天，能坚持读书的教师，是校园英雄！我们需要更多的校园英雄！

《班主任》杂志社：我本人在农村中小学待了十一年，据我初步统计，许多老师一年能够读一本著作的非常少，大家都喜欢读一些短小、精练的小品文，比如《读者》《青年文摘》，一谈到大部头的著作，大多头疼。您如何看待这种浅阅读现象。

高万祥：从表面上看，作为文化人，教师不可能不阅读，问题是我们怎么界定和理解"阅读"两字？我以为，阅读一共有四种类型或者说四种层次。一是功利阅读，这往往是一种生存需要的阅读，如读教材，读考研考级的书，读炒股投资指南一类书。二是休闲阅读，或曰"泡沫阅读"，如低俗的武打、言情小说，看影像作品也是一种广义的阅读，而且读者极多，如"全城热恋"等相亲类无聊影视。三是低度阅读，即您所说的"浅阅读"，中小学教师中的读书一般都停留在这个层面，这种阅读不应受到非议，因为它至少可以帮助教师积累知识和材料，有利于自己的教育教学工作。四是经典阅读，这是我们倡导的一种深度阅读。"世间滋味尝来，不过菜根香；天下奇观看尽，不如书卷好。"政治、哲学、宗教、文学、文化和历史等方面的经典，经过了时间沉淀和筛选而能被后人接受，它们是人类文明的结晶，是人类发展最重要最强大的推动力量，也是影响我们每一个人精神成长的最有效的媒介和营养。如果说，功利阅读出于无奈值得同情，休闲阅读无聊但不必棒杀，低度阅读层次不高亦可以鼓励；那么，我们真正倡导的一定是能影响我们心灵和精神的经典阅读。经典阅读才是一种真正的阅读，不知您以为如何？

《班主任》杂志社：读研后，机缘巧合，我接触到许多城市的老师，他们大多教书非常努力，为了成绩，为了升学率，为了所说的指标，教得非常认真。但大多都是教"教科书"上的内容，成了一个教书匠。在我的采访中，许多老师固执地认为"多做、多练"是出好成绩的不二法门，您对这些老师有什么建议？

高万祥：在我看来，我们的中小学教师，特别是中学教师，大多生活在应试教育的"悲惨世界"。由于受不合理、不科学的高考制度的制约，也为了自己的生活利益，教师只能无奈地努力教书，让学生拼命做题。而从应试角度分析，"多做多练是出好成绩的不二法门"这句话一点不错。我做校长时，常挂在嘴上和教师唠叨的一句话也是"高分是练出来的"。当然，我也常对老师们说，应试教育是现实的生存需要，而人文素质教育才是我们追寻的真正的教育。我们无力改变社会，只能尊重现实存在，但我们千万不能放弃理想。因此，我们学校虽应试氛围沉重，但书香气息也浓；学生题目做得多，教师作业批得多，但师生的经典阅读也多，听的文化讲座也多。2005年我荣获《中国教育报》全国首届十大"推动读书人物"称号，该报在介绍我的"编者按"中有云：高万祥的伟大，在于他能影响和带领着周围的人一起读书。让我受宠若惊之际，想想我们教师为应试教育而忙碌的生存状况，真是啼笑皆非啊！

《班主任》杂志社：很多城市中小学老师每天忙于"教书"却放弃了自己的学习，经年累月，他们的眼光就停留在教材上了。他们眼中的书就是指教材，这非常局限人的眼界，也局限学生的思维。你对这些老师有什么好的建议？

高万祥："学而不厌，诲人不倦"。我认为每一个中小学教师应该把这句话作为人生和职业的座右铭。学不难，不厌却难；诲人不难，不倦很难。孔子一生反复澄清，自己别无长处，唯此而已。其实，孔子为我们教师树立了一个至今仍无法逾越的千古楷模。几千年的中国社会，没有人的地位比孔子更高，他是我们中华民族历史上第一个真正的教师和校长。当然更是一个伟大的教育家。他是教师的骄傲，是读书人的骄傲。也可以说，孔子的魅力就是书香的魅力，孔子的力量就是书籍的力量。中小学教师这个职业，发展的弹性空间很大，如果能坚持读书、学习和教学相长，就能成为专家学者甚至教育家。我的前辈和好友中，于漪、洪宗礼、魏书生、陶继新、李镇西、黄玉峰、吴正宪、刘可钦、闫学等中小学名师大家，都是这样走过来的，是书籍成就了他们。如果说他们都有一种共同的力量的话，那就是书籍和阅读的力量。魏书生只是初中毕业，但成就了一流的事业，培养魏书生的便是书籍。我很佩服他那种融会贯通的境界，能达到这种境界的人，肯定是一个真正的读书人。早在1999年我代江苏省张家港市教育局请魏老师来做讲座，两天时间我一直陪着他。有一次我问他，你早先在农村时，有没有想到自己会有今天这样的成就与辉煌。魏老师很认真地回答我："应该是想到的。"从他的回答中我感觉到了一种强大的自信，而这种自信便源于阅读。李镇西，现在被人们称为"中国的苏霍姆林斯基"。当我问及他怎样取得这样的成就时，他回答我，可能是比别人早读了一些书，多读了一些书。我觉得李镇西之所以能够成功，在很大程度上就在于他认真学习并实践苏霍姆林斯基与陶行知的教育思想，是书籍和阅读或者说是"学习力"成就了李镇西。台湾著名学者和出版人高希均说："生活再累也要读书，工作再难也要谈书，收入再少也要买书，住处再挤也要藏书，交情再浅也要送书……最庸俗的人是不读书的人，最吝啬的人是不买书的人，最可怜的人是与书无缘的人。"谨以此言赠予广大教师朋友共勉。

《班主任》杂志社： 市场经济正在席卷教育领域，许多地方的教育过于市场化，这多多少少对教师的读书有些影响。近一年来，我访谈了将近一百三十名班主任，许多班主任感叹，读书的并不见得活得好，不读书的比我们活得潇洒多了。他们甚至感叹：偌大的城市已经放不下一张平静的书桌了。您如何看待这种感叹？

高万祥： "尘土十分归举子，乾坤大半属偷儿。"这种不公平的现象存在已久。在我们无力改变现实以前，我们需要的是改变自己的人生和学习态度。什么是"活得好"和"活得潇洒"？我想，这些老师一定羡慕那些学历不高、读书不多但发了财做了官的人。我说，这些人的生活幸福指数其实不一定比我们高。财富积累的背后一定是眼泪、辛酸和血汗。在今天法制不健全的中国社会，干部已经成了一种高危职业。今天是座上宾，明天成了阶下囚，这样的例子全国各地均有出现。

再说"偌大的城市已经放不下一张平静的书桌了"之感叹。《中国教育报·读书周刊》在发布 2008 年度"推动读书十大人物"提名者事迹的专刊上，用了"寻找我们的读书英雄"这一通栏标题。编辑撰文："和平年代，什么是英雄？对一种精神的坚守，对一种使命的执着，这样的人就是英雄……这个时代的读书需要一种勇气和坚强。能坚持读书习惯的人，也是这个时代的英雄！"能不能放下一张平静的书桌，关键不在城市和外部环境，而是教师自己的内心世界是否拥有一份宁静，关键是教师自己要有读书的定力和毅力。现代社会，外面的世界是真热闹，灯红酒绿，声色犬马，有诱惑力的东西太多了，要读书就要学会坐冷板凳。只身一人，孤灯一盏，寒窗苦读，是要有一点精神和追求的。我建议大家向武侠大师金庸学一学。想当年，金庸在香港办报，身为报社老板，每天亲自写千字的小说（连载）和千字的评论，而且一写就是 20 年，写出了令我们叹为观止的著作。

活得好不好，生活是否幸福，每个人都有自己的选择。决定我们一生的，不是我们的能力，而是我们的选择。一个人的幸福，多半是找到了最适合自己的生活方式。一个人的不幸，必定是还活在别人的生活方式中。生活方式是一种信仰。我以为，教师的人生一定是一种书生人生，教师的幸福一定是一种读书人的精神富有。许多优秀教师的成长经历告诉我们，人生最幸福的时光，就是在追求一个有意义的目标过程中，把自身实力发挥得淋漓尽致之时。

而且教师的阅读还一定关系到学生的阅读。教师是校园的第一阅读环境，关注教师阅读状况，就是关注教育的未来。只有爱读书的教师，才能培养出爱读书的学生；只有会读书的教师，才能培养出会读书的学生。如果教师的生活中放不下一张平静的书桌，那么，教育的发展和学生的未来是不堪设想的。

《班主任》杂志社：也有一些喜爱读书的老师颇感困惑：中国今天的出版业比历史上任何时候都发达，但，能够读的书，经得起读的书却是少之又少。今天的出版行业为了生存，许多书都是炒作出来的快餐，其实质性的内容并未经过推敲和打磨。因此，有老师反映，如何选择书目很困难。您有什么好的建议？

高万祥：其实适合教师阅读的经典好书还是很多的，而如何选择书目确实是一个极为重要的问题。一位外国作家曾如此感叹："我到图书馆去时，只会感到一阵悲哀——生命太短暂了，我根本不可能充分享受呈现在我面前的丰盛美餐。"1978 年，我以全公社（乡）最高分的成绩考上了苏州大学中文系。犹如饥饿者扑在面包上，我全身心地扑在书籍上。记得刚进学校第一次跨进图书馆时，我竟傻乎乎地问图书馆老师："大学四年，我能把你们这里所有的书读过来吗？"世界上的书是永远读不完的，而且也没有必要都去读完。读书并不在于量的多少，而是你读了一本好书以后，你的态度，你的目标，你的生活，从此变得不一样了。关键是找到能改变自己的那本书。有了这本书或这样的书，忽然间你会觉得，啊，人生原来不只是这个样子，原来人生还有一种我从来没想到过的状态。20世纪初，甘地在非洲当律师，在一次长途火车旅行时，有一个人送了他一本书。经过十几个小时，火车到了目的地。他说路上读完了这本书，当他走下火车走上月台的那一刹那，他知道他的人生从此不同了。后来，他的人道主义、不抵抗主义，都是因为在这一趟火车的旅程上读了那本书而产生的。那本书就是十九世纪英国文学家、思想家、社会学家约翰·罗斯金的《留给这个后来者》。好书都是为钟情好的后来者留着的，相信当你遇上这样一本好书的时候，你的人生就翻出了新一页。

《班主任》杂志社：能结合您的读书经历，说一说读书在您的成长、发展中的价值吗（最好能举些案例）？

高万祥：我是饿着肚子读完小学，在贫下中农讲师团加"工农业基础知识"为教科书的初中里毕业，又在"'文化大革命'就是好"的叫喊声中结束高中生活。在高中毕业之后，在那个贫穷和荒诞的年代，图书成了我唯一的精神寄托。那时，我大哥慷慨地把他的藏书全部赠送了我。主要是当代小说，《红日》《红岩》《创业史》《金光大道》《烈火金刚》《山乡巨变》《林海雪原》《青春之歌》《三家巷》等让我读得如痴如醉。这些书一定程度上决定了以后我对文学和语文的真正痴迷，而且这种对书籍的爱好一直延续在我的生活和生命中。读大学后，我对诗歌特别喜欢，四年大学，不知读了、抄了、背了多少古典诗词。诗歌读多了，手痒时也写一些古体诗或新诗。大四那年，苏州大学举行全校性大型诗歌朗诵比赛，中文系的参赛作品就是我的习作，由于编导、指挥、音乐各方努力，我们的演出还获得了一等奖第一名呢。诗歌语言文字优美的背后是人性的优美，诗歌陶冶了我的人性和情操。现在想想，此生此日，文学和诗歌给我的，是仅次于父母的恩情。比如，以诗的真善美来办教育，语文呼唤文学的回归，校园呼唤诗意的回归，我的这些教育思想和办学主张都直接受惠于文学和诗歌。从教30年，特级教师、全国优秀教师、苏州市首届名校长，我获得了一些一般教师难以企及的荣誉，扪心自问，也许，我唯一的优势就是比一般教师勤于读书。

回顾自己近六十年的人生，我觉得最庆幸的是两件事。一是中学毕业后没有消沉，没有放弃努力。二是做了校长，在艰苦甚至十分痛苦的"精神劳役"的岁月中，始终坚持阅读和写作。我读，我快乐；我写，故我在。

近年来，我思考较多的一个问题是知识分子的社会责任。我比较关注中国近现代的知识群体。严复、魏源、康有为、梁启超等近代知识分子，是中国社会转型的启蒙思想家。特别是梁启超，我以为他是近现代以来对中国社会发展观察分析最精辟的第一人，也是影响和贡献最大的第一人。而现代知识分子群体，我比较关注西南联大和《大公报》这两类精英。蒋梦麟、梅贻琦、张伯苓、陈寅恪、李公朴、闻一多、胡适、费孝通、吴宓、梁思成、邓稼先、杨振宁、李政道、罗隆基、张季鸾、胡政之、王芸生……闪烁在两座现代知识丰碑上一个个闪光的名字，各有各的成就，各有各的优秀，但有一点是共同的，这就是都有强烈的社会担当精神，他们都是真正的读书人。真正的读书人，一定是有良知和正义感、有批判精神和社会责任的人。联系到教育，我总以为，没有读书的氛围是应试教学最大的弊端和罪恶。在一个不读书的社会，办着一个不让人真正读书的教育，社会责任心的群体流失，便在情理和必然之中。因此，呼吁教师读书，致力书香校园建设，是每一个有良知的教师应尽的神圣使命，也是书生报国最好的行动。

二、读书是福

——和中学语文教师谈阅读

平民百姓，无富无贵，在眼下物欲横流的功利社会，唯一能自我安慰的是：我本书生！每每倘徉于寒舍斗室，喜滋滋地看着顶天立地的排排书架，或手捧一卷心爱之物，一种读书人的欣慰、充实、自豪和幸福的感觉总会洋溢心田。"我到处寻觅幸福，但是除了带一本小小的书，在一个小小的角落阅读，其他地方就找不到了。"15世纪托马斯的这句话好像是专门说给我听的。

（一）诗是语文高贵的灵魂

最爱是诗歌，我拥有第一本藏书是《革命烈士诗抄》。那是 1959 年出版的一个小 32 开本子，收录 40 多位中共党员烈士的遗作，编注者是革命家兼诗人萧三。诗集中有许多脍炙人口的作品，对我和我的同龄人影响很大。如夏明翰的四句绝笔诗："砍头不要紧，只要主义真。杀了夏明翰，还有后来人。"杨超在就义时高声朗诵自己的诗："满天风雨满天愁，革命何须怕断头。留得子胥豪气在，三年归报楚王仇。"吉鸿昌在狱中用树枝写下壮士豪言："恨不抗日死，留作今日羞。国破尚如此，我何惜此头！"还有叶挺的《囚歌》，刘伯坚的《戴镣行》，恽代英的《狱中诗》，殷夫的《血字》和《别了，哥哥》等，都是惊天地、泣鬼神的传世佳作。回想起来，这本书不仅在思想上影响了我，也使我从此热爱起诗歌。这本最早的藏书是我十一二岁时从一个邻居孩子手上用一毛钱买来的。当时就已经很破旧了，我认认真真地给它包了个封皮，写上了书名，至今仍放在我书架较为显眼的位置上。以后读了大学，对诗歌便情有独钟。古典的，现代的，外国的，不知抄了多少背了多少。从屈原行吟到李白对月，从莎士比亚的十四行诗到普希金太阳般耀眼的诗句，从郭小川战士的情怀到舒婷多情动人的双桅船，从裴多菲的坚贞到雪莱的热烈……诗滋润了我的心灵，培育了我的正义情感和批判眼光，以后随着工作阅历的增长，我越发觉得，语文教师应该是一个读诗、种诗的人，一个拥有诗意和播种诗意的人。余光中说："生活中不可能人人都做诗人，但生活是不能没有诗意的。"语文教师的诗意便是语文教育的诗意，否则便是一个教书匠在传授和兜售他的知识技能而已。

什么是诗？诗的本质是什么？在希腊语中，"诗"便是创造，"诗人"便是创造者。在我的字典里，诗的本质一是情感，二是创造。中国自古就是一个诗的国家，一个诗教最为发达的文明礼仪之邦。从"不学诗无以言"的孔子时代，到隋唐设科举取士，官员经由科考出身，必须通晓诗律，民间也以读诗懂诗为荣。乡野市井，到处是诗，到处是诗人，也到处是诗教。章回小说，无诗不足以成文，散文随笔无诗不足以传神，喜幛挽联，墓志铭以至奏折文典都有诗体或诗句。日常运用，俗谚格言，诗深入民间，化入生活，雅俗共赏，"经夫妇，美教化，厚人伦"。可以说，中国文化的基因便是诗经楚辞，发展到无与伦比高峰的是唐诗宋词，诗濡溉了伟大民族的辉煌历史。这个世界上，几乎没有哪一个民族和诗如此地相濡以沫，没有哪一个民族有如此丰厚的文化传承。然而，作为语文教师，我一直十分迷惘，为什么我们的语文教育如此长久地远离了诗歌和诗意？语文教学中诗的失落和诗意的苍白，是现代高科技社会发展的必然结果，还是当代中国教育集中表现出来的一种急功近利的逆流？众所周知，1949 年以来，中国大陆语文高考，作文考卷上无论是全国统一命题还是省市自主命题，都一直印着一句话："除诗歌以外，文体不限"。在我看来，这句话是笼罩在中小学语文教育上空乃至笼罩在中国社会上空的一朵乌云，因为它传递了一个信息，即拒绝诗歌，拒绝诗意。其结果便是，导致了不仅仅语文学科，而且整个基础教育，甚至整个中国社会诗意和情感的苍白。到了该反省的时候了！教育发展呼唤人文的回归，语文教改呼唤诗意的回归！语文的诗意便是语文的阳光、语文的浪漫和语文的创造。诗是语文高贵的灵魂，语文教师一定应该是一个拥有诗意和播种诗意的人。

从另一个角度说，语文教师为了个人生活的滋润和职业生涯的幸福，也应该多读一点诗歌。因为诗歌特别是古典诗词是医治唯利是图、浮躁病和空虚病的一剂良药，能给人的灵魂洗澡。多读，拥有诗意情怀，往往能艺术地看待生活。无论是面对大自然的灾难，还是日常生活的挫折，抑或是朋友的背叛和异性的拒绝，都能葆有一颗美丽乐观的心灵。有诗意的人，往往有真性情，敢爱敢恨，真喜真悲，大彻大悟，活得自在，过得潇洒。有诗意的人，往往对生活乐观而且心地善良，关怀他人，自爱自美。因此，叶嘉莹说："诗可以使人的心永远不老。"语文教师就应该是这样的人。

（二）小说，文字中的圣物

2007 年 4 月 10 日，经过几年联系，著名作家莫言终于应我邀请来到苏大附中讲学。想不到见面时几乎第一句话他便说："高校长，你搞的《大语文阅读》不错啊，你对我作品的评价太高了！"大语文阅读是我在张家港高级中学任校长时，和语文组老师一起编印的一本语文刊物，一般情况下每学期出刊一到两期。2003 年 9 月的一期上有个栏目叫"让你永远难忘的《冰雪美人》"。全文推荐一万六千字左右的莫言小说《冰雪美人》。同期刊有周国平、彭瑞高、葛兆光、刘亮程、黄全愈、韩静霆、叶倾城，以及一位外国作家的作品，都是堪称一流的精美文字。我在"编后记"中写道："要不要把当代著名作家莫言的这篇中篇小说编入，编委讨论时略有争论。我坚持让它入选，而且我深信，本文精美到家的语言会让大家目醉神迷，一般的教材文章都不能望其项背。更为重要的是，本文闪耀的人性光芒，会照亮每一个读者的心田，会让每一个善良者在主人公面前叹服不已，流连忘返。夸张一点说，真正认真品读作品的人，也许会顿生曾经沧海之感，也许会有'三月不知肉味'之感。这样的作品确实不可多得，确实会让你永远难忘。"当时我把这期刊物寄给了莫言，想不到大作家对如此一本小册子，对人微言轻者如我的寥寥几百字评点记忆竟如此深切。正是有了《大语文阅读》的媒介，才有了莫言的亲临。先是和全体语文教师座谈，接着给全校学生做报告。我们尽享一席文学的精神大餐。

　　"很多人批评我'只能写审丑'的小说，写很野很粗的小说，于是我写《冰雪美人》，尝试用规范的语言和规范的写法，那是我的第二个中篇。张家港高级中学《大语文阅读》对《冰雪美人》的评价是最高的，很感谢。我到过很多大学讲课，但到中学很谨慎，仅两次。一次是到老家，大哥是高密一中的副校长，他让我去我不敢去，因为小时候，他常会揍我。再一次就是今天到苏大附中了。为什么如此谨慎胆怯呢？因为中学生处于不大不小的年龄阶段，所受的教育特别重要，我怕误人子弟。我是野路子出身的作家，喜欢胡言乱语……我 1955 年出生，1960 年上学时还穿着开裆裤。农场学校，读到 5 年级时暴发'文革'，只能回家放牛放羊。家庭出身不好，同学们都上了农业中学，我却要牵着牛羊走过学校，心里很痛苦。为了让牛羊吃好，中午也在田野里带些干粮权当午饭。只有青蛙和鸟叫，还有远处悲凉的民歌陪着我。往往有一种强烈的要说话的冲动，于是对着牛羊说话。这种很痛苦的经历以及和大自然的亲密接触，为以后的写作做了准备。在我眼中，牛羊和花草树木都有生命，我在心里和他们对话，我早期小说大多表现人和自然的这种人性化特征……我从小特别爱看书，村里谁家有什么书都知道。给人家干活换取一本《封神演义》看，于是每天帮他们去推磨。晚上，家里的煤油灯放在门框里，我往往站在门框上，凑着灯光看书……一个人的写作能力关键是语感的获得，否则永远是学生腔的。语感的获得主要在中学阶段，要鼓励模仿。如今天给你朱自清的《背影》，你模仿着写；明天给你鲁迅的《记念刘和珍君》，你模仿着写，模仿 15 个到 20 个作家就会获得语感，如同写毛笔字的临碑临帖。先写得像，后写得好。如何避免写得枯燥乏味？关键是带着感觉或者说是带着感情写。写因天寒未开的花'如怕羞的小姑娘迟迟不敢开放'，就把视觉、嗅觉、触觉都调动起来，把想象力都充分调动起来，这样写就不会雷同乏味。"永远难忘和莫言在一起的时光。

讲座之外，合影，签名，莫言还留下了左手书法的绝活墨宝。2012 年 10 月 11日晚，差不多第一时间知道莫言获诺贝尔文学奖之后，我马上从书架上取出他的十几本书，望着他在《生死疲劳》和《莫言散文》两本书上给我的题词，我特别激动和高兴，并在心里遥致我最真挚和神圣的祝福：为他，为中国几千几百年来的文学，也为了小说这一文字中的真正圣物！我诚挚邀请语文同道一定要多读一些精品小说，比如现当代中国作家沈从文、汪曾祺、韩少功、刘震云、张承志、陆文夫、史铁生、贾平凹、陈忠实、余华、曹文轩、梁晓声、张洁、王安忆等，都是语文教师阅读生活中绕不过的座座高峰。"文学是人学""文学是语言的艺术"，其实，这些经典定义于小说特别贴切。小说有一种特殊的文化审美熏陶功能，在没有宗教的社会里，文学特别是小说，也许是唯一能够自我救赎的生命之光。在我看来，什么是语文？语文是一种快乐的分享，分享优美的文学，分享精彩的生命，分享丰厚的文化。读经典小说，这种分享是如此的酣畅淋漓。文学是语言的艺术，小说是文字中最珍贵的圣物。它为我们创造了一个别样的世界。在中小学各学科教师中，语文教师也许是特别幸福的人。因为我们学的是中文，教的是国文。国文国文，堂堂一国之文，中华民族五千年文明之根，也是每一个中国人的精神血脉之源，对每一个语文教师来说，阅读和教学唤起的往往是我们潜意识深处对母语的亲切感和认同感。我们的幸运和幸福还在于，这种亲切感和认同感不仅仅因为母语，而是源于对一切优美文字的亲切认同和热爱。读书修身，读书养性，读书是福。小说，应该是语文教师一辈子的幸福伴侣。

（三）读传记，拥有心灵的亲人

就我本人爱好而言，阅读和珍藏最多的是人物传记。以优秀知识分子为主，涉及古今中外各个领域，名人伟人，先哲先圣，能走进他们的人生和精神世界，我常常觉得十分陶醉和庆幸。无论是思想家、教育家，还是文学家和科学家，读优秀知识分子的传记，我觉得有一个极大的收获便是，自己拥有了更多的爱心和社会责任心。正如英国的一位诗人所说，"人类最珍贵最精致的主人翁精神就蕴藏在这些书之中。这种精神给人启示和鼓舞，这种精神横贯时空，永在人间。"那些珍藏着古圣先贤或时代俊杰的人物传记，都如一颗颗极为宝贵的种子，把它们播撒在自己的心田，日后一定能生长出无穷无尽的精神力量。

这些年，我经常推荐同道一定要多读一些优秀的人物传记，其中特别是优秀教育家的传记，曾国藩、梁启超、胡适、陶行知、张伯苓、陈嘉庚、马寅初、夏丏尊、梁漱溟、晏阳初、陈鹤琴、叶圣陶、卢梭、杜威、裴斯泰洛齐、蒙台梭利等。对于从事教育工作的人来说，他们都是自己人生最好的老师，他们的传记可谓是最好的教育学课程，同时，他们也都是自己登高望远的巨人的肩膀。当然，除教育家以外，作家诗人也是我最敬仰的一类人，我读得较多的是他们的传记或自传。而且，我十分喜欢旅游，每到一地，凭着我对他们的了解，我总是千方百计去寻访这些文学家的故居、墓地或有关踪迹。比如，我经常到河南讲学出差，于是，郑州的白居易故里、杜甫故里和墓陵、欧阳修墓地，开封的蔡邕墓、玄奘故居、李煜和柏杨有关的遗迹景观，洛阳的范仲淹墓、白居易墓、嵩阳书院和二程兄弟、班固和司马光的巨著遗址、创造了"洛阳纸贵"这一写作神话的左思故居，平顶山市的墨子故居、三苏园，焦作市的韩愈和李商隐，濮阳市的子路祠、仓颉陵、郑板桥纪念馆，三门峡市老子离洛西去的函谷关、杜甫写出《石壕吏》的故地，南阳的张衡墓、武侯祠、范文正公祠，以及从张继、岑参到姚雪垠和二月河，商丘的孔子还乡祠、庄周故里及陵墓……如此这般，举不胜举。我或已亲历游览，凭吊瞻仰；或正心驰神往，寻找时机，了却心愿。读万卷书，行万里路，我不知古代的人行万里路都做些什么，我反正是把纸上的阅读和实地现场察看体验相结合，把读书和游历相结合，总觉得其乐无穷，一直乐此不疲。

这种阅读和行走已成为我的生活方式甚至精神信仰。这种阅读给我带来了心灵的家园和心灵的亲人。一个幸福的人生一定有两个家庭和两种亲人。一是血液的家庭和亲人，二是心灵的或者该是灵魂的家庭和亲人。人物传记等文学阅读，带给我们的正是心灵的家庭和心灵的亲人。萨特曾饱含深情地说："我祖父的书房里到处都是书，他不准任何人清理书上的灰尘，每年只可以在十月份开学之前清洁一次。我甚至还不识字的时候，就对那些像石板一样厚重的书怀有敬意。它们或正或歪，像一块块砖头一样插在书架上，对我来说它们就是一块块古老的纪念碑……"对书籍，特别是我心爱的好书，我也往往有这种情感。

文学是语文起步，文学是语文的地基。然而，今天的现实令人遗憾，在功利主义驱使下，语文和文学正越走越远。如何让语文真正拥有文学？如何让学生真正爱上语文和文学？我说，道理十分简单——语文教师先爱上阅读！读书是福，这种福分，不仅仅属于语文教师自身！

三、故事课程：文学和生活的双重启蒙

2013年2月23日下午，我应邀为家乡张家港市实验小学全体教师做了题为《做一个幸福的优秀教师》讲座。结束后，校长刘慧又安排我和十几位学校"读书沙龙"的骨干教师对话交流，进一步商讨书香校园的行动方案。会上，我提出了小学生经典阅读的"三大课程"的主张。我以为，故事、绘本、童话，是从幼儿开始最重要的并应该独立开设的三大阅读课程。至于诗歌、国学经典、小说、散文等阅读都可以安排在这三大课程之后或同步进行。因为绘本和童话阅读的论述者已众，这里我重点介绍故事课程。当然，这是三大课程中领衔的也是最重要的一门阅读课程。

故事——听故事讲故事，是儿童阅读的初级阶段，也是一辈子爱上文学的启蒙教育。这是一种用耳朵的阅读。1998年秋，莫言在台湾访问，参加了一个题为"童年阅读经验"的座谈会，发言者纷纷介绍童年如何如何读了大量的好书，而莫言说，你的童年用眼睛阅读，而我童年时用耳朵阅读。原来，他们村里的人虽然大多是文盲，但其中很多人出口成章，妙语连珠，满肚子都是神神鬼鬼的故事。莫言的爷爷、爷爷的哥哥、奶奶、父亲都是很会讲故事的人，而莫言从小就特别爱看书和听故事。一天，家乡集市上来了一个说书人。莫言偷偷跑去听说书，结果把母亲派给他的活忘了，因此受到母亲的批评。晚上，母亲在油灯下为家人缝制棉衣，莫言忍不住，就把白天在集市上听来的故事复述给母亲听。起初，母亲有些不耐烦。她认为，说书的都是油嘴滑舌、不务正业的人，他们的嘴里说不出什么好话。但是，儿子复述的故事还是渐渐吸引了她，集市日便不再给莫言派活了，等于默许他去听说书。为了报答母亲的宽容，也为了炫耀自己的记忆力，晚上回到家里，莫言便把白天在集市上听来的故事，绘声绘色地讲给母亲听。而且他还会投母亲所好，添油加醋，改编情节乃至故事的结局。因此，母亲之外，姐姐、婶婶和奶奶，都成了他的听众。莫言在故事中成长为世界级文学大师，他把故事一直讲到了诺贝尔文学奖的领奖台上。

故事是文学和生活的双重启蒙。一个人的阅读兴趣和能力，一个人对文学的爱好，往往是在听故事中萌生的。从听故事讲故事开始，把孩子带入文学的世界，也就是把孩子带入了美妙的人生境界。有人问日本童书作家松居直："怎样使儿童喜欢书，靠文字呢，还是靠画？"松居直回答："靠耳朵"。一个人一辈子的文学甚至文化启蒙，一定是从耳朵开始的。对于孩子来说，听故事本身是一种十分愉快的享受。不管在多么吵闹的教室里，只要给孩子们讲一个好听的故事，他们马上就能安安静静地倾听。而且几乎每个孩子的眼睛都是亮晶晶的，注意力会高度集中。听后，即使什么都不要求，他们也会自然而然地沉浸在美好的想象之中，他们的心灵世界便能得到无限的丰富和发展。2013 年 5 月 30 日下午，我在苏州工业园区娄葑实验小学给 1—3 年级家长做了"三大课程"专题讲座。第二天上午，收到一位母亲的手机短信："尊敬的高校长您好！昨天听了您的演讲，让我有一种'听君一席话，胜读十年书'的感觉。我是一个正在为如何正确引导孩子的学习伤脑筋的母亲，您犹如一盏明灯给我指明了方向。我以前都是让孩子一个人看书，讲故事只是女儿上学以前的事，我没想到读二年级的女儿昨晚听了我讲故事《红线的心愿》（汤素兰著《红鞋子》中的一篇）后，一直在专心听的女儿突然放声大哭，是情节震撼了孩子的心灵。我感慨万分，差点迷失的我衷心感谢您！向您致敬！"我立刻给校长韩郁香打电话报告，韩校长说："好，高校长，我们的活动哪怕就影响了这一个母亲和一个家庭，也是值得的！"故事能发展孩子的专注力，提高词汇量和语言表达能力，更可以帮助孩子情感和道德的发展。故事的真正意义在于对孩子心灵的滋养。故事中的角色，无论是人还是动物植物，抑或鬼怪神兽山川物像，都富有生命，都是鲜活灵动的。孩子的世界里，原本一切都是拟人化的，在故事和语言之间，孩子能得到和世俗生活不一样的气息，优雅的心情和美好的感觉就会慢慢滋生。慢慢地，慢慢地，还有智慧、灵性、经验等很多东西都会渐生渐长。

作为文学和生活的双重启蒙，作为一种最好的教育资源和教育课程，故事在西方有着良好的传统。相传古代中国和印度之间有一个叫萨桑的小国，国王叫山鲁亚尔。因为王后行为不端，生活不检点，国王一怒之下将王后杀死。从此以后，他每天娶一个少女，第二天就把少女杀掉。日复一日，年复一年，这种行为持续了三个年头，整整杀了一千多个女子。这时当朝宰相的女儿山鲁佐德挺身而出，为了拯救无辜的女子，她自愿嫁给了国王。进宫以后，山鲁佐德每天晚上都给国王讲一个故事，每天讲到精彩的地方，天就刚好亮了。国王为了听完故事，只好不杀她，允许她第二天晚再继续往下讲。山鲁佐德的故事一个比一个精彩，讲啊，讲啊，一直讲了一千零一夜，终于感动了国王。他说："凭安拉的名义起誓，我决心不杀你了，你的故事让我感动，我要把这些故事记录下来，永远保存！"于是便有了永恒经典《天方夜谭》即《一千零一夜》这本书。《荷马史诗》《格林童话》这些西方文化经典，本质上也都是讲故事的书。其实早在柏拉图时代，西方人就十分重视故事教育。柏拉图指出，早期教育阶段，一定要给儿童讲故事，而且故事内容要严格筛选，因为这些故事对于儿童来说都是非常重要的基础性知识。城邦国家必须控制讲故事者，在剔除不良故事的同时，母亲和保姆只能给孩子讲述得到城邦允许的有利于塑造儿童思想的故事。柏拉图把故事教育放在了培养优秀公民甚至安邦定国的位置上。"二战"后的德国重视公民阅读，特别重视孩子的经典阅读和故事教育。在"二战"后第一届总统倡议下，德国成立了全国性的"促进阅读基金会"，总部设在莱茵河畔的小城美茵茨，聘请近万名给孩子讲故事的志愿者，其中有作家、学者、教师，还有退休老人。历届总统都亲自担任基金会的名誉主席，现任总统还亲自到小学给孩子们讲故事。我国台湾地区也有覆盖全岛的"毛毛虫儿童哲学基金会""花莲故事妈妈团"等社会性机构，主要工作是推广儿童阅读和故事课程，在全岛推行"故事妈妈"的模式。台湾还有专门说故事的剧团和剧场。

在中国，故事自古就是最好的文化资源和教育课程。它在文化普及中的作用不可替代。以后，中国的评书评话将说故事的艺术发展到了极致。评书评话就是讲故事。明末清初的扬州人柳敬亭就是代表中国水平的故事大王，当代的评书艺术家刘兰芳、单田芳、袁阔成等，同时都是杰出的教育家。旧时代，听说书是人民大众接受正统文化教育最重要的途径。故事是大众艺术教科书和精神食粮。金庸笔下的韦小宝便是这方面的一个典型代表，作为金大侠封笔之作《鹿鼎记》中当仁不让的男一号，韦小宝的形象向来惹人争议。有人认为，他太市井油滑，是个令人讨厌的江湖小混混。他出生在扬州的妓院，从小没念过一天书，长大后，好赌、好色、骂人、赌钱骗人和各种下三烂的伎俩都信手拈来。但有人认为，韦小宝有着可爱的一面，而且十分受人欢迎。其中原因便是他身上具有不同寻常的侠客美德。他虽然不识字，但极爱听戏和听说书，受说书故事中英雄人物影响，他的个性颇为仗义和爽朗不羁。江湖上，韦小宝特讲信用和义气，能结交各路朋友，包括顶天立地的大英雄和真好汉。后来，偶然间混进宫中，居然和少年康熙结为好友。以后功成名就，退隐江湖，享尽荣华富贵。因此，有理由说，是妓院、赌场、茶馆这样的场所培养了韦小宝，更是评书评话和故事教育滋润了韦小宝。报载，2013 年夏，韦小宝家乡扬州把他做成了卡通形象，设计了卡包、烟缸、U 盘等许多旅游产品，大有让韦小宝做扬州旅游代言人的势头。

如果说韦小宝是小说中虚构人物，缺乏说服力，那么莫言和另一个叱咤风云的历史人物朱元璋就有足够信度了吧。众所周知，朱元璋赤贫家庭和叫花子小和尚出身，儿时唯一的文化活动就是听在四邻八乡游串的说书先生说书，如《隋唐》《三国》《杨家将》《大宋宣和遗事》等。在这些评书里，他知道了"君要臣死，臣不得不死"，知道了朝廷之上也有"忠臣"和"奸臣"的区分，知道了宋太祖一条哨棒打下四百八十座军州。朱元璋以后能较好地治理国家，乃至开创了几百年的大明辉煌家业，和他的文化、他的谋略以及他的智慧密不可分。而这一切，又和他从小接受的故事教育息息相关。对于古代没有机会接受正规教育的广大百姓来说，这些评书演义，这些历史和传说故事，作为传统文化中粗糙的底层文化产品，而不是那些高雅的四书五经、唐诗宋词，才是他们真正的精神基石。换言之，他们一生的情感素养、审美价值取向和思维模式，往往是由评书和故事决定的。在某种程度上，生活就是由故事组成的，世界和历史也是由故事组成的。美国心理学家苏珊·恩杰说："我们所说的故事，和我们所听的故事，会决定我们是什么样的人。"中央电视台2001 年创办的《百家讲坛》栏目，至今深受欢迎，许多重要的历史事实和历史人物，许多深奥的文化知识，借助电视特有的声色灯光得以广泛传播。许多学术界著名人士也借助这个平台，由幕后走到台前，成为红极一时的学术明星。虽然节目依然红火，但近闻有不少专家和网友对节目提出了批评质疑，认为把文言翻译成为白话，把《二十四史》讲成《故事会》，是为了迎合国人喜欢听故事的心态，节目档次不高。我以为，这种批评指责大可不必。因为电视节目是大众文化，寻找大众的兴趣点天经地义，大众教育就是要做得浅显易懂，雅俗共赏。认为讲故事就是没有档次，那才是没有眼光。人类最早的学术传承方式往往就是讲故事。

　　我倡导，故事应该作为一门独立的课程，进入幼儿园和小学。2013年5月18日，在南京夏云先生组织的"现代与经典·小学经典阅读高级研修班"上，我做了题为《小学生经典阅读的三大课程》的专题讲座，效果良好，反响热烈。结束后，许多教师来台上和我交流或签名合影。临散场时，一位沉稳的中年男士走到我跟前，我问："您是哪里的？什么学校的？"他回答："我是大学来的。""啊，大学教师怎么也来参加培训听讲？"我十分惊喜。从接着的交谈中得知，这位张老师是安徽亳州师专中文系的，他们培养的是小学语文教师，近年专门开设了一门课程叫"故事与演讲"，因此专门赶来听我的讲课。感动、惶恐、更多的是惊喜和自信。因为在我原先的视野里，把故事作为一门独立的课程还没有先例，在理论上和实践上能否说得通立得住，我一直没有把握。这次遇到大学教师张先生，让我平添了几份自信。

　　我把儿童故事课程，分解为如下系列：

阶段	主要形式	说明
0—3岁	歌谣形式讲故事	以成人讲述为主，好故事应该不断重复。
3岁左右	叠加故事	相似情节不断重复的那种故事。成人讲，孩子听，然后让孩子复讲。
3—6岁	简单的童话、动植物、天地物象类故事	尽量不用电子产品。一定是亲子或师生共读。讲述时可以根据文本进行二度创作。
1—2年级	童话故事	从安徒生、格林童话等作品中取材，成人可在情节、语言等方面作适当加工改造。让孩子复述很重要。
2年级	寓言故事	寓言一般较短，可以让孩子复讲并扩充续编故事。
3年级	"盘古开天"等中国神话故事	听故事后一定要开展复讲互讲活动。
4年级	希腊神话故事	9岁左右，孩子开始一场思想和信仰危机，开始不相信童话和传奇了。这时期需要偶像来救助。
5年级	英雄人物故事	在4年级基础上帮助孩子寻找真正值得崇拜和效仿的英雄偶像。
6年级	历史故事	如孔子、恺撒大帝等的故事和普及性历史读物及人物传记的阅读结合进行。

四、让艺体成为高贵的大学科

2013 年 5 月，因为工作关系，我先后走进了苏州工业园区的翰林小学和跨塘实验小学。在学校的总结材料中，在和教师的深度访谈中，在现场观摩察看中，我为两校的普及性艺体特色教育赞叹不已。

相对于侧重知识技能的文化课而言，音、体、美应该是能培养特长爱好、审美情趣，能提升生命质量的高贵的大学科。翰林小学用丰富多彩的办学实践呈现了这种教育理想，学校的书法教育堪称一绝。其特色一是课程化。全校每周开设一节毛笔书法课，每天中午还有 15 分钟左右的硬笔书法练习课。二是师资队伍专业化。全校各班都由大学书法专业毕业的教师任教，还聘请校外书法家来校兼职任教。三是师生同步。学校每周安排 2 节教师书法培训课，单周全校集中，分基础班和提高班两个班级，分别由本校和外聘教师执教，双周在固定时间地点由教师自由练习。四是建立了完善的管理考核机制和营造了良好的校园环境。全校师生每天都必须向学校交出一页书法作品，美术教师每天都认真批阅每一份作品。学校开展"双书叠韵"教育活动，其中，一书为经典阅读，一书指传统书法艺术。除每日练字、每周上课外，每月一期"书艺晋级"，每年一届"书法节庆"，一批书法"小童生""小秀才""小进士""小翰林"在这些活动中脱颖而出。在书法教育的校本教材、序列训练、作品展览、环境布置、作品鉴赏、分级考核和书艺审美教育各方面的工作都卓有成效。翰林小学的体育教学和全民健身工作也很有特色。每天上午大课间半小时，全校师生主要活动是跳健美操和啦啦操。学校还安排每周一节课培训教师，从校长到每一位教师都要积极参加。人人参与，人人会跳，健美操成了学校一道亮丽风景线。

在尊重儿童自由快乐发展办学理念的指导下，多年来，跨塘实验小学高度重视艺术普及教育，把昆曲、评弹、桃花坞木刻等非物质文化遗产相继引入课堂，让每一个孩子都进了这些高雅的古典艺术。

全校各年级每个月至少拿出 1—2 节音乐课上评弹和昆曲，校本教材书名为《江南奇葩 123》（评弹、昆曲、木刻在一本书里）。评弹兴趣小组现有 2—4 年级学生三十多人，每周两次活动，每次 80 分钟时间，都有校外专家来校任教指导。学校是工业园区唯一一家"苏州市未成年人昆曲传播基地"。学校还原创编制了适合小学生的"昆曲操"，集昆曲武生、体操、舞蹈、音乐于一体，让每一个学生在运动中感受昆曲的无穷韵味。桃花坞木刻年画的全校性全员教学是每学期安排一个月集中进行的，一二年级欣赏为主，三年级以上开展专业教学。木刻兴趣小组在每周下午安排 2 节课进行教学活动。除正常开展教学和课外兴趣小组活动，学校还围绕非物质文化遗产特色教育，经常举办专家讲座、作品展览、校内外表演比赛和展示、外出参观学习，以及表扬激励等各种活动。

多年来跨塘实验小学的艺术教育收获了累累果实。2010 年 7 月，在苏州市第五届少儿艺术节中获金奖。2011 年 8 月，在全国第十五届小儿"戏曲小梅花"比赛中获两个金奖（全省获金奖共 4 个），这是全国最高级别的奖项。同年 10 月，在苏州市民间戏曲节戏迷票友比赛中，获金奖和优秀组织奖。2012 年 1 月，在第十二届全国魅力校园春节联欢晚会中获金奖。2013 年 3 月，学校"江南少昆剧社"获苏州市"十佳文艺团队"。2013 年 4 月，两位获"小梅花奖"的学生在韦彩珍老师带领下，参加国家文化部组织的代表队远赴土耳其进行演出交流。耀眼的奖牌光彩夺目，令全校师生激动难忘，也会永载学校史册。然而更让人高兴的还在奖牌之外，这就是艺术教育带给学生的快乐和幸福。艺术完美教育绝不是一般的知识技能传授，它是一种哲学和精神层面上的自化和升华，是一种能让人性获得完美的高贵教育。在座谈会和个别访谈中，家长学生都表现出对学校高度的赞扬和深深依恋。作为非物质文化遗产，昆曲是一种声音的艺术，体现吴文化高贵的审美诉求。这种古典艺术能告诉孩子，自己是美的、尊贵的、值得尊重和欣赏的，让孩子把美作为人生的启蒙，在艺术学习过程中受到尊重，并且积极性、创造性和参与精神得到充分的体现和激发。艺术教育给学生心灵上带来的成长，比他们的弹唱表演水平和能不能拿奖重要得多。通过古典艺术教育，我们要培养的是现代优秀公民，而不是急功近利、取悦观众的小演员。跨塘实验小学给我们的教育实践带来了有益的启迪。

应该看到，在我工作和生活的苏州城乡，在全国各地像翰林小学和跨塘实验小学这样高度重视艺体教育的学校还有不少。但遗憾的是，在一切向分数看齐的今天，能涅而不缁，真正践行艺体普及教育，真正把音体美作为高贵大学科的学校，整体上仍然屈指可数。

　　我坚定地相信，基础教育的改革发展，一个极其重要的内容是呼唤伟大的音体美的真正回归。我之所以说"回归"，因为在人类的教育史上，艺体教育从一开始就有着极高的地位和很好的传统。在西方，柏拉图开创了人类艺术和体育教育的先河。他提出，初等教育阶段的音乐和体育教育，主要是培养公民的节制美德，有利于在国家生活中接受统治者的统治。儿童首先要接受艺术方面的教育。例如，在早期教育阶段可以给儿童讲故事，但给儿童讲的故事内容要受到严格的控制，因为这些故事对儿童来说都是非常重要的基础性知识。因此，城邦（即国家）必须控制讲故事者，并且在剔除不良故事的同时，挑选出那些最容易的故事。母亲和保姆只能给孩子讲述得到城邦允许的利于塑造儿童思想的故事。在他强硬实施的所谓积极的教育计划中，诸如上帝对不道德行为有惩罚不当的故事，提倡城邦文化百花齐放的故事，与勇敢温和节制思想背道而驰的故事，以及夸大对死亡的恐惧和反映不义之徒获利的故事，都是坚决禁止的。他特别重视音乐教育，认为音乐可以陶冶灵魂，形成高尚优美的性格，使人举止优雅。有音乐才能的人，才有发展的可能性。他认为，一个人18岁以前接受的都是学前教育，而18岁开始能否接受高等教育，选拔的首要条件是审美能力和音乐素养。

　　在中国，孔子的教育大纲上最引人注目的也是艺体教育。孔子的教育方针是人的全面发展，核心是立己立人。"子曰：'志于道，据于德，依于仁，游于艺。'"孔子的教育旗帜上写着"道、德、仁、艺"四个大字。去山东曲阜孔子研究院，一进门就能看到这句话。孔子研究院一定认为这十二个字能够代表孔子的思想，所以才放在进门的地方。这句话的意思是：立志追求人生理想，确实把握道行修养，绝不背离人生正途，自在涵泳艺文活动。"道"代表人生的康庄大道，也指人生理想或完美人格，所以要立志追求。"德"指个人的道德修养。"据"是紧紧把握的意思。"仁"是指个人选择的人生正途。你要选择自己人生可以走的路，正道直行，绝不背离，叫作"依于仁"。最后"游于艺"。"艺"是六艺——礼、乐、射、御、书、数，可统称为艺文活动。"游"指优游自在，悠然自得，涵泳其中。孔子这里强调的是生活情趣，人的生活不能过得太严肃紧张了，一天到晚讲人格、德行、仁义，神经绷得太紧张了，不利于身心健康和人生发展。生命需要调节，生活需要情趣。该忙就忙，该闲就闲。文武之道，一张一弛。

　　基础教育是常人教育、常态教育、公民素质教育。同样，艺体教育不是培养运动员、画家、音乐家，其基本任务是培养对艺体活动的爱好并且由此建立良好的生活情趣。这才是艺体教育的神圣使命，这才是造福学生终身的伟大教育。几十年来，受"左"倾和功利主义的影响，我们讲严肃和崇高的话语太多太多，而讲情趣爱好这种轻松的话语太少太少，致使人的全面和谐发展往往成为一纸空谈。席勒以美学为依托，思考人性的完善、人类的命运和社会的改良。在《审美教育书简》中，他指出，只有在艺术中，人才是游戏的；只有在游戏中，人才是自由的。他认为，只有通过游戏性的审美，才能改变人的异化状态，弥合人性的分裂，达致人性的完美。因此，他强调通过审美和艺术，通过想象性和情感性的表现活动，把现代人从刻板的、千篇一律的工具理性的牢笼中解救出来。"席勒使德国人变得年轻"，尼采这句话，胜过教育理论上的千言万语。1966 年，英国制作了系列电视片《文明的轨迹》，用胶片拍下西方两千多年艺术发展的历史。主持人克拉克是"二战"时的英国国家图书馆馆长，曾在隆隆炮声中的伦敦主持音乐会。这位主持人在片子开头就"文明"和"不文明"做了区分。他认为"文明"的大敌，除了"恐惧"，还有一个对象就是"无聊"。无聊是文明的大敌。无聊使得人类丧失对于任何事物的兴趣，丧失了对于生活的动力、信心和愿景。我们完全有理由说，克拉克的话，也是教育上的金玉良言。

中国百年现代教育最早向西方学习的就是艺体教育。然而，一百年过去了，今天中国基础教育和西方欧美相比，差距最大的仍然是艺体教育，比如六十几年来，音体美在中学一直以"小学科"冠名。我实在不明白，为什么要从小一年级开始就开设英语课程。据我所知，全世界很少有国家让孩子在开始母语学习的同时学习第二种语言。如美国各州，一般都是在小学阶段要求选修第二语言，进入初中才正式开设外语课程。几年中，我在全国各地认真询问了许多中小学教师和一些大学英语教授，他们的回答都十分一致，都认为实在没必要从一年级开始就学英语。那么，为什么会出现这种不合理的国家课程呢？答案也许只有一个：决策者崇洋媚外和盲目的民族自卑！相反，本该多安排些课时的音体美，课时却少得可怜。现行国家课程标准规定，小学一二年级每周有 4 节体育、2 节音乐、2 节美术，三至六年级每周的体育减为 3 节，初中每周音体美都是 2 节，高一高二每周 2 节体育，高一高二音乐美术合为艺术每周共一节，高三有体育而无艺术课了。而且，众所周知，在全国绝大部分地区的绝大部分学校，到了小学高年级以上，特别是到了包括小学在内的毕业班课时本就有限的"小学科"纷纷被考试大学科占领，音体美早已沦落为仅仅是贴在墙上迎接上级检查的可怜的一张薄纸。按我的设想，从小学一年级开始，一直到高三，每天都要开一节音乐、一节体育、一节美术。小学生上午在封闭的教育里上文化课，下午都应该在开放的音、体、美、劳技、科技等专用教室上活动课。也许，中国基础教育的美好未来，乃至中国社会和中华民族的美好未来，都在我的这一设想之中！

五、致教育厅厅长

尊敬的教育厅厅长先生：

我以一个工作 35 年的老教师的名义给你写这封信，我以一个也许还有点清醒和良知的公民的名义，给你反映当前基础教育荒唐至极的一些假象、乱象。我衷心希望能得到你的重视和回音，我更祈盼我们的教育什么时候能变得更加真实、更加美好。

2012 年 11 月 14 日下午，我和几位同事公干去了吴江开发区的一所小学。校长热情接待之际，发着牢骚说，昨天一天学校接待了三批上级的检查验收，一是安全工作先进学校年度验收，二是校务公开先进学校评估，三是社会满意度测评。

2013 年 4 月 22 日，我去张家港市一所乡镇小学做讲座。校长告知，学校去年一年搞了六个创建，其中有一项是省卫生厅的"慢病防治实验学校"创建。闻所未闻！

我工作所在地一所九年制学校 2012 年获得教育部语言文字司颁发的"国民语文应用能力实验学校"铜牌。在区年度发展性综合评估中，有这样一块国家级牌子，可以加上 10 分。听着校长喜滋滋地介绍，我总觉得十分滑稽可笑，全中国哪一所中小学校不是语文应用能力的实验学校？！

2012 年 11 月，我认真统计分析了某城区一所品牌小学从 2005 年开办到 2011 年间的各种集体获奖和授牌情况。从 2005 年获得 22 个奖项，到 2012 年获得 59 个奖项，七年共获 251 项，年均 36 项，而且数量上近几年呈明显上升趋势！因为资料局限和时间仓促，我的统计一定是有遗漏的。也就是说，该校年均获奖一定是大于

36 这个数字的。这所小学的办学确实不错，我也经常推荐外省市学校去参观考察，但面对如此统计，我实在高兴不起来，甚至为学校感到悲哀。当然，悲哀的制造者一定不是学校。完全可以想象，如果没有或者大大减少了这些奖项和铜牌，这所学校的办学将是如何更加美好的局面啊！

尊敬的教育厅厅长先生，你知道吗，现在的校长和教师最讨厌和反感的就是名目繁多、应接不暇的各种检查、评估、考核和验收。首先是党政机关"重视"教育。党委系统、纪检委来评"廉政教育先进学校"，组织部来评"党委工作先进集体"和"基层先进党组织"，宣传部来评"文明单位"和"和谐校园"。党委系统评了"文明单位"，政府系统还要来评"先进集体"。有了"和谐校园"，公安部门还要来评"平安校园""反邪教工作先进学校"和"禁毒示范单位"。环保部门评"环保先进单位"和"绿色学校"，卫生部门评"健康促进学校先进单位""集体用餐安全先进集体""防艾滋病先进单位"和"慢病防治实验学校"，司法部门评"五五普法工作示范学校"和"五五普法工作先进集体"，建设部门评"节水型学校"，税务部门评"税收教育实验基地"，社会事业部门评"无烟学校"，民政部门评"抗震救灾先进集体"，工会系统评"校务公开先进学校""工会工作示范单位""工会工作先进学校""模范教职工之家""退休教师之家"和"退休教师工作先进集体"，妇联系统评"妇女工作先进集体""合格女教工之家"和"巾帼文明示范岗"，共青团系统评"新长征突击手""先进青蓝文明岗"和"先进基层团组织"，档案系统评"档案管理先进学校"，还有语言文字的主管部门评"语言文字工作先进集体"。真是应有尽有，无奇不有！什么人，什么部门，都打着关心下一代的旗号到学校来指手画脚，发号施令，学校还能安宁吗？教育还有尊严吗？校长和教师还会自由吗？厅长先生，你知道这些情况吗？温家宝先生在总理位上反复强调，要倡导教育家办学，要让校长自主办学。于是全国各地各层各级都在批量"生产"教育家，而校长自主办学却没一点点进展，反而是不断地倒退，现在的校长手里没一星半点的办学自主。课程、人事、经费、招生，连保安、保洁的用人在内，一切的一切都必须听上面的。一点都不夸张，现在不是校长在办学校，而是局长、厅长甚至部长在办学校，还有什么特色办学，还有什么个性教育，多么可怕啊！厅长先生，你能无动于衷吗？

以上一般都是教育主管部门之外或其他部门和教育主管部门联合下手的。教育主管部门，对学校的各种"骚扰"也花样迭出。有了高度综合的省"星级高中"评选，还要专门评省"素质教育先进学校"和省"规范办学先进学校"。搞了"教育现代化学校"评估验收，再升级换代，又推出"高水平教育现代化学校"创建。顺便说一句，在这方面，苏州已是城乡山河一片红，所有中小学都早已戴上了"教育现代化学校"的桂冠。众所周知，所谓现代化，首先是人的现代人，而现在我们充其量只是钢筋水泥和电脑机器等装备的先进而已。我不知人家美国人、英国人，敢不敢宣布自己的学校都已经实现了现代化？"依法办学先进学校""常规管理示范学校""中小学继续教育和校长培训先进集体""网上家长学校实验基地""省课改实验基地""教科研先进学校""教科研示范学校""特色办学先进学校""教育信息示范化学校""教育信息化先进学校""教育教学技术装备先进学校""现代教育技术实验学校""青少年科技教育特色学校""体育传统项目学校""实验教育工作先进学校""实验室合格学校""优秀家长学校""体育工作先进集体""艺术教育先进集体""体育艺术教育工作先进集体""双语实验学校""书法教育基地学校""儿童画基地学校"……好多学校都有一面挂满各种铜牌的"铜墙铁壁"。每每望着一块块铜牌，望着醒目的金字和来头都很大的授牌单位，我的心里总会感到一丝丝悲凉。同时我也在想，不愧是做领导的，想象力多丰富啊，居然能制造出如此这般诱人的汉语词组。其实，说透彻一些，他们都如孙悟空一样，在变着法折腾和降服学校！还有教师的各种先进称号和获奖荣誉，特别是官方组织的论文比赛或评选，往往一个学校一次参赛就能拿到几十个特等奖和一等奖。不是教师真的这么厉害，而是报名费、参赛费的魔力所致。还有学生的各级各类、各种名号的比赛、获奖。这么多衙门，这么多部门，这么多条线，都是一个个发号施令、颐指气使、管头管脚的公公婆婆。这么多红头文件，这么多细则条文，这么多会议精神，都是一条条捆绑在校长身上的绳索。校长成了传声筒，校长成了忙于表演的木偶！厅长先生，你知道这些情况吗？你是否应该承担其中主要的责任呢？

干扰！严重的教育骚扰！我熟悉的许多校长和教师都十分怀念"非典"时期，都说那是几十年中教育大环境最好的黄金时期，可惜"非典"走得太快！据说某地一群教师在北京旅游，不经意间路经教育部门口，一位教师突然冒出这样一句话："真想把教育部炸了，为中国教育和中国教师立个功！"我熟悉的一位区教育局教育处长说："最坏的是教育厅，数不胜数、烦不胜烦的检查评估，弄得我们疲于应付，忙得晕头转向。暑假开学两个月来，我几乎百分百的时间和精力都在应付和对付上面的检查。什么时候，省教育厅关门两年，下面的教育秩序就好了！"话虽偏激，但是人言啧啧和蒿目时艰，还不仅仅是干扰，更是对办学和教育的严重破坏。因为学校和校长一直被创建以及各种检查评估牵着鼻子走，办学就失去了自主，失去了自由，因而必定就失去了个性。这种破坏，还表现在对人心和风气的腐蚀影响。君不见，为了合格，为了过关，为了拿一等奖的牌子，总之，为了单位的局部利益，做假材料等种种弄虚作假便无所不有，也自欺欺人。一次，我去一所初中进行教育现代化验收，校长把我拉在旁边，指着一屋子的迎检材料悄悄地说："为了你们来，我们忙了一年多，今年暑假我们领导班子成员一天都没有休息，今天你们走了以后，就是一堆废纸啊！"另外一次，一位校长也是在学校的检查现场，咬着耳朵向我"传授秘诀"："你们要求提供真实的原始的台账资料，我们拿不出，我们的材料都是临时抱佛脚赶出来的，都是新鲜出炉的。怎么办呢？我们有办法的，只要在新鲜的材料上面泼上一些茶叶水，再放到微波炉里去烤一烤，拿出来就像出土文物一样的。"我说，中国人啊，伟大的发明创造能力用错地方了啊！还有制造集体谎言。每到检查验收的关键时刻，校长一定会全校总动员，大会说小会喊，三令五申，反复强调，要求全体师生在上级检查验收组来校时应该怎么怎么说，应该怎么怎么做。擅长精细管理的学校，还会给全校包括门卫人员在内的每一个师生员工发一份"应知应会"的书面材料。说穿了，就是叫全校师生员工都一定要说谎话！厅长先生，教育堕落至此，你知道这些情况吗？原谅我说得难听，但忠言逆耳啊！

我呼吁，为教育尊严立法，还校园一片宁静！让校长真正把校门关紧，门口挂上牌子："除教育行政和教育督导部门，外人一律不得入内！"为校园立法，旨在把教育以外前来干扰的人关在门外，然而，教育系统内部对学校自主办学太多的干扰、干涉和侵犯又怎么解决呢？我以为，最好也是唯一的办法是，给各级教育行政部门，包括下属的什么什么院、什么什么中心，大幅裁员，甚至只要留下百分之十到二十的人员。这样，校长和教师一定都会额手称庆。更重要的是，教育一定会弊绝风清。一直在喊要办好人民满意的教育，那么首先要让校长、教师和学生满意吧？没有他们的满意而只有政府官员的满意，办好人民满意的教育只能是空中楼阁和天方夜谭。不信的话，做一次全国或全省的民意调查，人民群众对今天的教育的满意度能有几斤几两？尊敬的厅长先生，你同意吗？你支持我的看法和主张吗？

六、跨越时空的漫步

清华楼 305：飞雨轩　雨是什么？是晏殊的"无可奈何花落去"吗？是李清照的"花自飘零水自流"吗？是李煜的"流水落花春去也"吗？雨是什么，是那短暂的如花如梦的季节吗？是那烦恼的如梦如幻的思绪吗？是那多变的如火如冰的情感吗？让我们飞扬起年轻的心，走过雨季吧！

复旦楼 303：项脊轩　项脊轩，本是明朝著名的散文家归有光的书斋名。在这个平凡的小屋中，归有光先生苦读几十载，写出了《项脊轩志》《寒花葬志》等"不事雕琢而自有风味"的绝妙佳作，成为唐宋八大家和桐城派之间的一座桥梁。我们爱读归有光的散文，我们钦佩归有光的勤奋，我们也特别喜爱那兰竹相谐、桂影姗姗、"小鸟时来啄食，人至不去"的项脊轩。基于此，我们宿舍取名"项脊轩"。

复旦楼 206：单身俱乐部　八个快乐的男孩，来自于八个不同的家庭，每一个人都是独立的，不再依靠父母来操心一切，八人组成一个整体，充满了生机与活力。八个人中无论哪一个人出去，都可以代表整个宿舍，虽单身，却有背后宿舍的支持。个个都是单身男孩，却不孤独，在俱乐部里，每一个成员都可以找到属于自己的快乐。

复旦楼 301：男孩特区　这个名字出自欧洲一支五人合唱组的合唱，英文名为 Boy Zone，至于我们宿舍起这个名字的原因，很简单：既然是男生宿舍，当然是"男孩特区"。作为男孩，就应当有男孩的果断、团结、友爱、向上的作风，我们男孩特区中的七位成员都是肝胆相照的好兄弟，有福大家享，有难一起当，相信我们男孩特区的各个方面都不会逊色于其他宿舍的。

帕夫雷什楼 201：米兰王朝　宿舍名叫"米兰王朝"。米兰是意大利的一个城市，米兰王朝，则是米兰市的一支世界上著名的足球队 AC 米兰队延续的一段战绩辉煌的王朝。因为我们宿舍的人比较喜欢足球，喜欢 AC 米兰队。取这个名字，也希望我们的宿舍像 AC 米兰队一样，成绩出色，受到别人的称赞。我们 201 室能创造出自己的"米兰王朝"。

和学校美术组老师在一起

帕夫雷什楼508：十方堂 十方乃佛教用语，指东、西、南、北、东南、西南、东北、西北、上、下十个方位，所以我们要用这个名字来作为宿舍名！因为我们都是来自四面八方，因有缘，才生活在一起。十方，已包含天地万物于其中，借此说明我宿舍"十方堂"囊括天地万物，一揽乾坤，由此可见我宿舍之人胸襟何等宽阔。

以上是我校学生自己撰写的宿舍名号及其解读文字。宿舍是生活的寓所，也是生命中永远眷顾的精神家园。对于每一位学子来说，这里的喜怒哀乐和一颦一笑，这里的年年岁岁和朝朝暮暮，都会构成一块永远不可泯灭的情感丰碑。

1999年6月，张家港高级中学新校建设破土动工了。新学校的布局设计严谨有序，建筑结构雄伟振奋明快，教学区各大楼之间以长廊衔接，外部用园林景点相连。整个校园廊连檐接，融会贯通。还真有点"复道行空，不霁何虹"的气势哩。随着基建工程的顺利进展，随着2000年9月1日的临近，我为新校办学体制和办学软件建设倾注了极大热情，其核心是营造"以人为本"的校园文化环境，创设一种富有诗意的学习化的校园氛围。

我为学校的所有建筑都命上别致的名字。我用我十分尊敬的陶行知先生的名字为学校办公楼命名。陶行知先生认为，"人生要为一大事来，做一大事去"，他把毕生的精力倾注于教育事业，"爱满天下"是他终身的教育追求。他认为，"千教万教教人求真，千学万学学做真人"，坚持学习与做人的统一，坚持知识教育与人格教育的统一，即教学做合一。他注重创造教育，认为"处处是创造之地，天天是创造之时，人人是创造之人"。他提出了生活教育理论的基本观点："生活即教育，社会即学校"等教育思想。张家港高级中学的教育理念"以人为本，文化关怀"、教风"学生第一，爱心至上，教学一流"正是继承发扬了陶先生的教育思想。命名"行知楼"，一是为了继承人民教育家陶行知的事业，发扬陶行知先生在艰难境遇下兴发教育的精神，更是为了激励我校教师，以陶行知为楷模，努力把自己培养成一代教育大师。

学校的食堂更有一个十分美丽的称号——"香格里拉"。读过希尔顿曾风靡世界的小说《失去的地平线》的人都知道，人与自然默契融洽的缱绻关系，亲情和睦的社会及风光如画的自然环境，正是小说所描绘的人们理想中的乐园——香格里拉，人们心中的日月。千百年来，香格里拉名称的传承表达了西方人对中国少数民族生活状态的精神存在的一种崇敬和仰慕。香格里拉有高耸入云的冰峰、奔腾不羁的江河、牧歌缭绕的草甸、清新明净的空气，更是多民族和谐共处的世外桃源，多民族共处、多宗教并存、人与自然和谐相生的自然、人文形态，正是这种境界的最佳写照。她在沟壑纵横、关山难越的滇西北迪庆大高原，是滇、川、藏三省区结合部。蓝天、丽日、茂密的森林、清澈的河流湖泊、水草繁茂的草甸，就成了这里永恒的风景和人们繁衍生息的家园。雪山为城、江河为池，物产丰厚、文化绚丽，不再只是对香格里拉的描述，而更寄托着世人的一种美好向往，实际上她已经成为一种唯美理念和至高理想，那就是美丽、明朗、安然、闲放、悠游、知足、宁静、和谐，没有这些，便没了世外桃源的全部意义，也便没有了张家港高级中学"校训""三风"的精神内核。

剧场兼报告厅叫"三友厅"，主体综合大楼称"千禧城"，体育馆曰"奥运馆"，教学楼则分别为"南大楼""北大楼"，而两幢食堂大楼的名字更美丽——"香格里拉"和"希尔顿"。学校建筑的命名一般都取国内外著名学校的校名。如五幢学生宿舍楼名分别为"哈佛楼""剑桥楼""复旦楼""帕夫雷什楼""清华楼"。还让学生为自己的宿舍都取上了一个舍号并撰写解读文字。他们住在配有卫生间、电话机、太阳能和热水淋浴器的宿舍里,每天出入于"哈佛""剑桥",其朝朝暮暮、耳濡目染的感染,相信会给他们美好的青春追求增添更加绚丽的色彩。

在张家港高级中学,每一条道路都有无限的意蕴。每一条道路都有独特的名字。漫步在校园的路上,我们犹如穿越了一个个历史之门。

我们的校园大道命名分为两个系列。一用名牌大学校名和著名城市名,如"南大路""北大路""北京路""天津路""上海路""南京路"等;一以伟人名字命之,如"爱因斯坦路""泰戈尔路""杨振宁路""莎士比亚路"等。学生们说,"漫步在'南大路',徜徉在蓝天、丽日、花园、草坪、高楼、石碑之中,心中洋溢着作为一名主人的自豪感,也自然升腾起刻苦学习、回报母校的激情。"老师们说:"这条路取名为普希金路,是希望我们的学生了解熟悉这一世界文豪和他留下的文学瑰宝,在今后漫长的人生道路上能学习他的爱国主义及一生追求自由的精神,学习他为人民写作的使命感。'假如生活欺骗了你,不要心焦,也不要烦恼,阴郁的日子里要心平气和,相信吧,那快乐的日子就会到来。'走过这里,不管有什么样的挫折和烦恼,我们都会相信,明天又是一个新的太阳、新的开始。"

在张家港高级中学,每一处景点都有别样的名字,每一块点缀于草坪中的大石头上都有话语。名人广场、母亲河、康桥、滴水台……修身、养性、慎独、精进、清静、宁静、和谐……一切都有了人文的气韵,都有了生命的灵动。

为了更好地体现学校的"以人为本,文化关怀"的办学宗旨,更好地实施我校的文化工程,学校针对"人文教育工程"中提出的每位学生都要背诵200首古诗词的要求,专门把教学楼三楼连廊开辟出来,作为诗歌长廊。这里一共陈列了100多首唐诗宋词,每一首诗词都是由李元洪、陈凤娟、郭静娟等语文老师精心挑选出来的。美术老师高永庆负责材料、版面设计、照片制作等。

我校每年有艺术特长考生200多名。为进一步搞好艺术特色教育,在校长室和美术教研组的共同策划下,2002年暑假学校投入资金,建设了两条富有浓郁艺术气息的美术街。

美术街位于千禧城三至六层楼的长廊走道。"美术街"的张家港方言和"美食街"谐音,取这个名字是为了使我们的学生努力做到享受艺术的食粮成为一种人生的必需。"美术街"三个大字是请江苏著名书法家言恭达先生题写的。三楼走道展出了省内一些书法大家如言恭达、袁晓园等的真迹，同时展出的还有我校师生的作品。美术教研组高永庆老师的作品以写意花鸟为主；张荣强老师有 11 幅油画作品悬挂壁上，内容以具象写实、风景人物为主；黄海峥老师的国画、油画作品各 3 幅也陈列其中。四楼为"百年中国画展"，主要陈列的是 20 世纪中国杰出画家如齐白石、徐悲鸿、黄宾虹等大师的作品，种类主要以国画为主，另有著名漫画家丰子恺的作品。五楼六楼的"美术街"上主要是学生作品。美术班学生的习作以素描和水彩画为主，他们在我校名师的指导下，短时间里就有了如此成绩，着实令人欣喜。

　　当你徜徉在美术街时，你会被这些作品吸引，你将会在这样一个充满浓郁艺术氛围的学校里得到艺术的熏陶，从而真正提高自己的艺术品位，培养自己的艺术修养。

2004 年 8 月 1 日，在江苏宝应翔宇教育集团参加"新教育实验"研讨会，和李镇西（右一）、魏书生（右二）、朱永新（中）、马建强（左一）合影

　　哈佛大学校徽的意思是"真理"，校训是"与亚里士多德为友，与柏拉图为友，但更重要的是与真理为友"。我们并不奢望有多少学生能真正去哈佛读书，我们的心愿是让学生学习和接受哈佛精神，从而培养追求真理做真人的高尚情怀和人格精神，使他们做一个有批判意识有创新精神有社会责任感的现代公民。我认为，校园的物质文化建设，不仅可以美化环境，赏人耳目，怡人心情；更重要的意义还在于，它能让伟人和名校代表的神圣和崇高，让人类共享的文化传统，成为永留师生心中凝固的歌谣，成为永远滋润他们的精神血液。

七、每天和神圣相约

"用智慧的泥土和上人格的水，定能塑造高贵的灵魂。"——王凯赠

王凯是谁？她的赠言以什么方式赠给谁？王凯是张家港高级中学高二（9）班班主任，一个刚刚走上讲台的20多岁的女教师。她的赠言制成了高宽适度的长方形镜框赫然悬挂在教室墙上，其余三面墙上分别悬挂着高万祥（校长）、宋国刚（体育老师）和张国锐（地理老师）的赠言。这是2000年11月23日张家港高级中学教育开放日里我的一个发现，这仅仅是张家港高级中学营造育人氛围、开发校本课程、实践"以人为本，文化关怀"办学思想的一个镜头。

这里是一片热土，这里充满了勃勃生机，这里是帕夫雷什中学的延伸和发展。和腾飞的张家港经济、"自加压力，勇于争先"的张家港精神相呼应，张家港高级中学正在制作一部有声有色的"惊涛拍岸卷起千堆雪"的新编教育剧。

这是江苏省姜堰市第二中学语文老师吴向洋来我校参观考察后写的随笔摘录。

2001年春节开学，我就教室布置提出了自己的看法，即一改以往的做法，提倡由任课教师亲自为学生写格言或赠送格言，这个想法一经提出就得到了全体师生的一致叫好。老师们满含着对学生的关爱和热情，结合多年来的教育教学经验和生活阅历，写出或选出了许多精彩话语。如做人格言："吃得苦中苦，方为接班人——高万祥撰赠""期望别人尊重的前提是自我尊重——黄月芳赠""我们会因为给别人做了好事而从内心感到极大的喜悦——杜今芳赠"；学习方法提醒的格言："学会学习，才能终身学习！——张松青赠"；"把生活中无数短暂的五分钟焊接起来，便是一条长长的金项链——何伟达摘陶行知语"。生活哲理类的格言如："今天，你如果不生活在未来，那么，明天你将生活在过去——杜今芳摘自《学习的革命》"等。我一人

就提供了"诚实比 100 分重要""校园里有一支永恒的歌：争分夺秒，发愤苦读。""用勤奋点燃理解之光，在不懈的努力中寻找希望。坚信自己也是一个天才，人生终将辉煌"等数十条人生格言。

质朴实在的语言，也许不那么华丽，也许不那么严谨，也许没有那种非凡的气度，似乎也没有那种撼人的睿智，但是却更能打动学生，因为它们来自老师们的心底，真挚和恳切总是最具有动人的力量。

学生们说，每天走进教室，那些话语就如老师亲切的笑脸一般给我信心，当我们看书看累的时候，它又像清风一样抚慰着我们的心，当我们想要偷懒的时候，我们仿佛又见老师严肃的目光催人警醒。老师也说，这些话语对学生是一种提醒，是一种鞭策，对我们自身也是一种督促，提醒我们要和学生一起进步，提醒我们为人师表，做学生的表率。这一独特亮丽的风景里折射出的是我校教师对学生发自肺腑的别样情怀，小小的几句话还拉近了学生和老师心灵之间的距离。

在教学楼走廊或楼梯口的墙壁上，我们设计制作了精致的小标语牌。上面的话语是我赠给全校师生的警句格言。比如："人人都能成功，关键是你想不想成功。""人人都能优秀，关键是你想不想优秀。""成功不怕困难，老师在你身边。""生活的最高境界是有所作为。""英雄就是英雄的抱负激励了一生的人。""什么是学习尖子，学习尖子就是学习最刻苦的人。""态度决定一切""今天我努力了吗？""有所得，必有所失。""苦学三年，幸福一生。""用辛勤汗水圆大学梦，以优异成绩报养育恩。""文质彬彬，然后君子。""读书养性，读书修身。""淡泊明志，宁静致远。""当你随手乱扔的时候，你的品德也受到了污染。""人格第一，学习第一，健康第一。""什么是成功？自己和自己比有了进步就是成功。""成功就是成为最好的你自己。""把最简单的事情都做好了，你就不简单了。""吃得苦中苦，方为接班人。""人生的幸福来源于良好的习惯。""学校兴衰，我的责任。""班级兴衰，我的责任。""做中国最好的教师。""和学生一起成长一起成功。""这个世界上没有失败，只有暂时没有成功。"我希望每一位师生都熟读牢记这些话语，更希望他们用行动来实践这些话语，从而让生活和人生都更加精彩和灿烂。

我还在全校倡导"每日赠言"活动。由学生轮流每天在黑板一侧的"每日赠言"栏里抄写一段名言警句，并要求全班同学都抄在日记本上。请看：

——理想就是人对更美好东西的追求。

2004 年 10 月 2 日第一次去皖南，第一站就是参观绩溪上庄胡适故居

——真正的幸福指的是我们如何开始，而不是如何结束；指的是我们渴求什么，而不是我们拥有什么。

——生活的智慧在于逢事问个为什么。

——假如你无力改变事实，那么尝试着变化你的态度。

——一个恰当的惊吓胜于一个中肯的劝告。

——真诚的友谊好像健康，失去时才知道它的可贵。

——做完一件事情是完成，做好一件事是成就。

——只有自信的人，才能同时拥有快乐和成功。

每天阅读名言，每天和神圣相约，每天接受心灵的洗礼。什么是教育？我以为，教育，更多的是一种感染。

八、聆听窗外声音

苏州大学教授、博导，苏州市人民政府副市长，全国政协常委，看朱永新的头衔和身份，似乎高不可攀令人敬畏，然而了解他的人都知道，朱先生十分质朴热情，极有亲和力。

我和他都是苏州大学（当时还称"江苏师范学院"）82 届毕业生，而真正开始交往却在大学毕业以后。从苏州大学一位普通心理学教师开始，20 年来我目睹他事业的发展，如今已著述等身，成就斐然，声名远扬。近看全国各地，兼顾现代中国，学者型官员很多，真正有成就有建树的学者型官员也不少，然而像朱永新这样一直坚持下到基层、走进学校、亲近师生的学者型教育行政官员却凤毛麟角。十分难能可贵的是如下几点。

第一，虽身居庙堂，人在江湖，却仍然心系教育。近年来，从"教育理想"到"教育之梦"，再到"新教育"改革实践，没有官方的行政命令，全靠民间志同道合者主动参与，"新教育实验"在全国许多地方蓬勃开展，如火如荼，而永新先生钟情于此乃至如痴如醉。这使我十分自然地联想到了陶行知和陈鹤琴。说永新先生是陶子和陈师的传人，说"新教育实验"是"生活教育""活教育"在当代的创造性发展，恐怕没有言过其实吧！

第二，既要当官做干部，又要为师带弟子，同时又笔耕不辍，佳作迭出。几年来，先是"教育理想"系列文章，再是《我的教育理想》专著，接着《新教育之梦》问世，他的文章和著作，如文学之畅销小说，有品位，有读者，有价值，为方兴未艾的"新教育实验"乃至新时代中国基础教育改革奠定了坚实的理论基石。最近，十卷本《朱永新教育文集》又即将在人民教育出版社隆重推出，这是永新先生献给当代教育的厚重礼物，也是他学术生涯中承前启后的一块里程式丰碑。

第三，书生本色不变。作为政府官员，他当然知道，社会稳定压倒一切，从政稳重压倒一切。然而，敢说敢为，亲力亲为，他的赤子之心不变，书生本色不变。正是人格的力量，使永新先生在中小学校和基层民间拥有广泛的影响力与凝聚力。

同时，永新先生受人欢迎和尊敬的另一重要原因是，官大了，学问大了，事业大了，而架子没有变大。任何时候见他，他总是给你一脸的微笑和憨厚。

"什么是我心中的理想学校？第一，应该是一所有特色的学校。评价一所学校优劣的标准是多种多样的，且总是处于动态之中。美国新闻周刊曾经对全世界的学校做大规模的调查，最后评出十所最好的学校，其中没有我们中国的。日本东京有一所小学在选，它以小创造、小发明见长。其他九所也都有自己的特长。这就是说，最好的学校应该是独树一帜、标新立异、有自己特色的学校。第二，应该是一个有品位的学校。一个学校的品位首先就是一个校园的品位，包括每一个细节、每一个建筑、每一处绿化都应该精雕细刻。细节有时更能反映品位，校园应该围绕学生展开一系列布置，应该考虑怎样给学生最大的便利。其次，一个学校的品位反映在学生的品格上。如果一个学校能在对学生的人格和品德的发展上下功夫，教会学生追求理想，关心民族的命运，能时时提醒自己永不停止、永不失望，那就是给了学生真正的点金石。因为只有人格、品格完善才会有品位，才会让他成为一个社会的人缘儿，而不是一个嫌弃儿。第三，应该有一个富有人格魅力、有远大理想的校长。校长应该懂得教师的需要，并且引导教师新的需要，要创造一种好的氛围，同时让最优秀的教师得到最应有的回报，让教师知道自己和名教师的差距，自己提醒自己不断地进修提高。校长要和每个教师进行心和心的交流，用真诚、宽阔的胸怀、无私的奉献赢得教师的尊重。同时还应用自己的科研、教学成就去影响教师。第四，应该有一支创新型的、有活力的教师队伍。张家港高级中学从全国招聘教师，那么，在 5 年、10 年以后，我们的张家港高级中学应该有老师出现在全国十杰之列，出现在名教师之列。成功靠的不仅是智慧，更要靠努力，一个人没有冲动没有激情就永远不会有成功。成功来自激情，来自不懈追求卓越的努力。

这是永新先生在我校一次讲演的要点，也是他"教育理想"这一理论系列中发出的最早的声音。时间：2000 年 7 月 28 日。

应我之邀，2001 年 12 月 3 日，全国劳模、上海市建平（集团）学校总校长、建平中学校长冯恩洪先生来张家港高级中学为全体老师做专场报告。

冯恩洪先生这次主讲的内容是关于人的社会化和人的个性化的和谐发展以及关于教育、德育要不要有点人情味的思考。冯恩洪先生是中国教育界的名流，他早在 1985 年便引起了人们的广泛关注。在这次讲座中，冯恩洪先生谈到如何结合教改思

刚工作时的模样

考教育改革的理论支撑点，在谈到 E 时代的教育特点时，冯恩洪先生说，现在一个人一生掌握一种技能的时代已经结束了。没有一个人能够不需要合作而完成一项事业。在分析当今的教育现状时，冯先生认为，中国高等教育已经开始由精英教育转为大众教育。随着经济的发展，高校普及将会很快到来，这给基础教育带来了新的课题，那就是我们的基础办学又是为了什么？冯先生认为，现在的教育界解放思想显得尤为重要，科技以人为本，精心打造人性空间，是后工业时代的特点。可是，现在中国城乡的教育现状还远没有达到这一点。冯先生分析说，中国现在的情况是，中国同时处于经济发展的四个阶段。中国一百年路程走完了西方三百年的路程，决定了中国的教育必须着眼于人的素质的培养。而在这一点上，教会学生学会选择是最重要的。选择带来了教育空间，为师者应该有所为有所不为。

在当代基础教育领域，冯先生是个传奇或神话般的人物。真知真见，激情睿智，还有极富磁性的语言，使大家在经久不息的掌声之后仍流连忘返。许多老师说，这是难以忘怀的人物，难以忘怀的声音——

"我们现在的教育是一个去问题化的教育，我们的学生去国外学习都有一个不适应的过程，即我们的学生习惯学会了就等于没有问题，而外国的教师要求学生学会了就是能不断提出问题。所以我们要问，教育的功能是什么？是传授知识还是通过传授知识引发学生的智慧。曾经有过这样的一个例子，一个美国科学教育代表团来中国后希望听一堂公开课。于是一所重点中学的一位特级教师上了一堂高一的物理课，按照我们的评判标准，这是一堂演绎得极为生动、天衣无缝、出神入化的好课。获得了很多人的高度评价，但美国代表团却没有任何反映，后来他们说了一句让我们万万没有想到的话，他们说：这堂课都是老师提问学生回答，回答得都很正确，但是这些问题学生既然都能正确回答了，这堂课还需要上吗？为什么你们的课不是学生问老师回答呢？我们的教育一直以来都是一个去问题、消除问题的教育。而美国认为应该是诱发问题的教育，是学生问老师答，再问再答，再引发更多更深的问题，甚至是超过老师回答能力的问题。他们的教育是：学生没有问题走进教室，然后带着满脑子的问题走出教室，以问题为纽带。我们则是：没有问题进教室，没有问题出教室。我们的学生学得好的标志是会重复。"

2002年4月14日上午，中国当代著名青年作家、被誉为大陆李敖的北大怪才余杰来我校和师生见面并作文学报告《文学和人生》。报告之前，余杰来到语文组，和"语文沙龙"成员见面座谈并合影留念。在我和学校其他领导陪同下，余杰参观了校园和语文展室。余杰对我校的文化建设深表赞赏，并欣然提笔为语文展室留言。余杰，1973年生，四川成都人，少年时代在曾培育过无数历史名人的蒲江中学（前身为南宋鹤山书院）受到过良好的文化教育。1992年考入北大中文系，1992—1993年在石家庄陆军学院接受军政训练。1997年毕业并保送研究生，跟随陈平原、夏晓红攻读近现代文学方向的硕士研究生。2000年获文学硕士。现年29岁的余杰从13岁开始发表作品，他的文章常直指社会热门话题，批判锋芒犀利且不乏尖刻，诸如对余秋雨、王朔、王安忆、二月河等文化"恐龙"，他毫不犹豫地展开批评，投枪如雨，引发文坛争论。他的主要著作有《火与冰》《铁屋中的呐喊》《老鼠爱大米》《香草山》《压伤的芦苇》《爱与痛的边缘》《想飞的翅膀》《尴尬时代》《说，还是不说》《文明的创痛》等。他以激扬的文字吹皱文坛一池春水，他被视为有当年李敖的影子，针砭时弊，大声呐喊；也有巴蜀鬼才魏明伦一样的神采，锐气十足；他的笔端有鲁迅的风骨，饱经沧桑，历经风雨；他的步伐似余秋雨一样沉重，读万卷书、行万里路……近年来，余杰先生和我多有交往，如一起参与《新语文读本》编写，应邀赐稿于我主编的《语文沙龙》等。十时左右，余杰步入三友厅，受到学校师生的热烈欢迎。一个小时的报告会，师生们意犹未尽，不断向余杰提问。余杰答师生问时，极为精彩，博得阵阵掌声。会后，部分学生又争着与余杰合影留念，并将自己所购余杰著作请余杰签名。

2003 年 4 月 1 日，愚人节，当代著名哲学家、散文家周国平先生应邀来我校讲学，为我校师生送来了一席哲学和智慧的精神大餐。

周国平先生 1945 年生于上海，1962 年考入北大哲学系。1968—1978 年先后于湖南军垦农场、广西资源县工作。1978 年考入中国社会科学院哲学研究所，获硕士、博士学位。现任职于中国社会科学院哲学研究所。作为学者的周国平先生，其译著主要有尼采的《悲剧的诞生》《疯狂的意义》《尼采诗集》《尼采：在世纪转折点上》等。作为作家的周国平先生，其作品主要有《妞妞——一个父亲的札记》《守望的距离》《智性时光》《灵魂只能独行》《风中的纸屑》《爱情不风流》《自由风格》《南极无新闻》等。我校魏建宽老师十分喜爱周国平先生的文章，将周国平先生的作品推荐给他的学生阅读，而且尝试将阅读周先生的文章作为一个教改实验课题。此举得到了我的支持。我说，你先在班上实验，取得些经验后再在全校推开。此次趁周国平先生自北京赴上海大学开讲座、上海电视台做访谈嘉宾的机会，我委托魏建宽老师力邀周老师来校讲学，周先生欣然应允。

4 月 1 日 13 时，周先生于学校三友厅做了近一个小时的演讲，周先生以自己的求学、学术与创作经历为例，劝勉我校同学正确面对现行教育体制的弊端，能向现行教育体制要自由，要始终保持一颗神圣的好奇心，进而赢得"内在的自由"，因为这就是科学精神，这是一切伟大的精神创造者获得成功的必由之路。周先生一向的教育观点就是：教育的目的就是使每一个受教育的个体成为他自己。周先生对我校的日记课程给予了高度评价，说自己是在日记中长大的。57 岁的周国平，自是经历了很多人生的沟沟坎坎，当然，也承受过生活中的悲欢离合。从珍珠的形成想到蚌的痛苦，含英咀华，也只是在咀嚼了人生的种种悲欢并由内而外之后，这才能外化为至情至性的文字。这就是日记。从大学时代好友郭世英的自杀身亡，到女儿妞妞的生命消逝，哪一桩事没有刻在生命的日记簿里？而阅读时的思绪，又有哪一点不化为文字记录在他思想的日知录中？难怪周先生在张家港高级中学演讲时，对张家港高级中学的日记课大为叹服，说倡导日记课的人无疑是一个伟大的教育家。回京后，他给我发来了电子邮件：

高校长：

　　你好！

　　我们一家已顺利回到北京。这次到张家港高级中学访问，印象至深。我亲眼看到，在陈旧教育体制的大格局下，你是如何艰难而又执著地带领师生争取教育的自由空间，我对你的教育家风范深感敬佩。你的言谈和著作使我知道，你的追求有深厚的文化底蕴作为动力和基础，此外，你不惮路途遥远，在百忙中伴送我到上海火车站，这种真诚热情待人的风度也令我深为感动。今后，我愿作为你的朋友关注你的事业，有需要我尽力的地方，请尽管吩咐。

周国平

2003 年 4 月 5 日

真正的知己知音。我当即给他写了回信。

周国平先生：

　　来信收悉，迟复为歉。

　　在我心中，您是大师和国宝，能亲自来到一所中学和师生见面，还安排时间给我们作了精彩报告，这种关怀和情谊，令我至为感动。我和我的同事、我的学生将永远珍藏这份幸运和回忆。

　　中国的教育比中国社会的其他方面更让人遗憾和伤心。那些搞教育和管教育的沉沦麻木更让人伤心和愤恨。真希望先生能站出来呼吁呐喊。当然，平添您的烦恼和负担，又会令我不安。只希望因为您的出现，给我的生活，给我的校园，带来更多的阳光和希望。

　　向您的夫人问好，因为她是您的至爱。向您的女儿问好，因为她是您的全部寄托。向我还不认识的您的母亲问好，因为她养育了一个了不起的儿子。有机会，我很想拜见您的幸福的母亲。

　　祝

春日快乐！

学生高万祥

2003 年 4 月 7 日

让师生聆听窗外声音，增长知识，拓宽视野，感受校园风云，接受精神哺育，这是我校人文教育的一门传统课程。

与大师对话，先进的现代教育观念和教育思想，精彩的教育哲学和教育原理，教育科学的成果和经验，伴随着一个个如雷贯耳的大名，连同神交心仪已久的学者风范和师表偶像，如今都实实在在地来到了校园，也走进了每一个师生的心中。

聆听窗外声音，让大师的思想哺育下一代，用名人的智慧激励下一代，以专家的人格影响下一代。学校不应该只是传授知识的工场。校园要与社会血脉相通。真正的教育要把和生活密切关联的习俗的、情感的、价值的东西引进学校和课堂。

2004 年 7 月 26 日在云南师范大学校园内寻访"西南联大"旧址

几年中，专程来校做学术报告的专家名师有：周德藩、阎立钦、朱小曼、刘京海、袁振国、成尚荣、陆志平、杨九峰、任小艾、严文藩、吴非（王栋生）、王晋堂、李镇西、魏书生、李燕杰、霍益萍、顾泠沅、朱永新□、傅东缨、李希贵、洪宗礼、于漪、陈钟梁、范守纲、叶永烈、苏静、陶新华、何祚庥、莎芙琴卡（乌克兰全乌苏霍姆林斯基研究会长）、哈依鲁莲娜（乌克兰苏霍姆林斯基实验学校校长）等。

九、日记，高中生活的一千零一夜

2001 年 8 月下旬的一天，我在江苏教育报刊社参加省首届高中生作文大赛的第一次评委会议。5 位评委之一的著名作家叶兆言大谈他女儿叶子，说叶子的日记如何令自己好生惊奇和感动，说叶子的日记选在贾平凹主编的《少年美文》上发表后反响如何如何强烈好评如潮。12 月，我果然在书店买到了叶子那本封面颇为稚气的《带锁的日子》。听叶兆言说，2000 年 8 月，叶子公派去美国交流学习一年。临上飞机时，她将正面写给母亲反面写给父亲的日记本悄悄塞给妈妈。日记中有生活思想记载，也有埋怨指责父母或反省检讨自己。我想，她是以日记代替和父母见面说话甚至代替和父母怄气"吵架"。无心插柳柳成行，想不到"日记"使叶子一夜成名。叶子的父亲是当代作家，曾祖父是一代文学和教育大师叶圣陶。这当然可以使人联想到家学渊源，使人联想到她的语文功底和写作能力，但无可否认的是，日记帮助她走向了成功。

还有我更熟悉的朱墨同学。在朱墨的第一本日记体散文集《老虎拉车我敢坐——一个小学生眼中的缤纷世界》出版以后，我曾有机会通读了他小学时代的全部日记。我越看越高兴也越看越惭愧。在为朱墨和他的父母高兴之余，一种强烈的内疚遗憾之感油然而生。因为无论作为父亲作为教师还是作为校长，在自己女儿和学生的教育管理上，我都应该谴责自己没有重视"日记"两字。

2001 年暑假，初中毕业升入高中的时候，朱墨又为大家捧出了更为厚实精彩的第二本作品集《我和老爸是哥们儿》。现在，朱墨经常有散文随笔见诸报端，文笔之蕴藉老到，陌生人恐怕绝不会相信这出于一个少年之手。正是从那时开始，我下决心抓好我校同学的日记写作，时至今日，全校每天 15 分钟的"日记课"已作为校本课程取得了"法定"地位。日前，朱墨又送我他的第三本书《梦之队》，这是他出版的第一部长篇小说。我知道他的第 4 本书也是他的第 3 本散文集即将付印出版。

十年寒窗，十年历练，朱墨的写作正从被动到主动，从自觉到自在。而且他没有因钟情读写而影响了全面发展。1998 年 7 月，他在有 2000 多人参与竞争的情况下，凭实力迈进了苏州中学附属立达初中。进入初中，他走马上任，当起了拥有 200 多名成员设有写作、戏剧、摄影三个专业组的"达人文学社"社长，还干得有声有色、有滋有味的。2001 年，他又以中考绝对高分考入苏州中学国际班，现在，学习上他不仅总分名列前茅，还屡屡在书画、数学等学科竞赛中获得大奖。2001 年，作品《渴望》荣获中华圣陶杯全国中学生作文大赛一等奖。2002 年 12 月，在江苏省首届"中学生与社会"写作大赛中，他又以出色的现场佳作捧回了一等奖的奖杯。2004 年高考，朱墨又以高分考入南京大学文科基地班。正是从朱墨身上我得到了极大的启发，以后便下决心抓好学校的"日记"这一校本课程工作。

2003 年 3 月 28 日，陪同作家傅东缨（中）去看望洪宗礼先生（右二），左二是同行的江苏泰兴洋思中学校长蔡林森先生

日记是最纯粹的私人写作。当代著名作家周国平说："日记是最纯粹的私人写作，是个人精神生活的隐秘领域。在日记中，一个人只面对自己的灵魂，只和自己的上帝说话。这的确是一个神圣的约会，是决不容许有他人在场的……毫无疑问，最纯粹，在我看来也最重要的私人写作是日记。我甚至相信，一切真正的写作都是从写日记开始的，每一个好作家都有一个相当长久的纯粹个人写作的前史，这个前史决定了他后来之成为作家不是仅仅为了谋生，也不是为了出名，而是因写作乃是他的心灵的需要，至少是他的改不掉的积习。"是的，日记往往和名人的名字和岁月的沧桑连在一起。近年，叶利钦的《午夜日记》在中国到处刊载，社会影响遍及全球。《拉贝日记》《魏特琳日记》和新近惊现于南京的《首都沦陷留守金校日记》，更是震惊中外。虽都为私人写作，但其弥足珍贵的真实记载，将永载史册。

提倡写日记，把作文放在最真实、最深厚又是最鲜活的生活基础上，能让学生消除对作文的畏惧之感，觉得作文原来是如此轻松，如此自由；甚至能让一部分同学逐渐觉得，每天写日记，如同吃饭睡觉一样，是一种生活的需要。这实际上就进入了一种很理想的写作自在境界。生活日记、观察日记、实验日记、修身日记、读书日记、游览日记、交往日记、创造日记……"吾日三省吾身"，作为中小学生，只要你具有生活的慧心慧眼，日记之泉自会汩汩而出。它可以保持你的好奇心和新鲜感，它能使你的生活同时变得丰富起来、精彩起来。

更重要的是，日记往往是一种自我谈心，自我教育，自我修炼。以前农村里使用的厕所叫茅坑，夏天时大太阳一晒，茅坑里的上层会结一层厚厚的屎皮，就把臭气盖住了。冬天时下雪冰封，茅坑也不会臭。除非是把冰打破，把屎皮打穿，臭气才泄出来。写日记，有点像掏茅坑一样。茅坑一掏当然会臭，如果把它封盖起来，表面看来似乎是不臭了，但却是臭味深藏、毒气更重；因此得要翻了又翻、翻了再翻，多翻几次，把臭味全部蒸发掉了，以后就永不会臭了。因此，通过日记，及时发现自己的缺点并提醒自己改正，你的人格才更加健全。

日记，高中生活的"一千零一夜"。为了帮助学生更好地写好日记，使"日记"这一校本课程更上一个台阶，在我的倡议和主持下，在上海教育出版社《语文学习》主编温泽远先生的大力支持下，我和蔡明、李婧娟一起主编的《在日记中成长》一书已由上海教育出版社正式出版。下面是 2003 年 9 月 25 日我校校园网上两则相关报道：

　　○"新教育实验"的成果之一——《在日记中成长》一书最近已由世纪出版集团上海教育出版社出版并隆重上市。

　　这套书分小学卷、初中卷和高中卷，我校高万祥、蔡明和张家港市实验小学李婧娟三位特级教师是该书的总主编，三人还分别担任高中卷、初中卷和小学卷的分册主编。全国政协常委、苏州市副市长、苏州大学教授、博士生导师朱永新担任了该书的总顾问。由于该书融读写于一体，内容精致富含哲理，形式创新又极为实用，因而作为"新教育实验·师生共写日记"校本课程指定用书，刚一出版就在苏沪等地广受好评，目前已经在我校等许多学校开始推广应用。

　　著名学者、作家周国平先生和朱永新教授为该书写了序，高万祥校长曾发表在《语文学习》上的《在日记中成长的朱墨》一文被作为附录，这篇附文再次提醒我们：在日记中成长，朱墨就是一个活生生的例子！

　　用朱教授的话说，"这不是一般意义上的出版物，是一种全新教育理念的文本形式呈现，是一种永久意义的教育实践。""三位特级教师在教育实践的基础上，编写出了三本特殊的日记写作辅导材料：每天提供一则可供写日记时阅读的经典故事，作为'每日话题'，启发学生的思考；连同'历史上的今天'，让学生在潜移默化中耳濡目染，在阅读思考和自省中留下人生的每一天，其价值与意义不可估量。"

当代著名思想家周国平先生在序中这样写道："日记是岁月的保险柜，是灵魂的密室，是忠实的朋友，是作家的摇篮。不论在什么场合，只要是面对中学生，我经常提出的一个建议就是：养成写日记的习惯。中学是人生的一个关键时期，许多好习惯和坏习惯都是在这个时期里养成的。有两种好习惯，一旦养成了，就终身受益。我指的是阅读的习惯和写日记的习惯。"

许多人在看过《在日记中成长》一书后都认为，这本书让师生们在有限的时空里，有了一种能同时培育阅读和写作习惯的绝佳方式；还有许多老师说，这套书既像书又不像书，既像本子又不像本子，也许，这就是此书的魅力所在！

　　〇张家港高级中学物理教研组张美玲老师，国庆放假前夕就张罗着回家带给亲朋好友的礼物，最后她选择了《在日记中成长》的系列日记本。她一个人就买了7本，高中1本，初中4本，小学2本。她说，送什么都不及送这本日记本，大气、有价值，家长见了高兴，孩子见了也开心。她还说，同时还是一种宣传，这就是我们张家港高级中学的成果。

问她初中卷为什么买那么多时，她说，其中还有一本是自己的小孩要的。市一中的学生不是发了这本日记本了吗？她回答：小孩说那一本是要上交老师的，还要一本放在自己身边自由抒写心灵的私人日记本。

据本站记者了解，我校英语组、化学组等也有好多老师准备用《在日记中成长》一书做国庆礼品送亲戚和友人。而节前的最后两天，则出现了抢购风潮，29日短短一个课间操时间，就有十多位老师争购了40多本。看来好戏还在后头呢！

我衷心希望，我校学生和全国所有的中小学生都能向叶子和朱墨看齐。成不了叶子第二、朱墨第二也不要紧，至少，坚持写日记的人，一定能优秀起来。

《中国教育报》2003年11月13日发表了张树伟《教辅也要充满智慧和关怀》

一文，对这套图书做了充分肯定："青年评论家摩罗在一篇文章中强调，'中国的儿童读物确实已经到了更新换代的时候了，我们首先必须完成主体的转换，从成人本位的功利主义转换成儿童本位的趣味主义……至于如何引导儿童的个性成长和精神发展，其倾向也必须迅速改变。我们的责任不是蛊惑孩子走上拯救世界的祭坛，而是启发他们如何在这个世界上造就一个善良的自我、寻找和谐而又幸福的生活。'自然，教辅图书也应该去争取这种品格，真正审视自己，获得自己的灵魂，并藉此拥有促进学生成长的精神资源。用这样的尺度来衡量时下纷繁芜杂的教辅图书，上海教育出版社最近出版的《在日记中成长》展示了较高的思维视野和教辅图书所应承担的责任，他们富有开拓性的探索，展示了真正的创新精神。"

"图书分为'历史上的今天''每日话题''我的今天'三部分。没有写作技法之类的陈述和说教，结构简洁，但充满张力，足够激发学生思考、写作的兴趣。在写作中思考，在思考中成长。'历史上的今天'多是重大的历史时刻，贯穿着人类推动历史发展所做的种种努力，从宏大处给学生以震撼。'每日话题'细腻，温和，贴近灵魂，无论是故事、寓言还是生活中刺激我们灵魂的小事，都如同一把钥匙，随时疏导我们的郁闷，开启我们的智慧，慰藉我们的灵魂。"

"这套图书则在话题作文的智慧和精神的关怀上做出了独到的努力，日记的形式使图书获得了与学生平等交流的地位，这种创新，使它在弥补传承知识和关心成长、关怀灵魂之间的裂缝上提供了一个范例，使我们看到充满活力的教育理念的崭新实践，看到教辅图书成功转型的可能。"

我和编委们以及责编们有一个共同的愿望，在推出这套图书的同时，更重要的是推广"日记"这一崭新的教育理念和教育实践。

十、向西点军校学习

美国的西点军校享誉全球。它之所以成为美国军官甚至领袖人物的摇篮，根本原因是注重学校文化和学校精神建设。建校 200 年来，西点军校始终以自己独树一帜的文化传统和精神风貌，走在美国军事教育的前列，成为其他初级军官学校学习和仿效的榜样。西点精神有多种表现，但主要体现在西点校训、荣誉准则、优胜劣汰的竞争机制和改革进取四个方面。西点校训"责任、荣誉、国家"宣扬爱国主义精神，激励西点毕业生最大限度地发挥自己的各种能力去报效祖国。西点荣誉准则要求"每个学员决不说谎、欺骗或盗窃，也绝不容忍此类行为者"。优胜劣汰的竞争机制鼓励学员刻苦学习，奋发向上，永争第一，把那些学习不够努力、德行不够好的学员淘汰出去。这一竞争机制使西点学员的淘汰率保持在25％～30％左右，保证了西点毕业生的质量。改革进取使西点军校能够不断去掉自己传统中那些过时的、不合理的东西，及时把新的事物、好的事物吸收进来。

受西点军校的启发，我校在学生的人格培养上，积极探索实践，努力形成具有鲜明特色的校本教育体系，"新生入学综合训练"便是其中十分亮丽的篇章之一。

为了全面贯彻党的教育方针，进一步加强爱国主义、集体主义和国防意识教育，落实学校人文教育的办学理念；强化全面的素质训练，以精神训练为主，进行心理训练、意志磨炼和体能训练；强化全天候的集体行动、组织纪律、军事技能和生活自理能力的训练；学校组织高一新生进行综合训练，以全方位量化考核的办法（要求量化到班级、量化到个人），每天检查，板报公布的形式，加强督促管理，培养学生严格的组织纪律观念，强烈的国防意识、顽强的拼搏精神，养成良好的行为习惯和心理素质，培养学生"学会生活、学会学习、学会做人"的能力，提高学生的综合素质，激励学生为人民富裕和祖国昌盛而艰苦奋斗、勤奋学习。

综合训练课程内容如下。

（一）校史校纪课程

1. 训练目的——① 了解学校的发展历史，激发学生的学习热情。② 规范学生的行为，使学生养成良好的行为习惯。

2. 训练内容——① 走近张家港高级中学，了解学校的发展历史。② 学习《为

2000 年 4 月 15 日，张家港市"语文沙龙"一行去上海访问于漪老师

人生奠基》中纪律篇。

3. 训练方法——① 学校领导作校史讲座。② 参观校史陈列馆。③ 班主任指导学生自学校规校纪。④ 默写《张家港高级中学学生校规十三条》。⑤ 常规管理知识竞赛。

（二）体操军事课程

组织纪律、队列操练、瞄靶练习、行军拉练、枪械基础知识、国防知识。

（三）劳动卫生课程

1. 训练目的——讲究个人卫生，培养劳动技能，增强劳动观念，体验劳动的艰辛，珍惜劳动成果。

2. 训练内容——① 学会在教室、宿舍使用和摆放扫把、拖把等劳动工具，学会扫地、拖地。② 学会使用抹布，擦门窗、桌椅。③ 学会擦地板。④ 学会擦饭桌、洗碗。⑤ 学会除草、捡垃圾，打扫卫生，校园环境整治。⑥ 学会整理书籍、讲义、课桌。⑦ 讲究个人卫生。

3. 训练方法——① 根据学生部制定的班级包干区和各项劳动要求开展劳动。② 班主任负责演示、指导。③ 学生部、后勤部、校医室组织检查、评比。要求全天候的检查、打分、公布。

（四）体艺活动课程

1. 训练目的——丰富综训期间的学生文化体育生活，提高学生的艺术修养和身体素质，要求每位学生都能掌握一门运动技术。

2. 训练内容——① 音乐：学唱国歌、校歌《永远的青春》和3~4首指定歌曲。② 体育：重新学习、纠正广播操。③ 观看1~2部名著改编的影片。④ 篮球、乒乓球、羽毛球选项训练。

3. 训练方法——① 由音乐老师进行集中教唱，并在综训期间进行大合唱比赛。② 由体育老师进行广播操教学，纠正动作，并在综训期间组织会操。③ 在三友厅观看电影。④ 进行篮球、乒乓球、羽毛球比赛。

（五）文明修养课程

1. 训练目的——以"学会生活、学会做人"为切入口，把行为规范教育具体化、实在化、规范化、制度化，使规范最终内化成为学生的自觉行动。

2. 训练内容——① 学习并贯彻《张家港高级中学学生校规十三条》《张家港高级中学学生文明行为规范》《张家港高级中学学生礼仪守则》《张家港高级中学尊师常规》《张家港高级中学用餐管理规定》等。② 走路训练，不走斜路，不践踏草坪，吃饭不打冲锋。③ 不随手乱扔行为习惯训练。④ 见垃圾弯腰捡拾训练。⑤ 校园内见面要微笑、点头、问好等的训练。⑥ 文明礼貌用语训练。

3. 训练方法——由班主任组织学生学习、讨论，并贯彻落实，利用日记写好学习心得体会，综训期间学生部将组织行为规范的抽测和行为规范知识竞赛。

（六）生活自理课程

1. 训练目的——以"学会生活、学会做人"为目的，通过生活课程的训练，培养学生的准时守时的习惯、文明用餐的习惯、准时就寝的习惯，提高学生的生活自理能力、人际相容能力，培养形式的综合素质。

2. 训练内容——文明用餐，按时起居，准时守时，大会集散，内务管理，人际沟通，学会洗衣服、洗鞋子、洗袜子，料理自己的生活，排自行车训练。

3. 训练方法——① 学习《为人生奠基》中有关寄宿生生活的一系列规定和要求、强化。② 广播指挥学生的生活起居：早上根据钟声及时起床；夜自修结束以后要及时回宿舍，迅速做好各项洗漱工作，熄灯钟声响后要及时上床休息，不讲话、唱歌，不走动、看书，不吃东西，不打手电、不听随身听。③ 在教官、班主任和生活指导老师的指导下进行内务整理，每天由生活指导老师评比打分，成绩记入班级综训总成绩中。④ 观看叠被子的电视录像，在教官和生活指导老师的指导下学会叠被子，并在综训期间进行叠被子比赛。⑤ 每天由各班班长对高一年级的自行车排放进行检查评比，成绩纳入班级综训总成绩中。⑥ 文明用餐，综训期间全体学生采用拼桌用餐分食的办法，每桌固定人员，要在全体同学到齐以后，由桌长把饭、菜分给同学后再用餐，每位同学要根据自己的饭量大小盛饭，要把饭菜全部吃掉，并做好用餐后餐桌卫生工作；不打冲锋，不准浪费，文明用餐。

（七）阅读演讲课程

1. 训练目的——提高学生的口头表达能力、阅读理解能力、人际交往能力。

2. 训练内容——① 每位同学进行自我介绍。② 阅读《张家港高级中学学生必读书目》中有关名著，必读《假如给我三天光明》《相约星期一》。③ 围绕"班集体建设（班级公约、班干部竞选演说）""和谐的师生关系""做一个成功的高中生"等主题开展演讲比赛。

3. 训练方法——① 各班根据综训计划安排本班每位学生进行自我介绍。② 班主任、语文老师指导名著阅读。③ 在综训期间进行演讲比赛。

（八）学风学法课程

1. 训练目的——① 做好初高中的衔接工作：巩固初中学习内容，预习高中内容，了解高中学习要求。② 培养学习习惯、改进学习方法，尤其是自习的方法、预复习的方法、作业的方法，提前适应高中阶段的学习生活。

2. 训练内容——① 假期学习内容检测（语文、数学、英语、物理、化学）。② 预习高一新内容（如果新教材到位）。③ 高中学习方法指导、学习习惯训练。

2004 年 12 月 25 日《张家港日报》记者钱萍来校采访时摄

3. 时间安排——① 假期复习检测，每门安排一小时。由教学部和高一年管委负责命题、组织、阅卷、统计、分析等。②《学科学法指导纲要》学习：利用 9 个晚上，由各教研组长进行学法指导，每个晚上一门学科。③ 新教材内容预习：各科进行学法指导的同时，布置预习任务、规定预习内容。综训期间进行预习检测。

综合训练以品德教育和人格学习为重点，这也是受西点军校启发而确定的。西点军校是培养职业军人的，但自 1898 年西点军校把"职责、荣誉、国家"正式定为校训以来，西点军校特别重视对学员品德的培养。他们反复强调，西点仅仅培养领导人才是不够的，必须是"品德高尚"的领导人才。为此，学员从进校的第一天起，就被灌输西点的基本价值观，即正直诚实和尊敬他人的尊严。《学员荣誉准则》明确规定"学员不得撒谎、欺骗和行窃，也不得容忍他人有上述行为"。西点军校公关部主任詹姆斯·威利中校举例说，学员在撰写论文时，如果不在脚注中对一些被引用的观点和文字加以说明的话，一经查出，轻者要被严厉批评，重者则被勒令退学。至于尊敬他人，西点告诫每位学员，如果自己想得到别人的尊敬，就必须以同样的尊敬和尊严对待别人。西点军校能够如此重视人的培养，作为中小学基础教育，更应该把大写的"人"字写在学校的旗帜上。

十一、老师最大的本领是什么

我这里讲的教好每一个学生,不是教学论角度的学科教学,而是教育学意义上的人的培养。1999 年 8 月 5 日,我校接待日本松冈町少年访华团。按外事部门要求,我们在校门口敲锣打鼓列队欢迎客人。经过精心组织排练,夹道欢迎的学生穿着漂亮,手拿鲜花,队伍也极整齐。但是,当我陪着日本师生穿过一百多米长的大道时,总觉得我们的学生缺少了一样最重要的东西——不会笑。贵宾登门,本应有着节日般的喜悦;十三四岁的年龄,本该天真活泼满脸灿烂。然而他们的脸上都没有一点笑容。读着孩子们没有笑容的脸,我心里只有两个字:悲凉!

首先,教育要关注学生情感的发展、个性的形成和人格的成长。我校的学风是"学会学习,培育智慧,塑造人格。"我们希望张家港高级中学的每一位同学都能用高分去升大学,用智慧去成大才。我们提出,个性、特长、兴趣、爱好、人品人格是最重要的"学习成绩"。人不一定能使自己伟大,但一定可以使自己崇高。长期培养,严于律己,从一言一行一颦一笑一桩桩具体小事做起,我们的人格才能高尚,我们的校园才能美好,我们的社会才能更加理想和充满希望。

我们坚信,人格是用一笔一画写成的。于是我们要求学生要"学会走路",并提出了许许多多的"笔画"规矩。走路方面不良习惯和恶劣行为的背后隐藏着目无校规校纪、暴殄天物、不懂得尊重他人,不知道保护生活环境等等个人主义自私自利的思想品性,是没有教养没有素质的典型表现。

更重要的是学习行为中的人格修炼。比如虚伪是学习的最大敌人,因此,我们要求学生坚决不抄作业,考试绝对不能有任何作弊之心和作弊行为。我们告诉学生,如果坚持这样做了,你肯定能不断进步。更重要的是,你的人格就永远优秀和令人尊敬!

2004 年 10 月 14 日，中科院院士、著名物理学家何祚麻先生（中）
应邀来校讲学

其次，要教好每一个学生，还有一个很重要的前提，是激发学生的学习兴趣。激发学生的兴趣，就要千方百计在"草料里加点盐"。比如讲知识的来源、运用，知识的最新发展，知识的相互联系。比如用演示法、竞赛法、表演法，甚至游戏法去开展教学活动。让学生产生"我高兴，我乐于学习这门学科"的学习心理。

培养强烈的学习兴趣能提高学习效率。现在的教学是在大多数学生没有兴趣和乐趣的情况下进行的。在 1998 年 9 月举行的第十届国际信息学奥林匹克竞赛中，我省金陵中学的章准平、李中杰两位同学双双荣获金牌，被授予"国际中学生学科奥林匹克竞赛英才"称号。回顾自己的成长历程，章准平说："学习是苦是乐，其决定因素是兴趣。有人觉得学计算机很枯燥，而我可以在计算机前一连坐上几个小时也不累。我要是肚子饿，一上机就不感到饿了，要是有点头痛，一上机就不感到头痛了。"他的老师说，兴趣使章准平、李中杰极大地提高了学习效率。他们经常钻研到深夜。有时，坐在计算机前，凝神地想一个问题，常常不知不觉地进入一种忘我境界，无论别人怎样大声叫喊，他们都听不见。兴趣产生的勤奋，兴趣产生的效率，使这两个璀璨的计算机明星终于在国际信息学奥林匹克竞赛的王国里放射出耀眼的光彩。在学习的革命中，要把兴趣的培养，乐趣的研究放在突出位置上。须知，"当

学习充满乐趣时，才更为有效。"（《学习的革命》）

让学生带着一种高涨的、激动的情绪从事学习和思考，对教材和老师展示的知识内容感到惊奇甚至震惊，从而使他们感受到学习及获取知识的新鲜感、成功感、满足感和愉悦感。这样的教学过程，就是学习成功的过程，就是教育成功的标志。

教师的最大本领应该在于争取学生热爱你的学科。"哪个学校里有一位优秀的数学教师，数学就会成为学生最喜爱、最感兴趣的学科，就会在许多学生身上发现杰出的数学才能，如果学校里新来一位有天赋的生物教师，那么你等着瞧，两年之后就会出现 10 个禀赋高强的少年生物学家，他们爱上了植物，在学校园地上入迷地进行试验和研究。"（苏霍姆林斯基《给教师的建议》）假如各科老师的教学，能够汇合成一种激发学生兴趣、吸引学生精力、震撼学生心灵和思想的善意的竞赛，假如各科老师都善于点燃学生对自己学科无限热爱的生命火花，那么在这样的学校环境中，学生的学习成绩和智力发展就一定会出现可喜的理想局面。

激发兴趣不仅是教学成功的保证，还是真正的道德教育。若是学校的生活能使学生天天发生新兴趣，他自然不想做不道德的事了。"所以真正的道德教育在于使人对于正当的生活发生兴趣，在于养成对于所做的事发生兴趣的习惯。"（胡适）

再次，要教好学生，最重要的金科玉律是教育的爱心和老师的智慧。在教育学生的问题上，普天之下，老师们的口袋里都装着一个共同的信条，这就是"养不教，父之过，教不严，师之惰。"然而，现代教育理论和实践告诉我们，光靠严格严厉是教不好学生的，有教育智慧的老师，才能培养出有人生智慧的学生，在这种土壤里成长的师生关系才会枝繁叶茂。当代中国的基础教育总还不是那么令人满意。我们可以总结教育经费的巨大投入，可以肯定课程教材改革的伟大成就，可以宣传考试评价制度的进步和完善，更可以大力表扬许许多多的名校名师，然而，让人觉得失落和遗憾的是：我们的教育缺少教育智慧。

有教育智慧的老师知道要高度重视学习方法的培养，因为良好的学习方法才是教育赋予学生人生成功的金钥匙。

有教育智慧的老师知道要高度重视学习习惯的培养。教育就是帮助人养成良好的习惯，这才是我们带给学生享用不尽的人生财富。

在我校，我提出，帮助每一位学生用高分去升学，用智慧去成才。我认为，"少年强则国强"，听话不是强，高分不是强，具有人生智慧、具有健康人格的学生才是最强和最理想的下一代。

十二、沃尔玛的"三米微笑原则"

沃尔玛是 2002 年全美五百强之首，年销售额达 2465 亿美元。它的成功，靠的是传统的商业道德——薄利多销。它经销的大多是中国、越南、墨西哥制造的产品，甚至不少欧美名牌也挂着"中国制造"的标签出现在它的柜台货架，价格却比我国国内还低。除此以外，沃尔玛的企业文化也是它独霸世界的不二法宝，比如"三米微笑原则"，是员工要问候所见到的每一位顾客。沃尔玛提出顾客至上，服务至上，超越顾客期望。美国商界名言"零售业唯一的差别在于对待顾客的方式"，在沃尔玛运用得令人叫绝。

还有"大众阶层"的市场定位，天天平价，薄利多销。一站式服务尽提供齐全的商品。"保证满意"的退货政策。仓储式会员制，让利于顾客。还有沃尔玛欢呼——公司以沃尔玛（WAL－MARL）的每个字母开头编了一套口号，内容为鼓励员工时刻争取第一。每次会议每天开门营业前都要高呼这些口号，并配有动作，以振奋精神，鼓舞士气。还有日落原则——根据你追求卓越的理念，对当天的问题必须当天答复。

管理是相通的，何况教育本来也是服务性行业。

我校自建校开始，就推出了"服务家长，每月汇报"。"低进高出，高进特出"等社会承诺。翻开张家港高级中学学生的每一张考试试卷，你会发现我校学生的试卷和其他学校的试卷有所不同，每张试卷的背面都有一张《学习情况反馈评价表》，表格有三栏：一是学生的自我分析，对一个阶段以来自己在该学科的学习情况、主要收获、存在问题进行评价；二是学科老师评述，主要是该生对本学科的学习态度、学习方法和具体知识的缺失进行评议，并提出学生和家长的配合意见；三是家长建议，以此来加深家长对学生的了解，加强家校联系和合作。

为了服务家长、加强重点学生的教育管理工作，加强家校之间的合作，同时给犯有严重错误的学生以改正的机会，教育学生学会生活、学会学习、学会做人，严

为青年教师举办集体婚礼

格规范在校学生的学籍管理，使学籍真正对学生具有约束力，学校要家校双方协调、监督，搞好教育工作，签订《家校合作教育承诺书》。规定凡有下列情形之一的学生必须和学校签约：

1. 升入我校，但在初中犯有严重错误，品德等第为良以下（包括良）的学生。
2. 进入我校以后，犯有严重错误，处以留校察看处分的学生。

据了解，凡签订"家校合作教育家长承诺书"的学生均有不同程度的进步。

"每月汇报"也已形成制度并得到了家长们的肯定，我们还定期召开"亲子联合大会"和家长会。每届高一在新生入学报到的当天就召开"亲子联合大会"，学校全体行政领导上台亮相，我做了一个多小时的讲话，全面介绍我校各方面的情况，对全体家长和学生作出我校的承诺，并对家长和学生提出有关要求，为我校开学后德育工作的顺利开展奠定了良好的基础。除了亲子大会外，学校还多次召开家长会和分班家长会，通报学生学习情况，加强家校双方的沟通，虽然家长们工作繁忙，但都非常重视，加上学校组织到位，使得与会率非常高，以 2004 年秋期中考试后家长会为例，高一家长会到会率 97％，高二家长会到会率 95％，高三家长会到会率 96?郾 8％，有 8 个班的家长 100％到会。

另外，我校规定，凡没有通学条件的学生一律禁止校外租房居住或寄宿亲友家中。实践证明，这是十分有利于学生成才和学校管理，有利于减轻家庭负担的双赢的成功举措。我们相信，时空有限，而人的潜能无可限量，"细腻的感情，只有在集体中，只有在同周围人的不断的精神交流中才能培养出来。"我校严格控制学生乱消费，规定寄宿生不得去校外用餐，食堂饭卡（校园一卡通）的充值由班主任统一办理，并每周进行统计公布。控制消费的真正意义在于作风和精神的培养。

近年来，中国教育改革特别是多元化办学体制的改革，荡涤着学业依附人格依附等旧的学校人际关系。我们认为，现代师生关系从本质上讲应该是一种合作关系，是一种"战略伙伴"关系。因为，老师的成长进步离不开学生，老师正是在教育一届届学生、转化一个个差生的过程中提高了自己、成就了自己。再比如，我校进行了股份制办学体制改革实验，学生和家长作为投资消费者的角色出现在学校，我们希望老师把家长看作"顾客"，把学生看作"上帝"，提出，要把每一个学生都看作是我唯一的"顾客"、最后一位"顾客"。有了这样的认识，老师不能不善待自己的学生。

什么是教育？向来见仁见智，众说纷纭，莫衷一是。

我认为，教育是一种精神服务，也是一种特殊的服务性事业。因为教育是人的培养甚至可以说是人的"生产"，故曰"特殊"。因为是一种投资消费，投资方（无论是国家、集体还是个人）和消费者（学生和家长）就构成了服务和被服务的关系。教育需要社会和它的全体公民一起投入、一起努力追求，因此，是一种永恒的事业。基于如此认识，我向老师们提出如下呼吁和要求。

——管理贵在发现。就如每天的太阳都会带来一个崭新的日子一样，一个教育工作者只要用心去发现，他的生活就会充满阳光、充满生机、充满创造的乐趣。发现会带来主动，发现会带来效果。寄宿制高中，寄宿制老师，师生朝夕相处，学生生活上、学习上和思想上的任何一点许小变化，我们的老师都会在第一时间第一现场获得发现捕捉和教育处理的时机。

——服务贵在沟通。沟通是人的心理需求，沟通是教育的起点，也是一种方式和一种艺术。我们号召每一位教工要先做学生的朋友，后做学生的老师。我们要求班主任老师给每一个同学印发名片，要求每一个老师为每一个学生建立学习档案等等，希望能在师生之间架设沟通的桥梁，也为每一个同学的成功铸造"学会沟通"这把人生的"金钥匙"。

——教育贵在真诚。学生的需要是教育服务的范围，学生的满意是教育服务的标准，学生的成功是教育服务的目标。君子之交淡如水，师生之交淡如水，只要真诚地对待每一个学生，这杯水就会永远清纯甘甜。

——事业贵在奉献。奉献是教师职业的基本内涵，是对每一位教师的基本要求，奉献会使每一位教师充满智慧的美德和高尚的人格。当然，天道酬勤，付出总有回报。然而为名为利心术不正者永远成不了气候也成就不了大业。我们提出，优厚的工资待遇也许只能换来优秀的劳动力，先进的制度能够激发教师的创造性劳动，而惟有乐于奉献的良好校园文化环境才是培养教育家的沃土。

——品牌贵在规范。这只要想想商店、宾馆、医院、银行、航空、军队等行业的经营和管理情况，我们就能理解规范之于教育之于品牌的意义了。为什么全世界的航空小姐都笑得如此灿烂，为什么全世界的肯德基、麦当劳都如此可口诱人，为什么全世界的军队都有非同一般的纪律和力量，这一切的一切都诞生在"规范"两个字。

另外，要依靠学生就要虚心地听取学生意见，甚至接受学生的批评。工商服务行业打造品牌的口号往往是"人无笑脸休开店""您——永远正确""这是我唯一的顾客"（能得罪吗？）等。教师也要有这种博大胸怀，要允许学生提意见发牢骚。学校开座谈会、搞问卷调查，有些老师往往反感，认为是学校对老师不放心不尊重。要知道，从管理学角度说，学生能提意见发牢骚是好事，并且要引导他们从低级牢骚发展到高级超级牢骚。按照马斯洛的动机理论，低级牢骚是抱怨吃不饱穿不暖等基本需要得不到满足。高级牢骚是个人的尊严威信自信受到了威胁。超级牢骚是抱怨美德得不到报偿，正义得不到伸张。超级牢骚体现了发牢骚人的生活和思想的高度，是一个人成熟有良知有责任感的表现，更说明社会生活的宽松自由。

有了这种认识，教师就能弯下腰来甚至蹲下身子看学生，就能千方百计留住每一个学生，教好每一个学生，就能为学生提供"责任以外"的服务。

十三、为人生奠基

陶行知是我最敬仰的教育家。我觉得，他的许多论述至今读来仍十分亲切。比如"中国就坏在虚伪的教育培养了虚伪的学生。""宁为真白丁，不做假秀才"。"第一流的教授具有两种要素。第一，有真知灼见。第二，肯说真话，敢驳假话，不说谎话。"正是在陶行知、苏霍姆林斯基等大师的影响之下，在许许多多普通教师的熏陶之下，我逐渐形成了自己追求真理的科学情怀，形成了批判应试假教育狠抓素质真教育的坚定信念。记得 1997 年学校开展素质教育大讨论时，学校电教中心主任俞仁楷老师的一句话给了我深深的触动和启发："不顾学生死活，一味抓分数，是世界观有问题的表现，是对国家民族不负责任的缺德的表现！"

有的老师说，"当前，教育上的形式主义实在太多了。假的东西一天不除，真正的素质教育就难以落实。问题在于，最喜欢应试教学和形式主义的不是我们老师而是行政部门的领导。"有的老师说，"你们校长嘴上喊正常教学秩序，减轻学生负担，其实呢，看见老师加班加点心里才高兴呢？"有的老师说，"关键是看校长能不能动真格的，敢不敢真正以法治校，以法治教，从严治校，实干兴校！"

英国哲学家洛克有这样一段精彩论述："教育上的错误比别的错误更不可轻犯。它正和配错了药一样，第一次弄错了，决不能借第二第三次去补救，它们的影响是终生洗刷不掉的。"反思我们今天的学校教育，这种"配错了药"的现象比比皆是。其突出的症状便是形式主义的"假教育"盛行。一个真正的校长，首先应该是一个敢讲真话能办实事，富有社会责任心的"真公民"。哈佛大学校徽的意思是真理，校训是"与亚里士多德为友，与柏拉图为友，但更重要的是与真理为友。""千教万教，教人求真；千学万学，学做真人。"这不仅是对学生说的，也是对教师对校长乃至是对每一个有良心的公民讲的。

教育改革必须从教育打假开始。"教育的失败正因为我们今日还不曾真正有教育。"（胡适）要办真正的教育，培养全面发展的真正的人，就必须扫除表面文章、形式主义、虚伪造假、急功近利等假教育和伪教育的拦路虎。

据说，有一天，德国一位督学驾车去某校督导。半路上汽车坏了，他怎么也修不好。正在十分焦急的时候，一位中学生背着书包跑过来。了解了情况后，这位中学生主动热情地帮他修车。一会儿，故障得到排除。看着中学生修好车后往学校的相反方向走去，督学便问他为什么不去上学。这位学生回答说：今天，学校里有督学来检查工作，我是差生，老师让我回去躲避一天……我们的情况也许更为糟糕。想当年，我们曾经有过亩产几十万斤的世纪谎言人类昏话。看今朝，不仅有假烟、假酒、假广告和有毒大米这等史无前例触目惊心的事情，教育上假培训真收费，假文件乱收费，假材料假课表，假秩序，假分数，假高考，假文章，假文凭，假职称等等，应有尽有不一而足，神圣的校园再也不那么令人尊敬向往了。请看一位老师给我的信——

"我现在之所以想弃××投至您的门下，并非×××××学校冷落我，而是我不想让自己的教学业务能力下滑。×××学校的教研之风很低迷，每个教师都怀着'过客''驿站'心理，学校'骗'家长，'瞒'家长；教师也只好做表面文章应付学校，这种短期行为，急功近利的做法，恐怕是所有私立学校老师都要违心去做的，我只是一个语文教研组长，真想扭转此风，但心有余而力不足。"读此，你有何感想呢？

我相信教育上最有生命力的是实事求是的办学作风。

于是，我们加强以人格教育为核心的德育工作，强化行为管理，建设诗化环境，丰富校园生活，让学生接受潜移默化的熏陶影响。我们下定决心，在硬件装备上一步到位，用高技术支持高投入的自主学习，用一流装备培育一流现代中国人。我们承诺，办学校要从办好食堂开始。我们立足长远，努力把学校办成学习的团体，创造条件组织老师阅读教育名著，并且与名校交流和大师对话。让每一位老师都能和学生一起成长一起进步一起成功，这是我们办学的理想和追求。我们坚持搞德育、体育艺术方面的特色办学，因为我们坚信——成功的路只有一条，这就是与众不同！

我们制订了学生校规《为人生奠基》。

1. 严禁考试作弊。

2. 严禁去营业性歌厅、舞厅、游戏机厅（房）、网吧等场所消费。

3. 严禁抽烟、喝酒、打架、敲诈、偷盗、赌博，破坏公物。

4. 严禁使用手机呼机。

5. 严禁男女生非正常交往，与社会青年交往，私自向他人借钱借物。未经允许不得将校外人员带进学校。

6. 必须勤俭节约，不穿名牌服装鞋子，不使用名牌自行车或其他名牌生活学习用品。没有家长陪同不得进营业性餐厅茶座咖啡屋消费。

7. 必须遵守交通规则，不得骑车带人、撑伞骑车、闯红灯、乱停自行车等。校园内自行车必须推行。

8. 必须遵守学校纪律，不迟到、不早退、不旷课，正常教学活动期间离开学校走出校门须经班主任同意，尊重和服从门卫警务人员管理。不乱扔纸屑垃圾，不走"斜路"踩草坪。

9. 必须遵守宿舍制度，不得私自在校外住宿，准时就寝和起床。熄灯后不串门，不讲话。不使用明火及各种电器。自己的衣服自己洗，自己的事情自己做。

10. 必须穿戴整洁、朴素大方。头发干净整齐。不得烫发、染发、染指甲、化妆和佩戴首饰挂件。男生不得留长发剃光头，女生不穿高跟鞋。

11. 必须用好一日三餐，遵守就餐纪律，排队买饭，不以任何借口走到队伍前面；零食、饮料等不得带进教学区。

12. 倡导每天阅读、写日记和参加体育运动。不看不健康的影视、报刊、杂志。

13. 倡导尊敬师长，校园内遇人须点头、微笑、问好。与人交谈用普通话且文明用语。

我们认为，校规上的这些内容是基本的道德底线和做人准则，是精神修炼也是行为规范，是学校的校风宣言也是管理的法规和依据。同时，为加强正面宣传教育，我们开展"学会学习，学会做人，学会生活"校风系列讲话活动，由学校领导撰写校风系列讲座稿件，印发全校学生每周一读，并做好摘抄交流等工作。《永恒的筵席》《在大海上航行，没有不带伤的船》《让每一句话都有结果》《生活在书籍的世界里》《太阳升起的时候，你就要奔跑》《作弊的代价》《考试前的忠告》《感谢体育》《人格是用一笔一画写成的》《点燃兴趣的火花》《自己拯救自己》《学校能给你什么》《让美德照亮每一个晨昏》……我们期盼每一次讲话、每一篇文章都能在学生心里播下一点生活的阳光或人生的希望。

在我心中，校园应该是最干净、最优美的地方，起码一天 24 小时，一年 360 天，应该没有一片纸屑一块痰迹；校园应该是最讲文明、秩序最好的地方，任何时候都不应该有买饭插队或践踏草坪等现象，如果校园的里里外外满眼都是禁止警示类话语，恰恰说明我们师生的素质亟待提高；校园应该是最讲真诚信誉的地方，任何时候任何场合，每一个师生都不会因为任何借口而说假话做假事。哪一个老师能够做到任何时候没有一个学生作弊，哪一个校长能够做到没有一个师生说谎，那么这样的老师和校长就是真正的教育家。也许，在现在的中国，这种假设只能是教育的乌托邦，然而，我们不应该放弃努力和追求。在工作困难或遭遇挫折的时候，我常常会想起这样一句话："全世界的黑暗也罩掩不住一支蜡烛的光辉。"

十四、影视欣赏课：精神的盛宴

据报载，一些教育专家在最近召开的一个研讨会上，呼吁影视欣赏要纳入中学教学课程，并已初步起草电影课程大纲，2005 年底交教育部审定。但我们张家港高级中学早在两年前就已先行一步，在高中三个年级开设了影视欣赏课程，并把它作为校本课程来实践研究。

学校是有组织、有计划地进行教育的机构。从生态学的观点看，校园还是一个独立的生态系统，它有着自己的结构与功能。校园生态系统是开放系统，不断地与外界交换着物质能量和信息，从而使自己保持一种动态的平衡，发挥着自己的效能。我们很注重这个生态系统的构建，一方面注重校园物质系统的构建，让学校各种物化的东西都能体现学校的个性和精神，"努力使学校的墙壁也讲话"，使校园的物态建设呈现"桃李不言"的特点，让校园物质环境成为一位沉默而有风范的老师，起着无声胜有声的教育作用；另一方面更为关注的是校园精神系统的建设，我们认为，学校不仅仅是传授知识、技能的地方，更是情感交流、心灵沟通、生命对话的家园；学校生活是学生生命历程的重要构成，而不仅仅是学习过程的重要构成；学生也不只是认知体，还是个完整的生命体，他们有着丰富敏感的内心世界，有着生理的、心理的、社会的、行为的、认知的、价值的、信仰的等各方面的需要。因此，教学也应是体验生命价值的活动，是展现自由精神的舞台，只有在这样的教育氛围中，学生才能将知识转化为智慧，使文明积淀成人格，获得对人生价值的感悟，获得人文精神。

　　尽管我反对学生多看电视和沉迷电视，不过我当然知道，在人类文化的历史上，电视功不可没。自从美国的兹沃尔金在 1924 年发明传送器和接收器开始，电视便使原本灰暗闭塞的世界变得透明和亲近了。变拒绝为"拿来"，我们把影视欣赏作为学校的校本课程之一。每次周末就是学生盛大的节日，一方面请市影剧院放映经典影片，组织同学们观看。更多的影片是由学校网络中心组织在我校学术报告厅放映的。我校的学术报告厅是领导、专家展示才华的舞台，但这里有现代化的音响装备和舒适幽雅的环境，也是学生放松身心、点燃兴趣、汲取精神营养的家园，这里每周一次的精神大餐在等待着他们。

　　学生们都深刻地记得，在外面很多影剧院甚至电视里也难以遇到的经典优秀影片，他们却在学校的精心安排下一饱眼福了。如荣获近一届电影金鸡奖最佳影片《美丽的大脚》《冲出亚马逊》《一个都不能少》。他们从《冲出亚马逊》中读出了国家的尊严，读懂了什么叫吃苦、坚韧；从《一个都不能少》中明白了伟大的父爱，而艺术班的同学则向主人公学习，点燃了自己对艺术的执着；《美丽人生》这部戛纳评审团一致推崇，在评选时全场起立鼓掌 12 分钟，最终又摘取奥斯卡三项大奖的影片，好多学生看了热泪满面，他们明白了什么是含泪的笑，什么是含笑的泪。类似的奥斯卡获奖影片还有《垂直极限》，这是一部充满激情的灾难动作片，讲述了人类以意志与勇气挑战大自然极限的故事，学生从中也得到了一种生命的体验。另外，他们也从《春风化雨》中美国小镇上卧病在床的达夫小姐的一幕幕回忆中感受到了母亲型女老师感人形象。中国功夫加上东方式幽默的《尖峰时刻》，英雄主义赞歌《烈火金刚》和与罪恶做斗争的《疾走潜龙》，史诗巨片《最后的摩根战士》，激发科学兴趣的《克隆人的进攻》等一系列大片构成了一条经典影视长廊，学生徜徉陶醉其中乐而忘返，这些影片又像一道道精神大餐，他们沉醉体验嚼出人生的不同滋味，他们从英雄人物身上提取自身动力的精神元素，内化成自己的营养，每周一次的饕餮大餐是一次身心的享受！

　　下面是几年来我校放映的影视作品主要目录。

日　期	影碟片名称	播放单位
2002.5.12	巴黎圣母院	大众影剧院
2002.5.12	百万英镑	大众影剧院
2002.5.12	美丽人生	本校网络中心
2002.5.25	与狼共舞	本校网络中心
2002.8.12	巴黎圣母院	大众影剧院
2002.9.1	茶馆	本校网络中心
2002.9.14	阿 Q 正传	本校网络中心
2002.9.14	一个都不能少	大众影剧院
2002.10.13	情书	本校网络中心
2002.11.16	冲出亚马逊	本校网络中心
2002.11.17	冲出亚马逊	本校网络中心
2002.11.17	黄河绝恋	大众影剧院
2002.12.7	最后的摩根战士	本校网络中心
2002.12.21	疾走潜龙	本校网络中心
2002.12.22	国际大营救	大众影剧院
2003.1.18	英雄	大众影剧院
2003.1.24	春风化雨	本校网络中心
2003.2.22	一个独生女的故事	大众影剧院
2003.2.22	祝福	本校网络中心
2003.3.22	垂直极限	本校网络中心
2003.3.8	天地大冲撞	大众影剧院
2003.3.8	罗密欧与朱丽叶	本校网络中心
2003.4.5	尖峰时刻	大众影剧院
2003.5.18	越战忠魂	本校网络中心
2003.5.24	烈火金刚（上）	本校网管中心
2003.5.31	烈火金刚（下）	本校网管中心
2003.5.4	雷霆救兵	本校网络中心

续表

日　　期	影碟片名称	播放单位
2003.6.14	克隆人的进攻	本校网管中心
2003.8.12	冲出亚马逊	本校网络中心
2003.8.16	茜茜公主	本校网络中心
2003.9.13	皇后的命运	本校网络中心
2003.9.13	紫蝴蝶	大众影剧院
2003.9.20	变脸	本校网络中心
2003.9.28	UF517——风暴	本校网络中心
2003.10.6	年轻的皇后	本校网络中心
2003.10.11	完全失控	本校网络中心
2003.10.11	完全失控	本校网络中心
2003.10.25	天地英雄	本校网络中心
2003.11.08	天地英雄	本校网络中心
2003.10.30	兄弟连	本校网络中心
2003.11.22	黑客帝国	本校网络中心
2003.12.06	暖春	本校网络中心
2003.12.20	极度危机	本校网络中心
2003.12.27	我和爸爸	本校网络中心
2004.9.4	法官妈妈	电影院
2004.9.15	冲出亚马逊	网管中心
2004.9.25	暖春	网管中心
2004.10.9	新警察故事	网管中心
2004.10.23	蜘蛛侠2	网管中心
2004.11.6	新都大战	网管中心
2004.11.27	爱国者	网管中心
2004.12.15	托起明天的梦	南通残疾人艺术团
2005.1.8	天下无贼	网管中心
2005.1.18	张家港市中学生文艺汇演	电影院

续表

日　　期	影碟片名称	播放单位
2005.2.1	功夫	网管中心
2005.2.27	憨豆先生	网管中心
2005.3.13	万里寻母记	电影院
2005.3.27	遥远的桥	网管中心
2005.4.10	兵临城下	网管中心
2005.4.17	紧急迫降	网管中心
2005.5.14	张思德	电影院

这些优秀影片是调动学校学生部、语文组和网络中心的力量精心选择的，从内容上讲具有经典性、教育性、艺术性和趣味性；有时还有些结合教材教学的影片，如《茶馆》《百万英镑》《阿Q正传》《祝福》《罗密欧与朱丽叶》等。观看通常是在课外活动时间，但并不是学生看过电影影视欣赏课程就完成了，课外观看影片只是影视欣赏的感知阶段，语文老师还会组织有能力有兴趣的学生写影评、观后感，并在课内进行交流。对于一些艺术性较高的影片，如获第21届奥斯卡映画展——日本最佳映画第一名、最佳作品、最佳摄影的日本青春偶像片《情书》，语文老师跑图书馆、上网钻研资料先自我学习再给同学们上影视鉴赏课。通过遴选—感知—感悟—鉴赏这一流程，架通课内课外的桥梁，调动师生共同参与，这样才完成影视欣赏的整个过程。

影视是种综合艺术，它以线条、音响、旋律、动作等有色有质的感性材料为艺术媒介，更具有直观、生动、形象的特点，能直接切入学生的感知层，有利于精神和艺术的熏陶渐染。同时影视阅读也由原来单一的文本阅读教学走向网络时代的视听阅读教学，构建了语文教学多维的艺术空间。影视欣赏课程既是我校的校本课程，也是我们的综合课程，它是课堂教学延伸拓展，与课堂教学相辅相成，它能激发兴趣，开阔视野，培养学生的认知、交往和审美能力，这道校园精神系统的风景线，对于培养具有综合素养的人起着不可替代的作用。

十五、校本教材：校园中不可或缺的爱

　　卢梭在《论人类不平等的起源和基础》一文中说："我觉得人类的各种知识中，最有用又最不完备的就是关于'人'的知识。"也许，拿这句话来评判当今我国的基础教育，是再恰当不过了。理想的学校教育，应当有关于"人"的知识和"人"的关怀。而且这种知识和关怀的最好源泉便是生活。于是和学校生活一起发生的校本教材的种子便在我校落地生根，并随着学校发展的日月轮换和雨露滋润，逐渐枝繁叶茂，蔚为亮丽风景。

（一）《为了学生》：把校内的故事写给校外的人看

　　该刊系学校校刊，原名为《一中简报》，张家港高级中学新校落成后更名为《为了学生》。取名"为了学生"，一则表示我们的办学思想与办学目标——以人为本，文化关怀，让每一个学生的每天都有新的进步，为民族的强健培育强健的现代中国人；二是表明刊物宗旨——本着一切为了学生的原则，"把校内的故事写给校外的人看，把校外的声音传给校内的人听"，使刊物真正成为全体师生的形象写照，教育教学的成果展览、家校合作的思想纽带以及教育社会化的载体和媒介。

　　从"爱心育人"到"文化关怀"，从《一中简报》到《为了学生》，我们的一切工作都是为了学生的进步，我们的一切努力都是为了家长满意，为了把学校真正办成现代化高质量有特色的一流名校，真正办成充满爱心和睦融洽的育人大家庭。

（二）学生最喜欢的《大语文阅读》

　　《大语文阅读》的编辑，从开始到现在，已出了八期。每一期上，作为主编的我最后都有一篇鼓励学生阅读的文章。第一期：《有书的冬天不怕冷》，第二期：《阅读是一种旅行》，第三期：《阅读可以拯救自己》……阅读的诗意从这些题目就能体会出一二了。翻开来，书香更是扑面而来，既能看到《张家港高级中学学生必读书目》中指定的必读书的精彩片段选辑，也有时文佳作、文坛精品，周国平的《读圣经札记》《哲学与精神生活》；余华的《许三观卖血记》；莫言的《冰雪美人》；余杰的《你的生命被照亮》；三浦哲郎的《鸟寄》；杰克·伦敦的《热爱生命》以及《直面"非典"》《瘟疫警告人类》，一位复旦大学一年级学生写的《花开不败》等都让学生爱不释手。

这本期刊的文章是由语文组所有老师从图书馆中的古今名著、名篇中遴选的精品佳作，作为课堂上语文教材的补充。在授课、备课之余，语文组的全体教师投入到编辑《大语文阅读》的工作中，一个个成了"马二先生"。要以不同于常人的眼光，为学生选出佳作，首先就要求教师有大量的阅读。于是老师们走进图书馆，从大量的书籍中精心选取适合学生的、为他们所喜欢的文章进行摘录、编辑。老师们分工合作。全组 20 多名老师，分为小说组、散文组、诗歌组。此外，部分老师则又以自己的特长进行分工，譬如，陈凤娟、张善余老师负责散文，李元洪、严志军负责小说，我负责纪实性的作品，语文特级教师蔡明负责精短时文，魏建宽老师是哲学家周国平的弟子，那么他理所当然地负责周国平的哲思散文的编选……

每一期的最后，都附有一张读者问卷调查表，几次调查，有一种意见出奇地一致，学生们几乎是异口同声地高喊："《大语文阅读》太薄了！这如何能体现'大'？我们强烈要求增加厚度！"

（三）《新作文月报》：小报当为大世界

每月和《大语文阅读》一起放在学生书桌上的还有《新作文月报》。这份对开四版的小报，由副校长、语文特级教师蔡明先生主编，除略有学校综合新闻的报道以外，全部刊登本校学生的优秀作文。让学校的"东方文学社"有一个自己的阵地，让全校学生有一个发表作品的园地，让全体师生有一个精神交流的家园，这些便是创办《新作文月报》的全部意义。

2002 年 11 月创办以来，《新作文月报》已成了我校语文教学的一个耀眼的窗口。学生的进步，老师的探索，学校的变化，小报已为大世界。依托这份报纸，学校的语文教改特别是作文教学有了一个长足的发展。三年来，有近百名学生在全国

"圣陶杯"作文大赛中获得一、二等奖的殊获，有多名学生获省市高中生现场作文大赛一、二等奖的佳绩。三年来全校学生在报刊上正式发表文章已达 200 余篇。《新作文月报》上刊发的一些佳作先后被《成才导报》《少年美文》等国内有影响的报刊转载。在全校语文教师和 2 320 名学子的倾心打造下，《新作文月报》已逐渐成为全国较有影响的校园文学社报。

（四）好评多多的《语文沙龙》

"张家港市语文沙龙"，三个名词连在一起，便诞生了一个新的名词的实体。1999 年 11 月 3 日，星期六下午，大家相聚在张家港市第一中学。带来了热情带来了追求，也带来了依稀憧憬和忐忑不安的心情。以文会友，以书交友。政府组织，学科活动。重在参与，美在过程。我们感谢市教委对语文和语文教师的青睐，从教委主任董华、分管副主任李宏平，到具体操办执行的有关领导，都对此举倾注了很大热情，发文件，拨经费，给我们鼓励支持。我们深知，机遇和挑战并存，困难和希望同在，惟有行动才是最好的表态和回答。我们重点商量的是，"沙龙"是舶来品名词，能不能从母语中找一个贴切的词语命名呢。大家颇费了一番心神。"名师指导小组""语文研修班""语文名师协会""语文文学社"，一个个都被否定了，因为总觉得这些名字或过分庄重严肃或流于世俗平庸。于是，最终还是"洋为中用"地定名为"沙龙"。大家感觉，只有这两个字于我们这七个人的组织形式和活动方式最为"贴身"合适。而且，用这个名称很有些宽松活泼搞学术做学问的风度。

组织名称既定，接下来便是为刊物起名。又是一个个灵感火花的撞击。七嘴八舌集思广益，挑来挑去的结果是有了现在的刊名和几个栏目的名称。刊名《语文沙龙》从组织名称而来。

区别于为教学技术主义和功利主义服务的刊物，《语文沙龙》立足时代社会看语文，立足人的发展看语文，以大语文、大教育、大文化为办刊方向和追求，是一种观念的交流和思想的"盛宴"。"一颗善良的心就是一席永恒的筵席"，一本追求真善美的真正的刊物也应该是"一席永恒的筵席"。

令人欣慰的是，我们的工作得到了许多读者的充分肯定和热情鼓励。

苏州市副市长朱永新教授在多次的讲话和报告中赞扬《语文沙龙》。他说，"最近，苏州语文教学界出现了一些让我非常感动的事。一是在张家港成立了以特级教师高万祥为首一群年轻的语文教师为主体的'语文沙龙'，并出版了品位很高的同名刊物……"

"在商品经济大潮冲击的社会，张家港一批年轻的同志关心语文、关心教育，进行文化的交流和思想的碰撞，办出了反映自己思想的杂志，而且新鲜深刻，不像一般的杂志那样四平八稳，了不起。一份刊物，读后没有一种崇敬的感情油然而生，这样的刊物是没有忠实的读者的。"

"他们把《语文沙龙》作为一种文化事业来做。这份杂志本身就是张家港市文明程度发展到一定阶段的产物。刊物宗旨应该是文化辐射和思想交流，不要急功近利。教育特别是语文教育功利性太强是最忌讳的。要淡化阶段性目标，一个高品位的名师都要有一种胸怀，相信最终会实现目标。刊物也如此，不管怎样，我不希望《语文沙龙》的'味道'发生变化。在众多的文学和语文刊物里，这是我读得最认真的唯一的一本。"

听着如此智者之言，会场静极。比会场更静的是听众的内心世界。钱钟书云，"寂静并非是声响全无……寂静能使人听见平常所听不到的声息，使道德家听见良心的微语，使诗人们听见了暮色移动的潜息或青草萌芽的幽响。"思想的声音，良心的微语，还有"潜息"和"幽响"，使会场更加寂静。而于我们，"这种寂静像怀着胎，充满了未发出声音的隐动。"（钱钟书《写在人生边上》）

自 1999 年 12 月创刊以来，《语文沙龙》得到了许多领导、专家的支持和爱护，杨九俊先生就是其中的一位。他 37 岁就成为江苏语文特级教师，尔后从政，官至省教育厅基础教育处处长而不失书生本色。作为专家型领导，此时此刻，他的这一番讲话无疑给人鼓励，令人振奋，还有震撼。

《江苏教育研究》副主编金连平说，"非常羡慕《语文沙龙》自由探索的精神和氛围，探索的空间大而且可以只问耕耘不问收获。也非常羡慕刊物的作者、编委和导师队伍如此豪华，作为同人刊物比我们正规报刊拥有更多的自由和活力。"

拥有上百万读者的《初中生世界》主编王写之先生说，"《语文沙龙》的精神和追求令人钦佩，值得我们搞专业刊物的人员学习反思。要保持思想自由犀利的特点，坚持离经不叛道的办刊风格。这本刊物的文章我几乎篇篇都读。"

（五）《新教育财富》和《新生活财富》

我校有一本独具匠心的科研刊物：从一面看，封面是《新教育财富》，在醒目的位置写着一句让人振奋的话——做中国最好的老师；从另一面看，封面是《新生活财富》，在显眼的位置，也写有一句话——用生活的力量改造生活。《新教育财富》主要发表教师写的教育教学故事、随笔以及论文等，《新生活财富》主要刊载学生的生活小故事以及抒写性灵的短文小品。

可以这样说，**这本合二为一的《新财富》，是一本张家港高级中学人书写自己的书。**在我们的校园，在我们的班级，在我们的办公室，在我们的身边，每天都发生着精彩的故事，金矿银矿就在我们的教室，教育教学的财富就在我们的身边。我们的老师在教书育人和演绎人生，我们的学生在书写着人生的历史，我们的师生都在合创着教育史诗。

这本《新财富》是一本张家港高级中学人自觉修炼、自我提升的书。张家港高级中学人的口号是"做中国最好的教师"。我们认为，最好的教师应该是最受学生欢迎的老师，最能出成绩的老师，同时也是最能演讲、最爱读书、最能写作的老师。读书、写作是自我修炼和自我提高的最为有效的手段。

这本《新财富》是一本张家港高级中学人实践新理念、创造新财富的书。新时代的教育必须有新理念，新理念不能只是书斋里艳丽的花，它必须扎根在实践的沃土中。张家港高级中学人正在实践着教育新理念，同时也在创造着新教育财富。这本《新财富》正是张家港高级中学人实践和创造的记录。翻开目录，你就能感到一股"新"的气息扑面而来。《幸福不怕重复》《爱，也是一种伤害》《充满自信的日子最灿烂》《请把你的微笑留下》《我们是学校的名片》《特别的爱给特别的你》《我的爱心不打折》……

美国有一家著名的杂志《财富》，它每年要评选出世界500家最大的企业，其排行榜有较高的权威性。《财富》杂志利用其影响力举办了一系列的财经论坛，如《财富》500强论坛（首席执行官）、《财富》首席金融官论坛等。1995年起，《财富》杂志又创办了"《财富》全球论坛"，每年在世界上选一个具有吸引力的"热门"地点举行一次，邀请全球跨国公司的董事长、总裁、首席执行官及世界知名的政治家和学者参加，共同探讨全球商界所面临的问题。企业创造的是财富，但企业创造财富依靠的是人才；教育培养的正是创造未来财富的人才，今天的教育就是明天的经济，后天的财富。

《新教育财富》，展示学校的办学财富；《新生活财富》，创造学校和国家的未来财富！

另外，解读校园文化且图文并茂正式出版的书籍《好望角》，汇编学校制度和优秀学生事迹的读本《为人生奠基》，都作为校本教材，为学生及时传递着不可或缺的校园之爱。我有一个祈望，10 年 20 年后，我们的学生也许会把中学时代的许多东西都遗忘，但永远不能忘怀的是高中时的校本课程；也许会把中学时代的许多书籍都遗弃，但永远不愿离身的是中学时代的校本教材。

十六、为新世纪语文进言

（一）让思想冲破牢笼

人文特性决定了语文教育不能迷信计算机般的科学和准确。语文教育无论是教学内容还是教育方式，都应该是一种诗一般的艺术，应该是一门最具创造活力的基础性人文学科。陶行知的生活教育原则是语文教改的准则和方向。解放学生的大脑，解放学生的双手，解放学生的两眼，打破神的膜拜，打破"经"的束缚，才能打开局面，形成"解放区的天是明朗的天"一般的语文理想境界。

要解放学生思想，培养创新意识和创新精神，首先必须冲破标准答案的"牢笼"。每篇课文都是作者个性、才华、情感和思想的结晶，都有着鲜明的个性特色。我们用不着花费全部时间把一本教材嚼烂。不能用分析的手术刀把一篇篇文章肢解了，切碎了。更不能死死抱住教学大纲的要求，教科书的内容，教参中的答案，不敢越雷池一步。教材不是教条，标准不是"套子"，我们追求的是语文教育人文底蕴的积淀，我们期盼的是学生创新思维火花的迸发，我们谱写的是思想冲破牢笼的教育诗篇。给课文分段并写出段意是语文课常见的要求，但不一定是老师统一的答案；

中心思想要归纳，要训练，但这不是语文课的主要任务，更不是将划一的中心背下来，把学生"教"死。因此，对不同的文章，允许不同层次的学生有不同的感悟和见解。

要解放学生思想，培养创新意识和创新精神，还必须冲破教师权威的"牢笼"。要鼓励学生大胆发言，正视现实，干预生活，敢说真话，勇于批判，需要良好的新型师生关系，更需要师生双方的热情和勇气。请看，在教师节那天的作文课上，一位同学没写为教师歌功颂德的文章，而是写出了如泣如诉的批判性佳作——

　　我被叫到办公室，您就一下子像火山爆发一样地说开了，"平时呆板板的像一杯温吞水！学习又不认真，心思花在哪儿？这种分数上普高也难！等着上职高吧！脑子里塞满了棉花团……"我哪经得起这样的屈辱，只觉得天昏地暗。妈妈不忍再看下去，对我说："你走吧，去上课。"可你还不放过我，凶巴巴地问我："以后要不要认真些！我无知觉地点了点头。"你不会讲话吗?!"我从嘴里挤出一个"要"，"大声点"！"要!!"我用尽生平力气大喊。我走出办公室时，脚已全无力气，但后面还在大嚷"走快点！死人！"……

　　回到教室，同学们用异样的目光打量着我，当我伏在桌上哽咽着流泪时，英语老师又在我耳边吼道："成绩不好哭什么死人"？"天哪！这是什么世界?!!"

　　当时我已有了死的念头，我用一把小刀在手腕上划了一道血痕，看到流出的鲜血，好怕！我不想死！好几夜我都被噩梦惊醒，我是孤孤单单一个人！

　　如今我进新的学校已待了一年多了。在我心中，如果那儿的老师是魔鬼，这儿的老师便是天使。老师和老师怎么会有那么大的差别，一个引我走向灭亡，一个引我进入"天堂"。但至今我对老师仍有一种恐惧感，夜里想到你我就又像回到了从前；想到那一幕幕的情景，泪水还是会流下来；无论现在的老师对我多好，我还是怕。

　　能说这不是献给教师节的最好"礼物"吗？能说这不是思想冲破牢笼的呐喊之声吗？开明的老师一定能为自己培养出了值得自己崇拜的学生而兴奋不已，激动万分。

　　冲破社会套子和思维定势也是开掘创新之江河的源头活水。碰到提问，学生头脑里的第一反应就是不知老师要求我希望我怎样回答。我就鼓励学生，你怎么想的就怎么说，你自己应该赏识自己相信自己：我讲的就是惟一正确的答案。拿到一个作文题，学生愁眉苦脸，苦思冥想，绞尽脑汁去构思去规划该如何开头如何立论如何结构行文。我大声呼吁：同学们，不要怕，不要愁，想怎么写就怎么写；没有固定模式，一百个同学就有一百种写法！

冲破思想的牢笼，才能"找回失落的自我"，找回"失落的自由个性和人格尊严。"个性的充分发展，创新思维和创新品质的培养，需要民主自由安全的心理氛围、生活空间和人际关系。

（二）让每个学生都找到成功的感觉

语文学习的综合性素质化特征，决定了它的学习结果不能单一地用成绩分数这种量化评价办法来进行。而形成性过程性评价更有利于对学习状况的诊断及补救。特别是以鼓励赏识为主要媒介的群体隐性评价，更能激发学生的学习愿望，开掘他们学习积极性的不竭源泉。这种形成性过程性评价和群体隐性评价，以促进学生的发展为目的，是一种双向的评价过程，建立在师生互相相信的基础之上，和谐互动的气氛贯穿评价过程的始终，对于提高语文教育质量来说，这是一种最好的发展性评价体系。

先说形成性过程性评价。多年来，我们采用的大语文"五本教学法"，之所以能收到明显效果，正是因为它既是一种学习方法，又是一种评价体系。"五本教学法"的具体内容如下。一是课堂札记练习本，主要用于课堂记录和字词摘录，一般是教完一课，进行一次自我检查。二是课外阅读摘抄本，除了要完成规定的内容长度任务，还要在本子上辟"日省吾身"的日记专栏，每天记载语文学习的经过和感受，有话则长，无话则短，但须天天坚持记载。三是钢笔练字本。四是作文本，采用学校统一印制的活页作文纸，便于期终组织装订成集并写上前言后记。五是日记本，要求是天天写日记，篇幅无限制，格式要规范，贵在能坚持。五本教育法体现的语文教育思想是：语文学习的外延等于生活的外延；惟有方法和习惯才是一辈子享用不尽的财富；应着眼于素质和能力的提高，使语文学习成为集知识智慧和人格道德终身学习于一体的综合性学习实践活动；语文学习中，过程性评价的影响力是巨大有效的。

再看群体隐性评价。这是一种以赏识鼓励为主的隐性的心理情感评价。学生也是一个人，也是一个劳动者。而一个人，只有当他能在劳动成果中看到自己所付出的精力时，他才能顺利地完成任何一项长时期的劳动。因此，在学习中取得成绩是产生学习愿望的源泉。相反，一天又一天，一周又一周，一月又一月，学生听到的总是一句话：不好，不好，不好！看到的只是老师和同学批评的脸色，瞧不起的神情，渐渐地他便觉得这就是对他学习劳动的评定，对他人格的评定，于是，慢慢地就自认为是差生了，于是，学校生活对于他们来说就变成了遥遥无期的劳役。因为学生的心灵中有一个最隐蔽的角落，这就是作为人的自尊心。自尊心一旦摧毁，学习就成了不可思议的事情。要保护并发展学生的自尊感，表扬鼓励是最好的阳光雨露。在语文学习过程中，有时老师的一次表扬肯定，一个赞许欣赏的目光和神情，或一次范文印发佳作发表，都比考试得 100 分的心理效果还好。因此，语文教师应该常常对学生说，不求人人都得 100 分，但愿每天都有个好心情。"好心情"也是评价激励因素，而且有着其他评价方式收不到的心理情感效应。

"真正的教育智慧在于教师从来不伤害学生的自尊心，而是经常激发他要做一个好学生的愿望"（苏霍姆林斯基）。要除掉旷野的杂草，最好的方法是在上面种上比杂草的生命力更为旺盛的庄稼。因此，每次作文以后，我们都只挑好的文章好的段落印发，并尽量推荐在校内外发表。长此以往，抓积极越抓越积极，每一个同学都能得到成功的体验和喜悦，都能生活在语文教育灿烂的笑容里。在每一个同学都学会了赏识自己的时候，教师的任何担心和唠叨都是多余的。

（三）呼唤语文的课程意识

语文教育缺乏创新活力的表现之一就是缺乏课程意识。长期以来，我们一直强调"以纲为纲，以本为本"，大一统的课程教材体系捆住了广大语文教师的手脚。同时，我们的许多教师也为自身知识视野所囿，把注意力和着力点过多地放在了"怎么教"这一层面上，而较少去思考"教什么"这个更重要的问题。如今，知识经济，信息时代，全球一体化的社会发展趋势，向教育和教师提出了必须强化课程意识的挑战，否则，要想适应时代需要，培养有创新精神和竞争能力的国际公民，就只能是一句空话。华东师大著名教育学教授袁振国建议，"特级教师"的评选要把课堂意识及其建树贡献放在考核条件的首位。此言极对。

有了强烈的课程意识，教师就会主动关注社会，就会大量阅读吸收。只有知道当今世界发生了哪些新的变化，出现了哪些新的东西，你才能选择你需要的"教什么"的内容。几年来，我们积极进行"古诗素养"教育实验，补充大量诗歌精品让学生阅读积累。我们大胆地把语文课堂搬进了图书馆阅览室，让学生广泛阅读涉猎。从中外古典名著到现代传世佳作到当代大文化小女人散文，从寓言故事神话传说到警句格言成语典故，我们要求学生一定要按规定数量去背诵掌握。我们给班级征订多种报刊，要求学生天天看报，天天收看电视新闻，实践"世事洞明皆学问，人情练达即文章"的大语文教育观念和主张。

再说作文教学。长期以来，注重知识传授和章法训练的写作教学模式，使作文命题脱离学生的生活和思想实际，搞无米之炊的结果是中小学生大多怕写作文，因而更谈不上能写好作文。我们认为，现代作文教学应该着眼于学生素质的提高。为生活而写，为人生而写，为创新而写；注重感受生活和热爱生命的情感培养，注重信息处理和语言思维的能力培养，注重超越自我、创造自我的创新人格培养，应该是现代作文教学改革的目标和方向。我们主张，中学作文教材应以内容题材为中心来编写，命题和教学的原则应该是学生生活的外宇宙和其心智发展的内宇宙的统一。教材中，观察积累生活，认识客观世界的能力等方面的训练、培养作为重点，放在突出位置上。把作文教学作为情感人格、观察认识表达、创新意识和创造能力培养的综合训练，与传统作文教学把传授文体知识和写作技法作为训练重点的路子相比，也许具有根本性和革命性的意义。

课程观念的变化能带动教学观念的变化，课程内容的变化能带动教学结构的蜕变。这样，我们的语文教改一定能呈现蓬勃生机，就一定能大面积提高教育质量。

（四）把盛开的玫瑰移到自己的园地里来

在当前的语文教改讨论中，许多有识之士都纷纷指出了教师素质的重要性。是的，教师虽然是处于教材与学生两者之间的媒介，但其作用在语文教育中却是第一位的。可以这样说，有怎样的语文教师就有怎样的语文教育和怎样的学生。因此，讨论语文教改和语文质量，离不开教师素养的讨论。

我们认为，一名优秀的现代语文教师，首先要有和时代相通的教育理念，应该有现代教育的人类观念，未来观念，终身观念，生命观念。其中最重要的恐怕要数人文观念和人文情怀了。语文教育"首先是教师和学生之间活生生的人的相互关系"，是用智慧培育智慧，用生命呵护生命，用创造栽培创造的事业。离开了人文性，语文教育就会因失去了灵性灵魂而显得苍白无力。当然，善于在大家都认同的一些基本教育观念基础上，形成自己的教育思想和教育风格，更是优秀教师一种必不可少的素养境界。

现代优秀语文教师要有比教学大纲的范围广泛得多的学科专业知识。对语文教材和教学内容，对古今中外包括当代最鲜活的各种文学理论和作家作品，都要十分熟悉和了解。而且，对教材、教学内容和专业知识，要纯熟自如地掌握，做到了如指掌，融会贯通，胸有成竹。这样，讲课才能如同和学生交流，在亲切自然中一步步引导推论和深入，而不是拿真理去灌输和说教。只有这样，讲课才能有鲜明的感情色彩，才能满怀激情、真情实感地全身心投入。也只有这样，语文教学才能引起学生的心理共鸣，激发学生心灵参与的欲望，才能触及学生的精神世界，进而形成智慧和道德财富。

在拥有宽厚扎实的专业知识的同时，语文教师理想素养中不可或缺的还有艺术素养。语文教育"如果没有美，没有艺术，那是不可思议的。如果你会演奏一种乐器……如果你身上还有一点哪怕是很小的音乐天才的火花，那么你在教育上就是国王"。语文教师只有在成了复合型综合型人才的时候，"才能成为教育工作的真正的巧匠，艺术家和诗人。"

具有强烈的科研创新意识也是现代语文教师必须具有的教育素养。有了这种意识，才能富于敏感，善于探索，及时发现教育矛盾，转化教育时机。更重要的是，有了这种意识，才能把语文教育当作是培育生命的神圣事业，当作是不断丰富自己创造自己的幸福事业。因为在创造性语文教育中，学生的情感会日益丰富美好，教师的精神生活也会随之美好和丰富起来；学生的创造精神会日益旺盛，教师的工作事业乃至生活乐趣和生命价值也会因此而永葆青春。学生的精神会十分愉悦兴奋，教师也会愉悦无比：我庆幸自己这辈子当了语文教师，因为有了这些可爱的学生，我的生活和生命才更加充实！相反，如果没有这种神圣感和幸福感，对于语文教育和学生来说就肯定都是一种灾难！

虚心学习，善于借鉴，视野开阔，是现代语文教师职业素养的又一片崭新天地。优秀的语文教师都有这样的优秀品质——要提高语文教育质量，必须博采众长而后形成自己的教育风格和教学特色。"站在巨人的肩膀上"才能不断超越自我超越巨人。新中国成立以来，中小学语文教改流派纷呈，名师辈出。在百花盛开、姹紫嫣红的语文园地里，我们徜徉，我们欣赏，我们努力"把盛开的玫瑰移到自己的园地里来。"斯霞、李吉林、倪谷音、靳家彦、贾志敏、于漪、钱梦龙、洪宗礼、魏书生、李镇西，一朵朵盛开的语文"玫瑰"都在我们的视野和采撷之中。而且我们还明白，"运用别人的经验，从来就是一种创造性的工作。""经验犹如盛开的玫瑰，要把一丛玫瑰从别的花园移植到自己的园地里……首先要考察并改善自己这块地的土质情况。"有敏锐的眼光、广阔的视野，有吞吐古今的胸襟，有博采众长为我所用的情怀，语文教育才能永远充满春天般的气息。

另外，与时代社会环境和谐协调的教育合作能力，组织管理能力，对于一个语文老师来说也十分重要。因为语文特别需要为学生营造展现特长发挥优势的舞台，有了这种舞台，才有可能实现人人都在集体中得到充分表现和全面发展的教育理想。

十七、站在 21 世纪的语文门槛上

（一）关于语文的讨论和争论

说"误尽苍生"，固然有点夸张，但刺激一下我们并不清醒的眼睛和头脑也无不可。千万不要随便给人家制造"别有用心"这类"政治帽子"。"醉翁之意不在酒"的潜台词也很容易领会。50 年来，我们在这方面的教训太多太惨，代价也太大了。从五六十年代过来的人难道还想让悲剧在年轻一代知识分子身上重演吗？要珍惜安定团结的大好形势，但更要珍惜思想解放百花齐放百家争鸣这一来之不易的可喜局面。因为这是中国社会的一大历史进步。也许，没有思想解放，没有学术自由和思想自由，就不可能拥有真正"安定团结"的大好形势。况且，是应该跳出语文看语文，跳出教育看教育。语文之"翁"，其"意"应在社会之文明和进步。如此这般，岂有他哉！

当然要肯定语文教育的成绩和成就。但是，第一，这主要应该是政府部门和行政领导的事情，作为语文界自身，我们更要看到存在的问题。第二，就全国范围来看，语文教育从整体上说确实是少慢差费的。像祥林嫂一般总是念叨着几个流派几套教材几位大家，可能是以偏概全的吧？况且，问题意识批判精神对我们的事业更加有利。没有这种认识和精神，一味地唱赞歌，也许才真正是"别有用心"。

（二）关于语文性质

在我看来，区别于中小学的所有学科，语文最具基础性和人文性，语文的任务是语言培养和情感培养。因此，教材应该以文学作品为主，因为，文学是语言的艺术，并且文学是"人学"。也许，偏离了这一轨道，语文的许多问题就永远纠缠不清。改革语文教学，关键的一点是对"学生主体"原则的理解和落实。语文教育要立足于学生的终身受益，帮助学生扎扎实实打好听说读写等各方面的语文基础，使学生终身的工作事业有良好的发展潜力，努力实现"教学生六年，育他们六十年，为国家民族六百年"的教学目标。语文教育的最大价值是向学生传递人类历史上最优美的价值观念，传递人之所以为人的特征，最大的意义是促进学生精神世界的发展。具有丰富的人性，正义感、公正性，能自律，善于与他人协调并为他人着想，尊重他人的人格人权，热爱自然和生活，这些都是语文教育超越时代的永恒不变的价值。当然这些内容必须和国际化信息化，必须和现代科学技术的发展相适应，才能真正培养学生的生存发展能力和创造能力。

（三）关于语文教材

我一直想不通，为什么放着古今中外那么多好的寓言、童话、神话、传说、小说、诗歌、散文、戏剧作品不肯多选，而偏偏要将这么多不伦不类味同嚼蜡的篇目塞进教材？第二次世界大战时，有一个记者问英国首相丘吉尔"莎士比亚和印度哪一个更重要"？印度当时是大英帝国在海外最大的殖民地。丘吉尔回答说，宁可失去50个印度，也不能失去一个莎士比亚。也许在丘吉尔看来，一个民族之所以伟大，是因为有它的文学和文化。在具有如此认识的丘吉尔面前，我们能不汗颜吗？现在提倡一纲多本甚至多纲多本的编写原则，但更重要的恐怕是建立"教材市场"。教材体制的落后制约着教材的建设和发展。全国大一统的教材，人教社统编教材占90%的市场份额，独家经营甚至垄断教材的生产发行，使教材建设缺乏应有的生机活力和健康发展。而"市场"才是一只看不见的"佛手"，它的原则是民主公平和多元开放。也许，教材的开放开禁才是语文现代化到来的真正曙光。另外，我们向来信奉"教材仅仅是例子"之说。然而我认为，我们固然要重视规律的掌握，但更重要的是，我们还应该提倡"教材不仅仅是例子"，亦即更要重视教材和教学内容的选择和数量的到位。语文教育有一个"等因果性"现象，重视教学内容和过程的优化有着决定性意义。还有，语文教学中题目做得太多，练习考试太多，已走进了"伪科学"和技术主义的死胡同。我建议和呼吁：为了孩子的健康成长，为了语文教育的健康发展，把中小学生的语文练习册统统收掉，书包也要好好"减肥"！

（四）关于语文教师

诚如有关专家所说，语文教育的最大问题是主体的失落。一是学生主体的失落，二是人文精神的失落，第三，更重要的是语文教师自我主体的失落。作为知识分子，没有独立的社会地位，作为人文工作者，没有独立的自由人格，作为一个传播思想的人，恰恰没有独立的思想。如此这般，不亦悲哉！

现在提倡创新教育，而要培养学生的创新能力，教师必须先有创新意识和创新素质。比如，1999年和2000年的高考作文题是20年来最好的题目，考学生广泛的知识积累，考学生是否有丰富的想象创造能力，文体上也是多元开放的导向。应该说这两个题目在考学生素质特别是创新素质方面实现了战略性突破，对中小学语文教学有十分积极的导向作用。但阅卷老师的素质和水平却成了高考阅卷乃至语文教改发展的瓶颈危机。

提升教师素养，提高教师地位，重要的是解放语文教师的思想，解放语文教师的双眼和双手。这种"解放"要从人事制度和办学体制的改革开始。因为没有宽松的社会环境，没有良好的用人机制，没有职业的竞争危机意识，就不可能真正实现挖掘潜能勇于开拓积极进取张扬个性的"人"的解放，不可能真正兑现"太阳底下最光辉的职业"这一社会承诺，也就不可能真正出现语文教育的春天。

都说教师地位低下，这固然有社会客观原因，但是反省一下教育内部，也许更令人心痛。在应试教学束缚下，教师，特别是语文教师，从"传道、授业、解惑"的"人师"逐渐沦落为单纯传授知识甚至辅导解题的"工匠"和"机器"，变成了可以替代可以通用的廉价劳动力，还能指望得到社会的尊重吗？真正的教师应该让学生产生对您道德上的折服、情感上的依恋、人格上的崇拜，一句话，应该是他人无可替代的"这一个"。

（五）关于语文的社会环境

改变语文应试教学现状，应首先改善语文的社会环境。又首先应该从"上游"和"上级"做起。中国的历史告我们，自下而上的改革，在我国很难有成功的机会。西方有一句话说，没有人挖隧道是从一边开始挖的，一定是两头一起挖，到最后总会碰在一起，成为一条完整的隧道，速度也才会更快。我们呼吁全社会都来关心中小学语文教学改革，都来挖好语文教改这条跨世纪"隧道"，我们更希望党和国家领导人亲自过问和关心 21 世纪的语文教育发展，因为这是关系到国家民族文化根基和社会发展进步的头等大事。比如教材，应该由中央出面主持，组织国内外第一流专家编撰出第一流的著作才对呀。20 世纪 50 年代毛泽东钦定由胡乔木负责编辑的《文学》课本，至今令人怀念。而如今呢？

比如高考制度。这是中小学基础教育的真正的"上游"，源头活水，正本清源，道理显而易见。这更是中小学教育的真正的"指挥棒"，普天之下，莫非王土，除韩寒等"无知者无畏"之辈外，能有哪一所学校哪一位师生不受它的"辖制"呢？我认为，语文高考改革的当务之急是废除"标准化"，否则，中小学语文教育难有出头之日。因为这种封闭的考试方式以及由此带来的教育方式，极大地排斥了对想像力、创造力、批判力和良好情感的培养，损失和危害不可低估。近年来，废除语文高考"标准化"的呼声此起彼伏，也上下同声相应，但举步维艰，原因有很多，其中最重要的恐怕正是语文观念和工作的指导思想问题。于漪说："为什么 50 年来重理轻文愈演愈烈，毛病都出在'急功近利'这四个字上，这是要负历史责任的，因为人文精神的失落必然导致国民素质的下降，导致国家民族的灾难！爱祖国爱人民是知识分子的优良传统，这是做人的底线。我们再也不能办没有灵魂的教育了，否则，我们怎么对得起纳税的公民，怎么对得起可爱的孩子啊！"发自肺腑，醍醐灌顶！

十八、让语文成为学生终身的力量

我时时如读书一样在读着中学写作那混乱的人流，并得出印象，眼下全中国的中小学生大多怕写作文，这也许并不夸张。怕的事情怎能做好！为什么怕？因为作文脱离生活，脱离"表达自己的思想"这一人类的基本需求。

传授写作知识，讲解章法结构，训练技能方法，一句话，脱离生活忽视内容更不顾如何做人的"写作技术主义"误导了几十年。犹如要学生在岸上学游泳，在教室里学打球，于是一听到作文，同学们便本能地产生强烈的反感和莫名的恐惧。然而，为了任务，为了老师，更为了考试，又不得不硬着头皮去写。于是，正襟危坐，无病呻吟，编造故事，不得已用谎话来糊弄一番赚个分数。作文的过程便如肚里没有孩子而硬要生出孩子一般的痛苦。

有没有让学生都愿意写乐于写的作文方式？我不敢断言。但多年的实践给了我自信：在我的作文课堂里，同学们再也不会一提到作文就痛苦不堪。每次，他们或激动或兴奋或高兴，都希望能在我指导和帮助下，写出自己的故事自己的情感自己的思想。于是，一周一次，作文成了同学们的一种期盼一种欲望。偶尔，有一次听说本周"作文暂停"，大家便群起而攻之，还颇有点要"造反""起义"的味道呢。

我的作文课为何如此招人喜欢？我不想多说，以免有在此做虚假广告的嫌疑。在《语文的诗意》一书里，我将自己多年的"经营"实践和理性思考择其要端真诚托出，是非好歹留给读者评判，欲取欲舍也都留给读者。区别于物质和世俗的餐饮行业，我的作文餐厅以"精神训练"为主，而且没有岗位的分工和角色的区别——烹调的厨师、品尝的顾客、经营的老板、评点的专家，什么身份都应该集于一身。

为了在全校推进以作文教学为核心的高中语文教学改革，2000年秋季开始，我组织并主持了张家港高级中学"语文人文教育理论和实践"的课题实验工作。

我们提出，要克服目前语文教学中普遍存在的见"知"见"能"见"分"不见

"人"的应试弊端，关注学生的情感和人格，使高中语文教学成为集语言能力、文化修养、思维品性、心理素质、智慧灵气和人格道德于一体的综合性教育活动，从而培养学生用语文走遍天下的人文素养和语言能力，成为终身可持续发展的优秀公民。同时通过教改实践和课题实验为语文老师的成长成功创设环境、提供条件和支持，从而培养更多的语文名师和教育专家。一位前来应聘的语文老师说："张家港高级中学的语文课题实验方案令我耳目一新，我好像在一片沙漠中看到了一片绿洲，如茫茫夜行中看到了一簇希望的火苗……"

学校课题组提出了总体实施方案。强调课堂教学应充分调动学生的学习积极性，多创设情境，多展开讨论，努力培养学生喜欢语文、热爱语文的兴趣。加强以词语积累为中心的语言教学，积极开展语词札记、成语集锦、名言（句）荟萃、课首检测、背诵比赛等教学活动，努力帮助学生丰富词汇和提高语言能力；大力开展课外阅读，逐步为学生的超量阅读、自主阅读创造良好条件，从新校首届高一开始每周开两节阅读课，试行《张家港高级中学学生必读书目》考核毕业制度；每天在夜自修最后时间全校统一开设"日记课"，把写作放在自由写作、私人写作这种最真实最深厚的生活基础上，并组织和鼓励学生在班级、学校，特别是在正式报刊上发表习作。

我利用职务之便，为学校语文教改提供保障措施，大开各路绿灯。一是确立师生同步发展的教改策略。为保证课题研究顺利进展，并实现"让每一个师生的每一天都有新的进步"的办学宗旨，学校对全体语文老师提出要求，在3年内认真读完《张家港高级中学教师必读书目》中60％以上的书籍，必须自费订阅3种以上语文方面的报纸杂志，并经常保持广泛阅读，人人有围绕总课题的具体研究课题，在认真备课基础上，人人撰写"教后笔记"或"教育手记"，一学期总量须在1万字左右。学校每学期结集发行。教龄不满5年的青年教师坚持写"下水作文"，一学期不少于15篇。二是政策性支持保障。营造良好教改氛围，学校决定高一、高二年级语文学科一律不参加上级统考，也不请校外人员出题。在课程课时计划和教学时间上给予一定倾斜支持。如早读、阅读、演讲等都可由学校在学生的公共时间里做一定安排。高三年级下学期每周的周日晚自习安排给语文使用。学校聘请了钱理群、巢宗琪、朱永新、曹文轩、王尚文、于漪、陈钟梁、陆志平、成尚荣、范守纲、谷公胜等国内知名专家担任学校课题顾问和青年教师的导师。实行奖励制度，凡教师在省级以上报刊发表论文，学校给予同等稿酬的奖励。学生作品获奖或发表，给予学生和指导老师稿费等额奖励。

语文学习的外延等于生活的外延，"世事洞明皆学问，人情练达即文章"。我的理想和追求是让学生用语文走遍天下，让语文成为学生终身的力量。在语文教改和学习化校园建设的道路上，我们要走的路还很长。感谢语文，给了我回报生活和社会的无限的精神财富。我自信，此生此世，我将永远钟情文学永远眷恋语文。行文至此，情不自禁地想起了屈原的《橘颂》——"后皇嘉树，橘徕服兮。受命不迁，生南国兮……苏世独立，横而不流兮……秉德无私，参天地兮"。

十九、"作文餐厅"：社会—学校—生活

中学作文教学中有不少地方与当前强调进行的素质教育不相适应，其中突出的一点就是片面地传授写作应试技巧，把活生生的作文教学变成死板的程式训练、套路训练。

顾名思义，程式训练和套路训练是从戏曲和武术的基础训练中移植来的。写作和戏曲、武术和学习都有个基础训练问题，但后两者的初学阶段，着眼点在模仿继承，即一招一式一点不走样，追求酷似。而写作文开始就有主体独立活动的介入，即使是学步阶段，小学低年级的造句、写片断，各个学生也是不相同的。

每个写作者都是一个独立的世界，都有着自己独立的贮存、独特的运用构思方式。写作活动就是他面对外部世界的召唤，用自己的心去拥抱外部世界，是内宇宙（写作主体的内部的思想、情感和材料积累）与外宇宙（客观世界）的重合，这是双元宇宙的重合，内宇宙，即写作主体是起主导作用的。

"套路"或"程式"训练，往往难以顾及外部世界的召唤和写作主体的内部感应，它所要求写作者的是一步步地掌握那么多写作成就。按"套路"或"程式"训练走下去，在一个时期可能立竿见影，明白什么题目该怎样做，怎样迅速构思，迅速开头。但是，这样搞的结果会导致写作内容上的假话、空话、套

话，文风乃至人品上的弄虚作假或矫揉造作，思维品质上的迟缓、滞涩、僵化和消极定势，从而戕杀了青少年的灵气。

我们认为，作文教学应该着眼于学生素质的提高，以内容为中心，以精神训练为中心，拓宽其视野，丰富其积累，活跃其思维。即应该有个大而化之的作文教学思想，使作文教学从单纯的程式训练和套路训练的误区中走出来，使作文教学成为集知识智慧、思维品格、心理行为和人格道德于一体的综合性教学活动。

这种综合性的作文教学是以写作者（学生）为主体，以训练者（教师）为主导，以生活为基础，以教材（作文课本和作文知识）为借鉴。

要实现这种综合性的作文教学设想，目前第一是解决认识问题；第二是建立学校、家庭、社会、生活一体化的大课堂，我们不妨名之为"作文餐厅"。下面就"作文餐厅"的总体设想和题材建设谈一些看法。

（一）以题材内容为中心来编写教材

现行中学语文教材，以阅读训练为中心，写作知识和写作训练包含其中，散见于有关课文及单元知识之后，形成不了科学有序且可操作性强的写作教材体系。民间的一些写作教材各有特色，但一般都以章法训练为纲编写，是舍本逐末的做法。没有作文教材或者说没有理想的作文教材是导致中学作文教学陷入低效率、低质量尴尬境地的主要原因。其表现有这样几点：一是在作文教学的指导思想上，普遍存在重章法轻内容的形式主义和应试教学倾向。二是在作文命题上普遍存在盲目随意并且脱离学生思想生活实际的倾向。三是在写作要求上普遍存在机械统一、千篇一律、扼制想象创造能力的倾向。教本教本，教学之本。我认为，作文教学，绝不是单纯的技法技巧训练，而是一种集知识智慧、思维品质乃至人格道义诸方面综合素质于一体，培养学生综合素质和综合能力的一种教育活动。生活化作文教学才真正是语文和作文的素质教育！中学作文教材应以内容题材为中心来编写，命题和教学的原则应该是学生生活的外宇宙和其心智发展的内宇宙的统一，主要思路如下。

1. 以内容也即题材为中心设计安排各年级的写作范围和训练重点。

2. 在教材中，观察积累生活、认识客观世界的能力等方面的训练培养要作为重点放在突出位置上。

3.注重章法训练和语言训练思维训练的同时并举及有机结合。

4.注重各种表达形式和各种实用文体的全面梯级训练。

5.在范文剖析、写作知识传授、写作方法指导等方面尽量结合语文教材中的相关篇目和内容，既有利于读写结合，也可避免不必要的重复。

把作文教学作为观察、认识、表达多方面素质和能力的一种综合训练，与传统作文教学把传授文体知识和写作技法作为训练重点的路子相比也许具有根本性和革命性的意义。李吉林的情景教学法之所以在作文教学中行之有效，之所以深受广大语文教育工作者的赞赏并得到江苏省教委和国家教委的高度肯定和大力推广，其精髓和精华是教学和生活的密切结合。高原建立的观察—分析—表达作文三级训练体系，可贵处是从长期被人们忽视的写作主体——人的活动这一角度入手，从而揭示了写作活动的本质特点，确立了比较理想的作文训练的原则和体系。

正是基于这些浅见，我创设了自己的"作文餐厅"。其实，这些年来，我在生活化作文系列训练及"学会思考、表达、发展"写作系列方面都在做着不懈的追求。我的宗旨就是引导学生进一步贴近生活，在生活中寻求写作的摹本与源泉。生活之水总是新的，生活的激流总是在激发着人们去探寻更新更美的东西。21世纪，在更为精彩的生活空间已经出现的今天，我们有什么理由不引导我们的学生去寻求生活的真谛呢？

（二）"作文餐厅"是一种全过程的自助餐

生活与作文的关系是个老话题，似乎没有再谈的必要。其实那是在一般意义上就客观世界有各式各样的材料，等着写作者去撷拾而言的。我们这里想从更深一层的意义上去释说，正像上一部分指出的那样，营建"作文餐厅"。"餐厅"不是"菜场""超级市场"，不是菜篮子工程的基地。作文餐厅提供的是经过厨师精心配料和烹饪加工的菜肴。从某种意义上还可以说，这种"餐厅"不只是单纯向学生提供菜肴，还要向学生提供半成品和原料，让学生们自己动手。

这种"作文餐厅"是由教师精心筹划经营的，要考虑到作文训练的各个方面，供料要全，要使学生有选择、精练材料的余地。

　　这种"作文餐厅"的原材料是不断更新的，而不是一成不变的，因为生活总是在前进，在生活矿藏中采撷的素材、题材，自然也得不断变化。比如"通俗艺术"该怎样认识，社会上的大多数人从不承认到接受，直到喜欢迷恋。如果要求学生评论这一社会现象，教师就要引导学生既看到通俗艺术的不足之处：媚俗、艺术水平较低，又要帮助学生分析它的可取和成功的一面：通俗易懂、贴近生活等。

　　这种"作文餐厅"是有导向性的。教师不仅是向学生推出材料，还要帮助学生选择材料、分析材料、组织材料。如写《街道见闻》一题，教师指导学生既要看到方方面面，又不能把什么都扯上；既要形象地把握，有立体感，又不能停留在表面；既要看到进步的方面，又要看到不足的地方，发动学生去观察搜集材料，拟题写作。从后来新拟出的题目中可以看出，学生视野的广度和看问题的深度，如《车流滚滚》《无阻碍骑车》《缩地有术——骑车到校少了三分钟》《唉？选堵车》《几乎无事的纠纷》《晒着太阳的"黄金"地块》《鞭炮鸣放后——冷清的商场》《破屋——新厦》等等。

　　打个比方，作文餐厅是一种全程性"自助餐"，而且要从做饭做菜开始就自己动手、积极参与。

（三）作文是生活的朋友

　　我们认为，围绕社会、学校、生活，作文大课堂上或说作文餐厅里，应该具备和建设好的题材内容体系大体如下。

　　1. 节假日题材。指导以我国的一些传统民族节日以及学校的寒暑假日等为题材，指导生活、组织写作，常见的有春节、元宵、清明、五四、端午、六一、暑假、教师节、国庆、中秋、元旦、除夕等。

　　2. 重大活动题材。指结合学校和社会（小至一定区域，大至国家和国际）的重大活动或事件命题，如以校运会、开学典礼为内容的作文等。

　　3. 人际交往题材。如写同学间的交往与友谊，写师生的接触和沟通，写父母长辈的亲情与关怀等，命题时要考虑时空距离对学生的限制这一因素。一般说来，学生喜欢写过去的人和事。能经受时间筛选所令人难忘的印象，往往是美丽美好的，犹如陈年老酒，历久弥香。

4. 环境题材。校园街景、书房小屋、风花雪月、高山流水等，都可成为中学生"作文餐厅"上的"主菜"。

5. 年龄年级题材。指结合不同年级的学习生活与不同年龄段的身心特点命题作文。这一题材应多写应用性文体，使作文和教育教学活动、学校工作与管理紧密结合，从而成为师生沟通的桥梁和舟楫。"少女情怀都是诗"，大量成功的实践证明，这一题材理应作为"作文餐厅"中的保留菜单。

6. 应用性文体。其中特别要重视和语文课文的阅读相结合的写作练习，以及其他学科教学中必须用到的一些文体——有时往往是一些表达方式或单项训练，如课文缩写、改写、评论、实验报告、科技小论文，简述、说明、下定义、做诠释等。

7. 心理行为、思维能力训练设计。初中以想像联想能力训练为主，可多做些续写、改写或连句成篇、缀物成篇的单项练习。高中以思维品质、心理素质、行为能力诸方面的题材与训练为主。可采用读写结合的材料作文方式，用生活中有一定思维意义、哲学意义的典型且生动的事件，启发学生思考判断，进而用语言表达自己的思维活动或心理行为结果。

这种题材体系的根本出发点是作文生活的朋友。

（四）如果让你写"年糕"

在处理与消化上述七类题材过程中，在作文大课堂的教学活动中要强调和注意以下几个方面。

1. 要有青少年独特的观察视野和独特的心灵视角，防止说假话套话。

2. 要有一定的地方区域特色。

3. 要能够体现与反映一定时代社会在特定对象和事物上的投影与折射。

4. 要引导学生善于发现生活中矛盾对立着的事物或事物内部内在矛盾与对立。

5. 一般情况，在写作什么和怎样写两方面都应着重启发思路，指导写法，而不能规定过窄过死，限制过严或过窄不利于学生想象创造思维的迸发与培养，不利于写作水平的发挥和提高。

为了说明问题，下面以"年糕"这一题材为例，将可写的角度与题材图示如下。

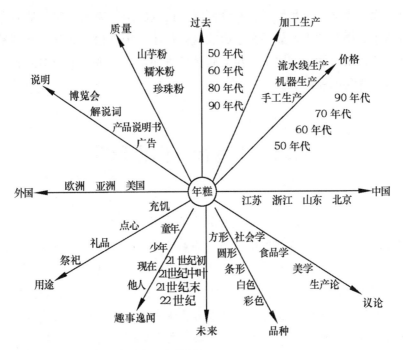

不同年龄的学生选择的角度应该不同。

不同时代的学生，笔下的品种质量应该不同。

不同区域的学生，介绍的加工生产方式也不同。

围绕年糕价格的涨落，可折射群众生活水平的提高情况。

围绕年糕的用途，不必回避大人们是如何用它来祭祀祖先，搞迷信活动之种种。

如果写趣事逸闻，就一定要写出情趣，写出波澜，如儿时馋嘴，兄妹争吵，父子意见相左等都可细细道来。

如果写加工生产、中外比较等，就要组织学生搞调查、查资料，生活即作文，作文即生活。

社会、学校、生活一体化的作文教学大课堂，把立足点和重点放在观察生活、认识生活能力的训练与提高上，放在题材与内容的设计和建设上，与传统作文教学把传授文体知识和写作技法作为练习重点的教学路子相比，也许是一种根本性的突破。在这一基础上，中学作文教学应当鼓励学生继承毛泽东、周恩来在中学阶段的革命精神，反映生活、干预生活、唇枪舌剑、指点江山、激扬文字，从而在写作实践中提高水平、增长才干。如果大家都能这样做了，中学语文教学，特别是作文教学，就能真正落实教学大纲要求，在素质教育方面，在实现三个面向的教育方针方面，走在各门学科的前列了。

二十、"我行，你也行"

文章标题"我行，你也行"是借用了美国著名心理学家托马斯·A. 哈里斯的话。哈里斯在同名著作中提出，多数人到三岁时都会有一种自觉的意识："我不行，你行"。这种缺乏自信心的人生态度，严重影响人们的认识和行为。因此，作者告诫人们，应该努力建立"你行，我也行"的自信心理。

本节试图运用这一理论，阐述作文教学中的一些心理效应和心理规律，阐述作文训练中一些行为操作的心理依据。文中的"我行"之"我"，即指教师，也指学生；"你"既指面对教师的学生，也指面对伙伴的学生主体。因此，"我行，你也行"五个字可以变换成以下两句通俗的话——

亲爱的同学，"我"老师能够教好，你也一定能够学好！

亲爱的伙伴，"我"写得好作文，你也一定能够写好作文！

（一）为学生多准备些"盐"

心理学上的"教室控制理论"告诉我们，要使马愿意喝水，最好的办法是在草料中加盐；不然，就只能是硬按住马头逼其饮水。同样道理，既然作文教学的最大障碍是学生怕写作文。那么，如何为学生提供更多的"盐"，从而增强写作的吸引力，应该是我们考虑的首要问题。

一般说来，这种"盐"可分这样三类：生活之"盐"，趣味之"盐"，社会之"盐"。具体地说，就是作文命题和整个作文教学活动，力求结合学生学习、生活、思想等方面的实际情况展开，力求贴近学生的思想，符合学生的心理特点，从而激发学生内在的表达欲望；尽量运用诸如故事、悬念、道具、材料、想象联想、竞赛擂台等多种多样富于趣味的方法和手段，为学生写作营造浓郁的兴趣氛围；努力挖掘和选择社会现实题材，将时代活水引进作文课堂，等等。

例如回忆性生活题材文章的写作，按理说，生活是取之不尽、用之不竭的写作源泉，而"少女情怀都是诗"，中学生写好这类题材的文章，应该不成问题。然而，长期以来，由于"左"的思想影响，由于社会化、大一统的思维定势的干扰，我们的师生在自觉不自觉之中，都戴上了许多"别里科夫"式的作文"套子"。原本生动活泼、天真可爱的孩子，一到写作文就正襟危坐、超凡脱俗了。童真、母爱等生动亲切的字眼，撒娇、发嗲、嘴馋、爱哭、调皮捣蛋、耍小心眼搞恶作剧等举动，统统被主题思想、人物形象之类的概念取而代之。过去的美好回忆，回忆美好的过去，不再是一种愉快的精神和心理享受，作文就成了精神包袱和心理折磨。

为了解决这个问题，我在让学生动笔写作前，安排了这样的教学步骤：老师讲述自己的生活素材—学生交流亲身经历—写作理论指导。我讲述的是自己外婆的两件往事：

1. 晚年的外婆，一年到头基本上全在床上度过。然而，她总要想着这、惦着那。每天，在太阳落山、天色将黑未黑的时候，在床上的她总要一次又一次大声喊叫，提醒我们："外面的鞋子收了哇——？""鸡棚关了——？！"这样的声音连续了有五六年之久。

2. 外婆活到 93 岁，最后是寿终正寝的。临终时，已经 20 多天没进饭食的她，已经被移到堂屋里的简易床上，只等油干灯草尽了。然而，就在这时，一个奇迹发生了：在我们陪伴者不知不觉中，蚊帐里的外婆竟然自己将身子来了个 180°的调整，即由原来的头里脚外换成了头外脚里。而且"睡"姿和被帐仍旧是极为整齐的。此后不到 20 分钟。她就很平静地咽下了最后一口气。向来不相信迷信的我，对此惟一的解释只能是：本能的强烈的人生使命感，使她借助回光返照的力量，完成了自己人生的最后一件盛举。因为乡下的风俗，人死后要头向外方向搁在堂屋的门板上。

我的讲述，掘开了同学们记忆的堤坝，美好的生活之水汩汩而出，在自然正常、兴奋积极的心态下，在口头交流的基础上，在写作理论的指导下，一般同学都写出了个性鲜明、情趣盎然的好文章。

生活、社会、趣味等教学之"盐"的设计制作，对于培养学生的写作兴趣，是至关重要的。因为这样的教学内容可以使学生对写作活动产生亲近感、需求感和愉悦感。作文教学之"盐",溶入了学生生活的海洋,再经过加工提炼,就能酿出一篇篇佳作丽文。

(二) 先让学生跨进门槛

1975年,心理学家查尔迪尼做了一个实验:他代替慈善机构进行募捐,对一些人募捐时附加了一句话:"哪怕一分钱也好";而对另一些人则没有说这句话。结果,前者的捐款比后者多两倍。为何有此结果呢?因为类似的心理实验表明,为了认识上的统一或给人留下前后一致的印象,一般人在接受了一个小的容易做到的要求之后,会进一步接受你提出的更高要求。这就是心理学的"进门槛效应"。"进门槛效应"和教育学上的渐近原则(亦称"小步子"原则)是一致的。

培养学生良好的写作习惯,其重要性人所共知,然而,做起来却很不容易。因此,"进门槛效应"对于作文教学来说,具有普遍的方法论意义。

如何培养学生良好的写作习惯,如何引导学生以积极的态度跨进写作的大门,从而登堂入室、不断攀登新的高峰。一般说来可以从以下四个方面着手,处理好四个辩证关系。

第一,处理好"大与小"的关系。作文题目宜小不宜大;大容易空、容易泛。高一新生第一次作文,可以写"自我介绍",如果再规定写作的具体角度更好,如"我和我的亲人""我的爱好""我的××特长""个性自画像""我的学习生活"等。同样是环境描写片断,"美丽的校园""我的家乡"等题目,如果换成"我的教室""校园一角""我的书房""我家的菜园"等,学生就容易接受、容易写好。

第二,处理好"长与短"的关系。在作文的篇幅字数方面,应提倡多写五六百字甚至三四百字的短文和片断。如"自我介绍""环境描写片断""拟人化描写片断"(学习《蝉》以后的仿写)、"我的国庆生活"(说明文)等都可以明文规定和严格控制字数。短文章,当堂完成,及时完成,一气呵成,可以培养学生的效率观念和守时习惯。在短文熟能生巧的基础上,再逐渐过渡到写稍微长一点的千字文。

第三,处理好"多与少"的辩证关系。基础性的作文练习,如生活日记、观察日记、读书札记之类,可以要求学生天天动笔,数量要多;而对于重点文体,则不妨进行"少而精"的强化训练。高一第一学期，我们把写作教学的重点放在复杂记叙文、特别是写人散文的训练上，根据"生活真实、生动具体——富有个性、情趣、新意——思想上的闪光点——不同时空的材料组合在一起的联结点"这样的训练台阶，允许学生对原文一次次修改加工提高。这样，一学期下来，可以说只写了一篇文章。这样做，让学生尝到成功的欢乐，有利于调动他们写作的积极性，具有积极的心理暗示效应。

第四，处理好"快与慢"的辩证关系。一般说来，学生写作的速度宜快不宜慢。快速构思、当堂交卷固然是理想目标，然而，在平时的写作教学中，特别是重点文体、重点文章，可以把完成交稿的时间放宽一点，让学生有比较充裕的时间进行修改润色。这样，不仅可以收到"慢工出细活"的效果，还可以启发学生领会好文章是改出来的道理，从而引导他们养成勤于修改、善于修改的良好习惯。

（三）把罗森塔尔请来

心理学上的罗森塔尔效应众所周知，人类大量的教育实践告诉我们，以良好的个性心理品质为主要内涵的非智力因素，是一个人学习成功乃至事业有成的重要保证。

写作作为一种行为，靠动机来启动，而要保证巩固、提高这种行为的品质就要靠强化。所以，把罗森塔尔请进作文课堂，发挥心理强化的教育功能，是我们语文教师必须掌握和精通的一种"磨刀"功夫。

作文教学中的心理强化，主要可以采用以下两种方法。

第一，目标驱使。进入高中后，学生百分之百有继续提高作文水平的心理要求，教师要因势利导，迅速及时地为他们确立鼓舞人心的写作目标，比如每次作文都达到80分以上，能够在班级"佳作园地"中展览，能够在校内外发表等等。这些目标都和学生的切身利益有关，而且合理可行，能够为一般同学接受。

第二，心理暗示。运用谈话、讲评、批语等手段，运用习作展览、佳作结集等情境施授方法，充分肯定、及时鼓励学生的每一点可贵之处和每一点微小进步——哪怕是把优秀作文者的名字在班上通报一下，都可能对学生的写作心理状态产生迅速良好的影响，都可能收到使学生振作精神、发扬成绩、克服缺点的正强化效应，都可能促成"抓积极越抓越积极"的效率循环的良性运转。

（四）作文课堂与"作文餐厅"

宴会菜肴，不管什么档次、哪种规格，也不管大师傅如何精心烹制，一餐以后，总会被吃的人说出许多不是来，能怪人家说得不对吗？不能。"吃饭的总有理，做饭的总没理"。这就是社会心理学上的"餐厅效应"，在一个群体中，餐厅效应有它存在的积极意义。试想，你所做的一切没有人关注，没有人品头论足，你还有什么劲。同样，从作文教学的效果看，一个教师只教一个学生写作文，也许还不如他同时教四五十个学生，其道理正在于教学中缺少了群体间相互分析、相互作用的"餐厅效应"。

建立多渠道的反馈是营造"作文餐厅"的主要方法。作文教学中，根据目标驱使的前提，通过多种渠道多种形式，及时反馈沟通，对于提高学生写作热情，强化良好的写作行为和写作习惯，很有积极意义。根据高一学生的特点，实践中，我除了采用"谈话""批语""讲评"等反馈方法以外，还搞了和家长师友的通信、口头作文交流、分小组集体展览、自编作文集子、汇编班级优秀作文选集等活动。这些"作文餐厅"活动都激起了同学们很大的满足感和成就感，给学生以鼓励和信心。

在作文教学过程中，还有不少领地可以运用心理因素去调动学生的写作积极性。本节所述，仅仅是笔者在实践中体会较深的几点。囿于理论素养、认识水平和实践经验的不足，文中肯定有许多不当之处，真诚希望有更多的中学师生一起探索、一直呼唤："我行，你也行！"

大爱，浓缩在细节里

——我的校长工作案例

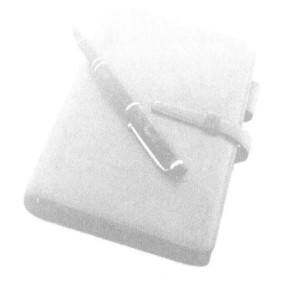

教育就是爱，爱就是教育。教育的爱心是一种职业素养和要求，是教育人道主义和人文情怀的集中体现。教育的爱心便是教育的圣心。而且，教育中有这样一条黄金定律：爱全人类容易，爱身边的每一个人难。有大爱才有大德，有大爱的校园才是教育的圣地。人文化，生活化，细节化，我们追求，我们实践。有句话叫"细节为王"；中国古代的老子说过，"天下难事，必做于易；天下大事，必做于细。"生活中，许多感人的东西来自细节；校园里，许多伟大的力量来自细节。细节就是文化，就是精神。人格浓缩在细节里，大爱浓缩在细节里，学校的风貌，也可以站在细节处去透视。

管理是一种管理者向被管理者学习的过程。几年来，正是在向广大教师学习的过程中，我逐步提高了自己的管理水平，学校的办学局面也日益兴旺喜人。

一、在向教师学习的过程中提高管理水平

什么是管理？什么是学校管理？答案众说纷纭。是控制协调，是岗位服务，是教育说服，是组织艺术，是决策过程，是评价手段。凡此种种，也许都有一定道理。然而，我的体会是，管理是一种向被管理者学习的过程。几年来，正是在向广大教师学习的过程中，我逐步提高了自己的管理水平，学校的办学局面也日益兴旺喜人。

我校是在百年老校——梁丰中学原校址和办学基础上新建的一所完全中学。高中部从1993年建校时开始招生。我1994年调入学校任副校长、副书记，主管教学工作。1995年任校长，主持全面工作。

迎接我的首先是巨大的升学压力。

1996年2月初，高三第一学期期终统考成绩揭晓。我校各项分数指标均很不理想！1996年2月9日，是我校长工作生涯中永远铭记的一天。是日，市教委一把手、二把手两位主任找我校三位校长、书记集体谈话，极为郑重地指出，首届毕业班的高考成绩和高考升学率，对于学校声誉和学校的立足发展具有举足轻重的重要意义！

下午从教委回校后，我立即召开行政领导班子会议。会后，我和分管教导主任

陈建靖老师都不想吃晚饭，两人一直分析商量到晚上 10：30 才分手。

迈着沉重的脚步回到家中，我彻夜难眠。怎么办？初三、高三，两座大山，学校命运，责任重于泰山！

首届高三是 3 个班级。其中一个文科班达 70 人之多，两个理科平行班也各有 64 人和 66 人。眼下，行政会议上大家都认为必须进行分班分流，以提高教学效率。然而在如何分流问题上却明显存在两种意见。一些人主张在两个班中挖出尖子学生另外组成一个新的加强班，而另一部分人则认为，应该在保留原来两个理科班的基础上，从中挖出一部分学习差生组成一个新的班级，以确保基本队伍的稳定。两次行政会议，两次高三全体教师会议，向高三教师一一征询，两种观点均各执一词，都似有道理。众说纷纭，莫衷一是，我几乎一筹莫展。

我校高中教师是新组建的队伍，有原梁丰中学留下的，有从本市调来加盟的，也有从外省市引进的骨干老师，第一次组合作战有一个磨合适应过程，更有各种心理动机的差异。在犹如一个大战役的决战前夕，作为指挥员，我提醒自己，"群众是真正的英雄"，我必须充分听取老师们的意见。于是，我又决定：第三次召集全体高三老师会议，让他们一个个写书面论证意见。果然，这一步走对了，每个高三教师都交出了高质量的"论文"。看着看着，我不觉额上冒出虚汗，好险啊，如果孤注一掷，后果不堪设想。同时，我也激动不已，亲爱的老师们，你们指点了我的决策，也教会了我怎样做校长。这里，选摘几位老师的话语。

——本人赞同保留两个好班，抽出一个差班的方案。理由如下：① 现在两个理科班存在的最大问题是学生基础和起点参差不齐，听课效率低，故针对病因抽出差生即可解决问题。② 保留两个好班能形成竞争机制，使全体高三老师共担责任，同舟共济，形成群体的力量。③ 有利于班级中学生的情绪稳定，这一点至关重要，因为离高考仅有四个月时间，再也不允许把时间浪费在稳定这部分好学生的思想情绪上。④ 从老师这方面看，因为差班没有高考指标，无论是同本校还是外校在分数上也没有可比性，差班老师将没有任何压力。⑤ 两种方案的对比。保留两个好班，抽出一个差班，因为好学生没有受到任何影响，最坏打算不会比现在差，只会变好。而如果抽出一个好班，其结果要么成功，要么惨败，我认为后者的可能性更大，因为抓的面太窄了。这实际上是孤注一

掷的赌博。（严志军）

——我经过反复思考，反复比较，还是觉得在原有两个理科班的基础上抽出40～50个差生对高考的达标率及核定人数的平均分比较有利。用两个理科班并行前进有一定的竞争力，有些学生还大有潜力可挖。从整体效果看，由各科老师抓两个理科班肯定比由一部分老师抓一个尖子班力量强，大家齐心协力，责任一起分担，使各个高三老师都具备强烈的责任感。（曹亚琴）

——如果只有一个重点班，两个较差班，那势必有一半教师不上重点班，就让一部分教师可以轻松，而另一部分教师会受到很大的心理和精神压力。请分析，是哪些教师赞成第一种方案，哪些教师赞成第二种方案，是怕吃苦，还是想推卸责任，还是确实从学校全局着想。要多听一些普通教师的意见，还有非当事人的意见。（许明华）

——兵临城下，形势迫人。重振雄风，奋起直追，化不利为有利因素。也许当前的"不利"是夺取丰收的内驱动力。领导在思想上、行动上、措施上做了新的部署，这部署来自广征意见、周密考虑，对高三的指导工作，注入了一针"清醒剂"。有一批富有经验的梁丰中学的老教师，有外校调进的一些骨干教师，他们富有多年高三教学经验，只要大家齐心协力，高考一定能夺取丰收。（陈兴祥）

1996年7月26日，高考成绩揭晓，我校首届毕业班一炮打响，成绩比预料的要理想得多。我当然十分兴奋和激动。不仅为学校取得的成绩和声誉，更为自己学会了如何向教师学习，如何正确决策，如何当好校长而高兴。

1998年9月，根据我校和市教委的要求，张家港市委市政府经过慎重研究，决定新建我校高中。定名为"张家港高级中学"的新校坐落在市区东部的居民小区。学校占地150余亩，建设规模为在校生30班1 500人左右，建筑面积36 000平方米，总投资预计7 000万元以上。学校建造以"一切为了学生，为了学生的一切"为宗旨，遵循"贴近教育，方便师生，环境育人"的设计原则，追求现代化、智能化、园林化，本市领先本省不落后的投资目标和总体效果。

这是新一届市委市政府为民兴办的又一件好事、实事。2000年8月正式落成开学。天时、地利、人和，为我校发展提供了极好机遇。面对新校的美好蓝图，看着一幢幢建筑物拔地而起，憧憬美好光辉的明天，我校全体师生兴奋不已！

然而，我们领导班子犯难了！新校基建工程由市里投资教委组织施工，"钥匙工程"，坐享其成。但是，新校的内部装备从经费到组织实施都要学校自己负责。且不说筹措经费的困难及压力，更困难的是我不熟悉有关业务，特别是动辄以千万元计的网络工程。现代教育技术装备，科技含量高，搞电化教育和计算机的老师也不明详情。如何使计算机网络、闭路电视、电话通信、广播音响，以及观摩保安等系统贴近中学教育和管理实际，方便师生使用，又如何使工程造价合理节省，都很有讲究。网络工程不同于建筑市场，这种高科技产业目前还缺少社会性中介监理部门。投资方的利益如何得到充分保证，工程签约前的论证就极为重要。

我一方面在校内广泛发动教师参与讨论，一方面亲自去南京、上海聘请专家。1999年12月10日，我主持召开了一场特殊会议——"张家港市高级中学网络工程设计论证会议"。请看应邀到会的评审专家名单：

祝智庭　华东师大教育信息与考试中心主任　教授　博导

俞德勇　华东师大现代教育技术培训中心副主任　总工

陈　岗　南京师大网络中心主任

陈俊良　南京大学网络信息中心总工

陈青云　上海育才中学校长助理　教育服务部部长

张一鸣　上海育才中学教育服务部副部长

会议从上午9：00一直进行到下午6：30，午间就吃了点快餐。会议的第一阶段，由来自上海、江苏、山东烟台三地的6家规模型计算机公司按事先约定，各自介绍自己的设计思路和方案并公开报价。接着接受专家咨询质疑。第二阶段是专家和我们学校有关领导老师一起评审研究。不怕不识货，就怕货比货。整整一天会，胜读十年书。比较之下，就是外行也能听出其中的优劣高下了。

一周以后，我又组织了同样类型的"新校实验室装备工程论证招标会议"，校内参与面更加广泛。

专家们说，这样的论证十分必要，否则，网络工程往往会成为"挨骂工程"，工程剪彩竣工之日，就是结束停用之时。

校内老师说，如此集思广益，高透明度的民主决策，我们既信服也放心。

商家说，如此公正、公开、公平竞争，我们输了也服帖和高兴。

　　我的体会是，要当好一名校长，离不开校长的人格魅力，这就要求校长必须具备百折不挠的毅力意志，具备较高的人际沟通交往和组织协调能力，具备在比较困难的情况下，做成事情成就事业的实际工作能力。当前，从我国国情和办学的实际情况来看，校长要真正做到依法治校、坚持民主、自觉接受群众监督，是需要一点无私无畏的胆量和仁慈宽厚的肚量的。在市场经济条件下，特别要注意坚持公正、公平、公开的办事原则，这不仅是经济效益问题，更是学校的风气、风尚问题，也是事关校长的威信和形象问题，更是学校制度文化建设的基础和保障。

二、全班学生给我签名"上书"

（一）案例回放

　　2001 年 12 月 27 日下午，学校外语组的×老师来找我"申冤"，说自己在期中考核中，学生评价这一项属于年级最差的，因此考核工资的相应部分为零，实在想不通。这位老师于 2001 年暑假应聘加盟我校，有"省级教学能手"称号，因此他觉得，和以前在当地一直"受宠"甚至各方面对他都"宠爱有加"的情况相比，实在是天壤之别。

　　当天晚上，我又收到了这位老师任教班级班长执笔全体学生签名的"上书"，摘要如下——

　　"今天的外语课上，我们的×老师用很深沉的、很熟练的英语问我们：'你们觉得我怎么样，你们觉得我对你们负责不负责……'我们对这些突如其来的问题感到莫名其妙。后来我们知道他被我们给害了，我们伤了他的心，我们听过他的话后，都感到自己错了，我们很后悔，×老师被我们的无意给伤害了，真的，我们很后悔，我们都发现自己做了一件错事，×老师对我们真的很负责，对我们真的很严格要求，我们班级的每一个成员都签字了，都可以作证！以前是我们不懂事，高校长，我今天写信给您就是为了澄清：他十分出色，他很棒，

very good！此时，我们很激动，但又没有勇气去向×老师认错、道歉，我们伤了他的心，是无心的！我写这封信还有另外一个目的，就是想让你了解整件事的原委，请您不要误会×老师，他真的是一位出色的老师，我们不想因为那次学生测评而动摇×老师的信心，我们还是很希望他能像以前一样给我们上英语课，我们一定会更加认真学习英语，我们不想因为那次测试而影响×老师在全校老师中的'名师'形象！并且，我们共同保证，以后我们一定不会再犯同样的错误！"

（二）相关背景

2000 年秋季，张家港高级中学新建开办。面对巍峨气派的大楼和花园式的美丽校园，面对以每个教室全套多媒体装备为标志的一流办学条件，面对从全国各地前来加盟的许多优秀教师；特别是面对学生和家长对学校的信任期待，各级领导对学校的鼓励厚爱以及异常激烈的办学竞争，我们积极进行股份制办学改革实践，努力探索建立和"三个面向"与素质教育相适应的现代学校制度。根据新的办学特点，在张家港市第一中学的办学基础上，学校建立了从《股份制办学章程》到教育教学人事工资等各方面在内的一整套规章制度。"学生评教"正是其中的一项内容。我们希望，在当前应试教学有点"惨无人道"的无奈现实面前，让"学生评教"在素质教育人文教育的导向功能中发挥一点作用。说明确一些就是，我们希望老师都要有良好的教学质量和分数效益，更要求他们注重学生能力素质培养，从而实现学校"让学生用高分去升学，用智慧去成才"的办学承诺。或者说，我们希望老师要严格要求和管理学生，但又要让学生都能够理解和接受，更不能"不择手段"用摧残学生身心健康为代价去实现教学目标。然而，这种管理制度和办学目标要让每一位教师真正理解和接受需要一个时间过程。一本沉甸甸的《制度第一》凝聚了多少年的办学经验和教育管理智慧。将学校章程和各种管理条文的汇编本取名《制度第一》，完整的意思是"制度第一，校长第二"。因为在学校管理中，权威的来源是"法"而不是"法官"，校长只能充当一个"法官"的角色。然而，我们更清醒地知道，一流的硬件装备，只要有钱就能做到做好；科学完善的"刚性"制度也可以不是很难地写在纸上贴在墙上，兑现落实在管理考核和工资奖金的发放之中；建设一个良好的学校制度，更重要和更艰难的是，要建设严格和自觉执行制度的人文精神环境。

（三）资料链接

读了学生的"上书"，想到×老师痛苦的眼神，我知道自己的工作做得不够全面到位，考虑"刚"的东西多，考虑"柔"的一面少。于是，我提笔给他回了一封信——

×××老师：

这次期中考核，让你受到了内心的震撼和痛苦。兹表示亲切问候。顾全大局，小我和大我之关系，想不用我饶舌。学生的褒贬鼓励应该已给你些许宽慰。

成功的经验往往因为放大而扭曲，而失败的教训才更真实。我们认为，作为一位有追求的教师，把自己的自尊心暂时放下，认真听一听想一想学生的意见，哪怕是苛刻的意见，对自己的发展提高会有好处的，这是一位优秀教师在成长道路上应有的胸怀和历程。再说，就算暂时摔在了"坑"里，如果一路走一路回头看那个"坑"，只可能再摔下另一个坑。理想的态度是用明天成功的快乐，疗治昨天失败的伤痛。别把昨天的痛苦带到今天，这样会造成明天再次的挫折。供参考。另外，还要提醒你的是，学生评教是学校考核工作中的组织行为。学校一定不断改进工作提高信度和效度。作为老师，当然可以也应该经常听取学生及家长对自己工作的意见，但如果直接针对"学生评教"进行相关调查了解或在学生面前表达一些埋怨情绪，是不应该也是不明智的，不仅不利于学校工作，不利于师生关系建设，也不利于个人的工作和身心。望三思并引以为戒。

祝新年快乐！

（四）作者建言

我相信，和老师之间的通信沟通，从某种程度上来说，是比扣款惩罚更为重要和有效的柔性管理。我还深信，在诸如考试成绩、表扬批评、经济奖惩、先进评选等等"硬"管理以外，让老师作为"代表"在大会上发言或在升旗仪式时演讲，给老师一个或大或小的干部岗位，把老师的"光辉"形象连同优秀事迹一起在学校橱窗展出，乃至在校史陈列室给每一位教工一个版面，创造条件让教师在报纸电视上露脸风光一回，等等，都是"以专业和个人的成就作为激励器"（杨九俊语）的一种柔性管理，都是以促进教师自身发展为目的的人本管理。诚如杨九俊先生所说："在知识型的机构中，真正的管理是从管理人的积极性开始的，刚性管理往往是管行为，柔性管理则能管到思想，由其思想再去影响行为。"应当说，刚柔相济，是学校人文管理的上乘境界。管理是一个复杂的旅程，教育改革成功的程度完全取决于每一位教师主动和真心参与的程度。

三、管理是一种细节文化

（一）原始文档

关于在教职工中开展文明用餐活动的通知

全体教职工：

为了进一步深入开展人格教育活动，以良好的师德规范和行为修养为学生树立榜样，用生活中的每一个典范的细节影响学生，根据校长室要求，决定在全校教职工中开展以"不剩一粒米"为主要内容的文明用餐活动，具体内容如下：

1. 凡在食堂用餐的教职工自己盛饭，吃多少打多少，不能剩饭，不准剩一粒米，菜尽量吃光，杜绝浪费。不买菜的原则上不得用饭，也不能把本人以外的用饭带出餐厅。

2. 为方便教工就餐，减少浪费，教工餐厅按男、女两种标准分别收取饭金。

3. 就餐者刷卡收费，一律不欠账，且拒收现金。

4. 除本校职工的子女外，其余学生不得在教工餐厅用餐。来访亲友在教工餐厅用餐，连续时间超过两天的，第三天起须交纳一定的搭伙费。

5. 就餐后请按墙上的指示文字将剩余物、空餐盘和筷子分别放入桶（筐）内。

6. 食堂提供早餐的免费小菜、豆浆等，吃多少取多少，杜绝浪费。不得将这些免费食物带出餐厅，供应他人。

7. 不在教工餐厅吸烟。

8. 共青团、后勤部、工会、妇委会要深入餐厅了解教工的文明用餐情况，对违反规定的用餐者，将给予批评教育，并以教研组为单位在行政简报上进行通报。对屡教不改者处以一定罚款；对文明用餐者，将在校园网上通报表扬，期中奖励餐费。

特此通知。

张家港高级中学共青团、

后勤部

工会

妇委会

2004.8.31

张家港高级中学教师着装仪表要求

1. 不穿 T 恤和无袖衫。

2. 提倡女教师化淡妆，男教师系领带。

3. 禁止穿金戴银。

4. 禁止手机进入课堂。

5. 女教师不染彩发，男教师不留长发。

6. 男教师进课堂刮干净胡须。

（二）相关背景

学校规定，校园内自行车一律推行。但一些老师往往不能自觉执行，特别是早上或晚间仍照骑不误。于是，我给大家送了这样两句话。其一，"校园无小事，事事育人；教师无小节，处处楷模"。其二，"每当你在校园骑车时，请回头看看，你的身后总有学生在看着你"。

学校要求，学生在老师面前要双手接受老师给的东西，不允许一只手接拿。事实上一般学生都做不到，总是用一只手。问题表现在学生身上，矛盾的根子却在老师。老师一方面没对学生提出此严格要求，另一方面更没有言传身教，因为老师给学生递东西时总是缺一只手。有时面对学生，心情不好的时候往往是将东西扔过去，丢过去甚至摔过去的。请听听苏霍姆林斯基的诤言——"品德基础的建立不是靠长篇大论的说教，而是用榜样的砖块一天一天地铺砌起来的。"

（三）资料链接

韩国。大学教师必须穿西服，打领带。即使是夏天也一律如此。他们认为，衣着端庄，仪表整洁，至少是对学生的尊重。

2004 年 9 月 11 日，著名书法大师启功先生出现在央视《对话》节目中，他深情回忆恩师陈垣，说陈师对他帮助最大，给他印象最深的，不是学术学问，而是为人师表，比如进课堂要衣着整洁，要刮干净胡子。

抗战时，南开中学校门旁有一穿衣镜，上面刻着如下箴言：面必净（发必理），衣必整，纽必结。头容正，肩容直。气象：勿傲、勿暴、勿怠。颜色：宜和、宜静、宜庄。

2004 年 4 月，江苏省教育厅祭彦加副厅长到苏州大学检查工作，特别建议食堂辟出回收点，让学生自己收拾餐具并送到指定地点。为此，暑假里，苏大投入十万多元在各个食堂——建立回收点，并于 8 月 30 日开始在全校正式启动。……学校饮服中心主任高柄根说，此举的目的除了缓解食堂工作压力，改善就餐的环境外，更重要的是培养大学生的用餐意识，检验他们的动手能力。（《扬子晚报》2004 年 9 月 16 日）

（四）作者建言

日本东京贸易公司一位专门负责为客商订票的小姐，一次给德国一家公司的经理购买往返于东京—大阪之间的火车票。不久，这位经理发现，每次去大阪，他的座位总在列车右边的窗口，每次回东京，又总在左边的窗口。问这位购票的小姐，答曰：为的是能让你往返都能欣赏美丽的富士山。这位德国经理深为感动，当然也就乐于和日本的这家公司进行贸易合作了。

"麦当劳"是著名的世界性大公司，之所以独步全球，和其严格细致的管理分不开，他们生产和管理过程中至纤至细的专门技术就有 25 000 条之多。比如柜台高度统一为 92 厘米，决不随意降低或拔高，因为研究表明，这一高度最适合顾客掏钱付账。全球"麦当劳"的吸管直径都是统一的，根据"吸饮料时能体现母乳进入婴儿口中的速度则口感最好"这一实验原理设计。汉堡包的厚度和气孔大小有明确规定，因为研究证明，那样的面包在口中咀嚼味道最好。牛肉分量45克，烤制时要放在A厘米的铁板上，温度为B度，烤制C分钟，ABC当然都有具体的讲究和规定。正是这些管理的技术和学问，造就了"麦当劳"这一享誉全球的食品行业中的"航空母舰"。那金色大字"M"招牌挂遍了全球，连锁店达15 000个以上。

教育是一种做的哲学，管理是一种细节文化。人格浓缩在细节里。良好的校园风尚，理想的办学质量，更重要的是一位位优秀教师，一个个优秀学生，可以在这种严格的管理文化中脱颖而出。

四、用阅读拯救自己

2002年寒假前，我在学期结束工作会议上布置了教师假期读书任务，春节后上班的第一天学校即组织检测考试。试卷是我亲自出的。试题列举如下。

一、根据苏霍姆林斯基《给教师的建议》一书填空。

1. _____应当成为吸引学生爱好的最重要的发源地。如果学生_____那他就连教科书也读不好。

2. 阅读_____，才能使教科书里包含的那点科学基础知识，对教师来说只不过是入门的常识。

3. 如果学生有了一门喜爱的学科，那么你不必为他没有在各科上都取得"五分"而不安。应当使人更为担心的，倒是_____，多年的经验使我确信，这种学生是不懂得脑力劳动欢乐的平庸之辈。

4. 儿童在入学时都带有渴求知识的火花，但是在有的人身上，这点火花很快就熄灭了，而产生了教学上最凶恶最可怕的敌人：_____。情感是学习的最大动力。为了使学生有强烈的学习兴趣，就必须使他们有丰富多彩引人入胜的智力生活。因此教学要联系实际，引进_____，而不能把学生的思维套进黑板和课本的框框里，不要让教室的四堵墙把学生和气象万千的世界隔绝开来，因为在世界的奥秘中包含着思维和创造的取之不竭的源泉。

5. 教育的重要任务就是渐渐养成学生从事紧张的创造性脑力劳动的习惯。在掌握知识的过程中，要同时培养脑力劳动的素养和自我纪律。教育者的作用是跟受教育者的_____有机融合在一起。_____的培养，就是从自己向自己提出目标、集中智慧的努力、思考以及进行自我监督开始的。教育的意义在于使学生在脑力劳动中感到什么叫困难。

6. 学校里不应当有任何一个_____的学生，即对任何事都不感兴趣，没有任何东西能使他激动和向往。我们必须给所有的学生都找到最爱做的事。

7. 请任何时候都不要忘记，我们面对的是极易受到伤害的极其脆弱的心灵，学校的学习不是毫无热情地把知识从一个头脑里装进另一个头脑里，而是师生之间每时每刻都在进行的_____。如果认为我们的学生都是能够顽强地克服困难的英雄，那就未免想得太天真而且错误了。教师不应该是一个冷酷无情的监工。

2003 年 9 月 10 日，教师节。我为全校教师发节日费和点心券的同时发了《精神的雕像》一书。我希望能用中国最优秀的一代知识分子的精神，浇灌学校精神。几个星期后，又为全校教师每人发了一本《发现母亲》。几年中，我们为全校教师统一发放阅读的书目还有：《班主任工作漫谈》《中学生实用学习法》《走进心灵》《爱心与教育》《爱的教育》《重塑生命》《我的教育理想》《新教育之梦》《仁爱一生》《假如给我三天光明》《相约星期一》《帕夫雷什中学》《怎样培养真正的人》《和教师的谈话》《中国教师：专业素养的修炼》《在日记中成长》等。许多老师说，张家港高级中学的教师读书最多，听学术报告最多，张家港高级中学的教师工作最辛苦，但收获最大、进步最快。张家港高级中学的教师收入待遇不高，但精神待遇和精神享受最好。

一位中年女教师说，我们的校长像一位严厉的父亲，硬逼着他的儿女读书、进步、成才。一位青年语文教师在交流读书心得体会时说："读了苏霍姆林斯基和李镇西的书，想想过去的教育行为，和大师们相比，我觉得自己简直是个弱智儿童"。我对他说，你有如此认识，就一定不是一个"弱智儿童"，你一定能成为一个优秀教师。

我希望每一位教师都把苏霍姆林斯基作为偶像和榜样。

苏霍姆林斯基说："我私人的图书馆里，在几间房子和走廊里，从地板直到天花板都摆上了书架……有成千上万册图书……我每天不读上几页，有时不读上几行，我是无法活下去的……"

苏霍姆林斯基通过广泛阅读，拓宽了知识视野，把专业知识转化为专业能力，充实了自己的教育思想，成就了自己的一生伟业。他一生共完成了《把整个心灵献给孩子》《和青年校长的谈话》《公民的诞生》《帕夫雷什中学》和《给教师的一百条建议》《怎样培育真正的人》等40多本理论著作。此外，还发表了600多篇论文和1 200多篇儿童读物。1977年，苏联有关部门把他的教育著作汇编成《苏霍姆林斯基教育文集》出版。目前全世界已用30多种文字翻译出版了他的教育著作。他的教育著作既有理论，又有实际，被人们誉为"活的教育学""学校生活的百科全书"。

苏霍姆林斯基认为，读书不是为了应付明天的课，而是出自内心的需要和对知识的渴求。如果你想有更多的空闲时间，不至于把备课变成单调乏味的死抠教科书，那你就要读学术著作。应当在你所教的那门科学领域里，使学校教科书里包含的那点科学基础知识，对你来说只不过是入门的常识。在你的科学知识的大海里，你所教给学生的教科书里的那点基础知识，应当是沧海之一粟。"每过一年，你的科学知识都变得更丰富。"工作若干年以后，"教科书在你眼里看来就浅易得像识字课本一样了"。

我常常觉得，教师很可能一辈子平庸，但你若能努力追求，就能成为一位优秀教师或教学专家，甚至是出色的教育家。成功并不像人们想象的那么难。魏书生初中毕业，但成就了很大的事业。培养魏书生的是书籍。我和魏书生有很多交往。我很佩服他那种融会贯通、左右逢源的境界，能够达到这种境界的人，肯定是一个真正的读书人。我曾问过他，你早先在农村的时候，有没有想到会有今日的成就与辉煌。魏书生很认真地回答我，应该是想到的。李镇西现在被人们称为中国的苏霍姆林斯基。当我问及他为什么有这样的成就时，他回答我，可能是比别人早读了一些书，多读了一些书。我觉得李镇西之所以能够成功，很大程度上就在于他认真学习和实践了苏霍姆林斯基与陶行知的教育思想。

成功并不像你想象的那么难，只要你对教育工作感兴趣，只要你能坚持读书学习，勤奋实践，成功的大门一定会向你敞开。我送大家两句话，一句是"多一些书卷气，少一些烟酒味。"第二句是"一个真正的人应当在灵魂深处有一份精神宝藏，这就是他通宵达旦地读过一二百本书"。

要真正地实施素质教育，首先必须真正提高教师自身的素质。教师的素质如何才能提高，教师的观念如何才能转变，或者说，和时代相通的先进教育理念，创新教育的改革思想，民主平等的师生观念从哪里来？校长对学校的领导就是教育思想的领导，这种领导又如何实现？我认为，组织教师读书是最好的办法。阅读教育专著和文化名著是一线教师接受继续教育的最便捷的方式，是帮助教师提高的有效途径，也是学校名师培养工作的基础工程。这种阅读，不仅提高了教师的理论水平，更重要的是提升了他们的职业素养和职业品位。

有的人总说没有时间读书，其实我认为关键是想不想读。请想一想，你的晚上呢？双休日呢？节假日呢？有人说，看一个人是不是有志向、有出息，或者说，人和人的区别主要看两点——一是看他交怎样的朋友，二是看他的业余时间怎样安排、怎样度过。

还要耐得寂寞、耐得繁华。现代生活，外面的世界真热闹，灯红酒绿，声色犬马，有诱惑力的东西太多了。要读书就要学会坐冷板凳。只身一人，孤灯一盏，寒窗苦读，是要有一点精神和追求的。我建议大家向武侠大师金庸学一学。当年，金庸在香港办报，身为报社老板，每天亲自写千字的（连载）小说和千字的评论，并且一写就是20年，写出了令我们叹为观止的成就！

这是一种寂寞的力量，这是一个读书人的力量，这更是教师和教育应有的力量。

我认为，对于教育工作者而言，读书还有更重要的一点意义是拯救自己，因为不读书的教师最终会沦为简单的劳动力。而一个简单的劳动力想要得到人们的尊重则是很难的。两千年来，我国社会最崇拜的人是教师，比如孔子，孔子是名教师，更是教育家、思想家。他的那种高山仰止、景行行止的大家风范，皆令人叹服。而当代教师的地位为什么低下？不可回避的就是"经师"和"人师"的区别问题。只有真正的"人师"才是神圣的。真正的教师应该是不可替代的。

把学校办成一个学习的团体，让每一位教师都能自觉地意识到，只有阅读才能拯救自己，从而把阅读作为自己的生活方式和宗教一般的信仰，这应该是"文化关怀"这一神圣诺言最美好的兑现。

五、我心中一直挂着一把"金钥匙"

国际宾馆行业，有一个至高的称号叫"金钥匙"。来自拉丁语的"金钥匙"一词，原意是"正在服务"，现在已作为大酒店门童中最优秀者的代名词，指具有极高办事效率的人。他们的信条是，如果符合法律和道德，永远不会对客人的要求说"不"。凡达到这种境界的门童，被授予一枚特殊的徽证——金钥匙。这是国际公认的职业精神和职业规范的至高荣誉。

1996年6月1日，一份《受虐待人申诉书》放在我办公桌上。吃惊之际急忙阅读。原来，是本校青年教师小艾的妻子写的。信上反映，自1995年10月1日结婚以后，夫妻经常吵架，小艾从指责谩骂到动手打人，致使妻子"头部身上数处受伤"。并且在妻子回娘家之后，把家中的门锁全部换掉，不让妻子再进家门。"现在我已怀孕七个月，他将我送回娘家后至今既无电话问询，又未来探望过我，又不给替换衣服。那么，我肚子里的孩子快要出生了，怎么办，真是上天无路入地无门啊！"她表示，要讨回公道，否则将请法庭来处理。

小艾夫妻吵架闹离婚的事，我已早有耳闻。听说女方已投诉于市委书记、市妇联等领导和部门，并将《申诉书》到处散发，诉说自己有家不能归，指责小艾虐待妻子，于是不明真相的人纷纷谴责小艾，我们学校也蒙受不良名声的影响——为人师表的地方，怎么有如此教师？据了解，矛盾恶化从1996年5月19日始。当日晚，女方召集亲友从乡下闯入城里小夫妻家中，打小艾，砸家具，还扔下一个80多岁的老太在小艾家里继续纠缠。事后，老家的镇司法干部进行了调解，但双方都不能接受。男方说：家已打散，在缺少安全感和迫不得已的情况下换了锁，女方要回家得先交出"打手"！

正准备调解之际，法庭打来了电话，接着女方母亲姑母来校告状，小艾父母找我哭诉求援，后市教委又提出处理要求。几日之间，各路人马都向学校——当然主要是向我施加压力。怎么办？"清官难断家务事"，然而不出面做工作，又不好向各方面交代。当然，我更明白，小艾需要学校和我的保护支持。既然双方都来找我，既然法庭明确表示暂不受理，我自然要主持这个"公道"了。还要说明的是，在此期间，在男方全然不知道的情况下，小艾妻子在家人的怂恿支持下私自打掉了肚中的胎儿。这样，本来还存一线和好希望的这对夫妻，恐怕真到了山穷水尽彻底分手的时候了。

于是，6月18日，各方人员（包括单位领导）、小夫妻老家镇上的司法办公室主任（小夫妻婚后住城里，双方家庭原来都在该镇上）都应邀来到了我们学校。小艾妻子因刚打胎未能到场。一次特殊活动——婚姻关系调解会议即将开始。会前，我把双方父母单独喊在一起开了个"预备会议"，和他们约法三章：第一，出席调解会议的人员双方要对等。第二，会议上双方只能各派一人做发言人，其他人无权讲话。第三，一方发言时，另一方不得插话，以免发生争执，干扰会议。双方都表示接受。此前，我就会议内容和议程理了一下思路——让双方各自陈述事情经过，在"有家无归"这一焦点问题上做辩证分析总结，提出破镜重圆的建议，请双方表态究竟想合想离。另外，今天的调解会议要做好详细的书面记录，以利日后的解决处理。会议完全按我预定的设想和计划顺利进行。会上，我强调申明的主要观点如下：第一，双方特别是双方父母都有责任。双方父母都不该袒护自己的孩子。"小夫妻吵架不过夜。"父母不明智，直接参与插手的结果使矛盾日益激化，水越搅越浑，以至不可收拾。如果一开始就都对自己的子女严格要求，也许不会走到今天如此难以收拾的地步。我发现，在我讲这点内容的时候，双方家长都难过地低下了头，接着都表示同意我的意见，也流露出深深的后悔和覆水难收的遗憾。第二，从今天开始，再也不能将矛盾扩大化了，不管小两口关系最终如何，双方父母都要从保护他们的声誉出发，和为贵，因为即使离了婚，他们总要重新组织新的家庭，应该在社会上留下个好的名声。第三，双方都表示和好已无可能，那么接下来一定要通过法律程序解决问题。目前，唯一正确的态度和方式是依靠法律来解决问题，保护自己。否则，感情用事只能是自己吃亏。

至此，调解圆满结束也十分成功。事实上，整整6页的会议记录为日后的法庭调查及判决提供了很大方便。与会的镇司法干部当即忍不住激动地说："我做了近30年基层司法工作，从来没看见哪一个单位领导有如此高度负责的精神和令人信服的调解水平！"

后来，小艾彻底摆脱婚姻阴影以后，他的工作更加投入卖力了。

国际宾馆行业，有一个至高的称号叫"金钥匙"。来自拉丁语的"金钥匙"一词，原意是"正在服务"，现在已作为大酒店门童中最优秀者的代名词，指具有极高办事效率的人。他们的信条是，如果符合法律和道德，永远不会对客人的要求说"不"。凡达到这种境界的门童，被授予一枚特殊的徽证——金钥匙。这是国际公认的职业精神和职业规范的至高荣誉。我常想，作为校长，必要的时候，倾尽全力帮助老师解决生活中的困难和烦恼，恐怕也难说是学校管理中分外的责任。换句话说，校长在这类事情上参与和关心到位，会比做其他工作更有"文化"价值，会产生比做其他事情更好的管理效益。

在我的心头，一直挂着一把"金钥匙"。

六、家访：零距离的亲密接触

中国教育的落后，重要的是家庭教育的落后，更重要的是母亲教育的落后。一位外国名人说，人接受的教育有三种，一种来自家庭，一种来自社会，一种来自学校；而前两种教育往往和学校教育是背道而驰的。另外，由于各种原因，当代中学的学习有两大障碍，一是动力不足，二是缺乏兴趣。如何改变这种落后，如何充分挖掘家教资源，我校推出"家访日"活动制度，行之有效。我校的《家访日活动条例》如下。

张家港高级中学《家访日活动条例》

（一）为什么要开展"家访日"活动？

1. 沟通家校联系，提供优质服务，搞好家校合作，提高教育质量。

2. 帮助班主任了解家庭和社会，增强责任感、使命感，并锻炼交往能力。

3. 宣传学校的办学承诺和办学成绩，树立良好的社会形象。

（二）重点访问哪些对象？

1. 特殊家庭

如孤儿、单亲家庭、再婚家庭、特困家庭、非第一监护人家庭等。

2. 学习特别困难同学家庭

如学习基础差、学习态度差、人际关系差、心理素质差等。

3. 学习特别优秀同学家庭

4. 有特殊家长的家庭

如荣誉军人、身患重症、残疾或智障、不重视孩子读书、和学校及老师有过不愉快合作记录等。

5. 对学校有特别贡献的家庭

如高额捐资、社区单位领导、家长委员会成员等。

（三）家访内容

1. 考察了解住房、家居、经济收入、物质生活情况。

2. 询问了解孩子从小到大的成长情况，如成绩、处分、表彰、获奖、爱好、脾气性格、社会交际等。

3. 询问了解孩子过去的学习和生活状况，有何特殊经历，如异地读书、非父母养护、留级、病休等。

4. 征求对学校工作的意见。

5. 其他。

（四）家访注意事项

1. 尽量走进学生家中。

2. 事先安排好访问名单及行程路线。

3. 一律不得吃请收礼。

4. 非经学生部批准，不得携带他人随同。

5. 同时做好访问记录。

6. 注意讲话方式和艺术，坚持正面鼓励原则，帮助家长树立信心，调动家长积极性。

7. 尽量宣传学校的办学条件、办学承诺和办学成绩。

8. 交通和用餐自理，学校提供每天 50 元的综合补贴。

9. "家访日"的工作时间：

原则上每个月的第一周的周三和周五为高一年级班主任"家访日"，每个月的第二周的周三和周五为高二年级班主任"家访日"，每个月的第三周的周三和周五的下午为高三年级班主任"家访日"。

"家访日"具体安排为上午 7：00 至晚 21：00，学校安排调课、代课。不得中途返校上课，也不得在校外从事和家访无关的其他任何活动。

10. 访问结束返校（家）时，请及时向年管委领导报告销假。

附："家访日"访问记录表

班主任＿＿＿＿＿＿访问日＿＿＿＿＿＿年＿＿＿＿月＿＿＿＿日

起迄时间				
学生姓名		受访家长姓名		
记问地点	＿＿＿＿镇＿＿＿＿村＿＿＿＿组 ＿＿＿＿小区＿＿＿＿幢＿＿＿＿室 或单位地址：＿＿＿＿＿＿＿＿＿	家庭（长） 电话		
住房面积、家居条件				
家长工作单位及单位地点	父亲			
	母亲			
家庭经济状况				
访问记录				
印象及思考				

填表日　＿＿＿年＿＿＿月＿＿＿日

　　下面是班主任家访笔记摘录和我的评点。

　　"虽然没有什么高档的用品，但家中整洁、有致，看得出，瞿建龙的妈妈爽快而又能干，一会儿外婆来了，紧跟着外公来了，最后爷爷也来了……这一家人相处得一定融洽。"

　　"这是本次家访，也许是我本学期家访难度最大的一位，该生自进入张家港高级中学以来，每次大中小型考试，只要是排到名次的，总是理所当然地排在年级倒数第一，且屡教不改，大有舍我其谁的气概。是因为他纪律上有问题？不是。学习上不认真？不是。那在男女生非正常交往中开了小差？更没有。这样一个大家都说好的学生就是不肯在年级最末一名中挪窝。面对这样的学生，我该不该上门家访？我有没有脸上门家访？去了以后，家长会不会对老师冷嘲热讽，对学校指指点点？说心里话，我顾虑重重。本着学校'从最后一名抓起'的信念，抱着'我不入地狱，谁入地狱'的勇气。我壮着胆徒步了半个小时，终于走到其家门口，与家长见面的一刹那，我真的很希望有一个地洞能让我钻进去。

　　因为出乎我意料的是，家长十分热情，将我请进屋里，他说，'你来，说明我的孩子还有希望，学校没有看不起我儿子。'"

　　——家访深受家长欢迎。好多家长说，孩子读书，从小学到现在，你们是第一位上门的老师。家访，果真是现代教育的遥远的童话？

　　"卞文龙的父母靠捡垃圾为生，其母手的残废度很严重，身体也差，卞文龙上学的费用也是东挪西借的，但由于自尊，他没有申请补助。"

　　"父亲很爱这个儿子，30岁那年得一子，视如珍宝，自己省吃俭用也要让儿子接受好的教育，当年出 1.5 万元进张家港高级中学，就是不想进职高混日子，给儿子一个机会，缪琼曾经进过网吧，父亲非常伤心，但经过父子间长夜谈心，缪琼发誓再也不进网吧！"

　　"谢一阳是我班年龄最小、个头最矮的学生、人很聪明，上学期期中考试中曾一跃进入了年级 500 多名，期末时拿到了校诺贝尔优胜奖五等奖学金，但他有一个致命的弱点，纪律观念差，管不住自己，也不服班团干部管，上课不认真听，课堂上不是做小动作，就是乱插嘴，多位老师对之十分头疼，同学对他的印象也越来越不好，本学期月考成绩一落千丈，父亲对其甚感无奈，父亲应邀进班为全班同学讲述艰难的创业史，居然面对全体同学泪流满面，泣不成声，没有说成一句完整的话（事后，他说当时心情实在不好，越想越气，待儿子成绩好后再来谈），这件事极大地震动了全体学生，也教育了谢一阳，表示一定要服从学校管理，遵守纪律，不再做错事，这次家访就是在上述事情发生后两周进行。他告诉我，当天晚上回家后，一夜未睡，一直在思量如何教育子女的事情，家访中，我与他一起探讨了对谢一阳的教育方法，并向家长汇报了谢一阳最近两周的良好表现，让家长感到欣慰。"

"响鼓需要重锤敲，家长的心声就是深入学生心灵的惊雷！"

——许多老师说，只有到了家庭，才是真正走近了学生。百闻不如一见。家访既是教育舞台上的一个折子，也是新一轮演出的一种准备和组织。相信家访以后的"戏"一定会更加精彩。

"跟缪琼父亲谈的每一句朴实真切的话都会让我的心痛一下，一个满手、满身油污的父亲含着泪在和我谈儿子，谈自己如今的生活，希望儿子能比他过得好。并庆幸把儿子交给了张家港高级中学这样一个管理严格的学校，选择张家港高级中学比选择五年制大专好，主动要求与我经常联系，让儿子健康成长。"

"再穷不能穷教育，尽管张文涛父母经济收入较低，但他们节衣缩食，供张文涛读书识字非常不易。我觉得自己肩上的担子很重，如果一年后张文涛考不上大学，我真的觉得对不起张文涛的父母。"

"一个念大学的女儿，一个读高中的儿子，还有生病在家的爱人，陈国强父亲的肩上担子实在是太重了，可见他那二等车的生意在经济日渐发达的今天更显得寥落。可他还是那样热情，那样乐观，虽然一贫如洗，但干净整洁，家里是落后，可这庄稼人的理念却是超前的。"

——教师也是家访活动的受益者。也许，这种教育和收获是关在学校里永远得不到的。

　　"家长对张家港高级中学未来发展充满信心，愿将儿子再次送进张家港高级中学。"

　　"家长对学校的管理、班级的学风都感觉到很满意。希望后面两个子女再次进入张家港高级中学就读。"

　　"目前，家长对学校很满意，很有信心，家长说，为了决定孩子读哪一所高中，他们曾到几个学校暗访考察，最后还是觉得张家港高级中学的管理确实很到位。"

　　"家长对学校管理满意，也谈到当时比自己孩子分数高的人进了××中学，但去年期末考试成绩比该生低了40多分，所以对学校的严格管理很满意。"

　　——家访是播种机，家访是宣传队，家访是活广告。这不仅是功利的，更能让全体教师得到精神的鼓励安慰和享受。我对老师们说：金杯银杯，不如学生的口碑；金奖银奖，不如家长的夸奖。

七、从春游到文化考察

　　陶子当年，把国家危难、人民命运和教育紧密相连，这是"生活教育"的真谛。那么，新时代的新教育，实现"三个面向"，又岂能把学生一天天一年年地关在学校里读死书和死读书呢？

　　还在第一中学任校长时，我曾收到一位"保密姓名"的初二学生来信，请求春游——

　　"今天，听说初二去春游了，我们非常高兴，写下申请，连计划也写下了。万事俱备，只欠东风了。而班主任他答应了。下午得到消息听说，班主任又临时改变了主意。顿时，我们都火冒三丈，准备的计划一切白费了。"

　　"高校长，你明白我们的心情吗？在初一时，由于有两个班没同意，便没去春游。可现在呢？都初二了，为何还不去？初三要中考了，又要复习不能去，何不在这时痛痛快快地发泄一下呢……在这里控制一切的，还是老师，是老师不让我们去的。老师为何不想想我们的心情呢……我们是多么想去啊……中间正夹杂着一个障碍物——老师，是他们把我们的希望破灭了。老师平时怎么样，我们不去说了，但是他们没有权力这样做，这是我们学生的事，而不是老师的事。"

　　"高校长，我想校园的生活是多姿多彩的，不是只有在学校空读书，我们应该出去游一游，看一看，见见世面，不只是在学校空读书，希望校长能为我们做主，给我们一个满意的结果。我想你也曾经历过这样的事，也曾走出去玩玩吧！"

　　学生的心情可以理解，学生的请求也完全正当。然而学校不是不想组织，而实在是"不敢"组织，因为怕学生出事，因为上级有文件规定——只能在本市郊游踏青。好端端的一件好事真的只能"因噎废食"了么？高唱"素质教育"、"社会大课堂"等声音的人，难道都只是"叶公好龙"而已？孔子有"莫春者，春服既成，冠者五六人，童子六七人，浴于沂，风乎舞雩，咏而归"，苏霍姆林斯基有"蓝天下的学校"，陶行知有"生活教育"，难道21世纪的我们反倒不敢跨出校门一步？

　　请听听陶行知的声音："这个学校自1924年12月9日起，已经开学，还没有取名字，我姑且送它一块校牌，叫作民族解放大学校。它用不着建造武汉大学那宫殿一般的校舍。工厂、农村、店铺、家庭、戏台、茶馆、军营、学校、庙宇、监牢都成了这个大学校的数不清的分校，连坟墓都做了我们的课堂，谁能说庙宇的无名英雄墓和古北口的支那勇士墓不是我们最好的课堂啊！"陶子当年，把国家危难、人民命运和教育紧密相连，这是"生活教育"的真谛。那么，新时代的新教育，实现"三个面向"，又岂能把学生一天天一年年地关在学校里读死书和死读书呢？

　　要搞春游，更要搞文化考察，这是一门素质教育的大课程。我校不能让它消失！

　　2002年3月28日，我校近1 500名师生分乘35辆汽车至南京师大、中山陵、雨花台等地进行综合性的文化、历史考察活动。活动之前学校进行了精心准备，每个学生都能按照要求事先阅读了解学校下发的本次活动的有关背景材料，在活动过程中能进行认真考察：参观南京师大仙林新校区（特别是江苏一流的"敬文图书馆"）时能充分感受大学氛围，激励奋发向上立志考上大学的学习热情；考察中山陵、雨花台时能了解孙中山先生的生平事迹，了解我国从旧民主主义革命时期到新民主主义革命时期反帝反封建斗争的历史，激发了学生的爱国热情。并在回校后根据要求进行认真总结，写出考察报告和体会文章。综合性的文化历史考察和社会实践活动，丰富了学生的人文知识，培养了学生的团队精神，锻炼了学生的组织能力和社会交往能力，增强了班级凝聚力。

2003年3月28日，我校高一、高二学生浩浩荡荡开赴浙江。

这一次，我们去了乌镇。下面是学校校园网的有关报道——

　　"春看江南老乌镇，是一件很富有诗意的事。这个曾诞生了伟大作家茅盾的江南小镇，曾多少次让师生们心驰神往。

　　"四个小时的车程，师生们不觉一点疲倦，下了车，走进乌镇，第一眼看到的是乌篷船。这种在鲁迅的小说里，周作人的散文里经常出现的小船，一下子让我们走进了水乡乌镇那独有的灵秀与历史之中。

　　"跟在导游的后面，我们走上逢源桥。这桥是双身桥，左右各一，大概暗含了左右逢源这一成语，从而传达出乌镇人对自己命运的一种期盼。

　　"过了逢源桥，一路下去，我们观赏了财神堂、公主糟坊、丝棉作坊、染坊、一洞天茶园、江南木雕馆，探访了茅盾故居、修真观、戏台，拜谒了夏同善翰林第，然后到访卢阁品茗，到汇源当铺体验了一下朝奉与当铺老板的滋味，还煞有介事地在那比一人还高的当铺的柜台前吆喝了一声：当！

　　"乌镇是一个有6000年历史的老镇，人文典盛，冠绝一时。在这里，你能看到古代大文学家沈约的背影，能于昭明太子读书处听到那悠远的书声。而首先归纳出唐宋八大家之说的明代大散文家大学问家茅坤，也与乌镇有着深厚的渊源。据卢学浦《乌青镇志·人物》载：'乡里小生无不知茅鹿门（鹿门，茅坤别号）者。'

　　"乌镇古有英才，今有俊杰。中国现代文学史上的文学巨匠茅盾先生也诞生在这里。走在乌镇的小巷里，踩着茅盾先生曾走过的青石板，我们抚摸着一段沧桑与历史。站在陈云同志与邓颖超女士分别题写的"茅盾故居"的匾额下拍一张照片，我们又似乎让自己的情感与先生的精神耦合。虽然我们知道，19岁的茅盾先生从这里走向了上海，走进了"五四"的新文化历史，走进了现代文学的圣殿……但养育了一代文学巨匠的热土却永远提示着我们，在这里，有着深厚而绵长的文学之源和文化之根。"

2003 年 10 月 14 日据《扬子晚报》报道，中国唯一一家择差教育学校——徐向洋教育训练工作室，再开一项中国教育史上的先河——100 名 8~15 岁学生，历时 17 天，长途行军 460 公里，完成了从江苏淮安到山东泰山的跋涉，从而揭开择差教育万里行序幕，正式宣告中国首家"行走中的社会学校"诞生。

报道说，9 月 20 日下午 1 点 30 分，择差教育创始人徐向洋率领由 100 名 8~15 岁孩子组成的学生队伍，在 15 名管带、教官、教师的呵护下，从淮安向山东的曲阜、泰安进发。"行军纪律和生活方式与当年红军长征一样：人人挂水壶，背背包；在规定的里程处，炊事班提前埋锅做饭；吃饭时，立正、报数，饭前一支歌，歌毕按班依次打饭，宿营时打地铺；休整时，上课、训练。行军初始，学生队伍以每小时三四公里的速度缓慢而又艰难地前进。当行至沭阳县时，孩子们已是东倒西歪，疲惫不堪。7 天后，学生队伍的行军速度提高到每小时六七公里。10 天后，这支经历了夜行军、急行军、强行军考验的队伍速度已达每小时 7.5 公里。进入山东境内后，徐向洋真切感受到了'生活即教育，社会即学校'和'世界上的一切坏事都是从不劳动开始'的深刻内涵。10 月 3 日中午，开饭时的场景令人难忘。每人一饭一菜一汤，菜是大白菜烧猪肉，放在平时，那肥肉是没什么人碰的，但这会儿不论白菜肥肉，统统'风卷残云'。炊事班长透露，学生饭量大增，每天约吃掉大米 110 斤、面 35 斤、肉 35 斤、菜 45 斤。

这是个令人心动的事实。请看这些孩子，时而头顶骄阳，汗湿衣衫；时而身冒秋雨，脚踏泥泞；时而夜起早行，从黑暗迎来日出；时而晚归夜宿，送走夕阳西下迎来满天星斗。当 960 万平方公里土地上的全国中小学生进入梦乡的时候，这支特殊队伍仍然在疾步前行，他们用各自的双脚在丈量着祖国的大地，孩子们有的走破了鞋底，有的脚上水泡连着血泡，可他们的精神却依然昂扬，无数次战胜自我，坚持着'宁可倒下，绝不退下'的信念，终于在 2003 年 10 月 7 日下午 4 点整，走完 460 公里全程，完成了从淮安抵达泰山的长途跋涉，来到了泰山脚下。"

这是一种具有时代意义的教育实践。我想，源于陶行知"生活即教育，社会即学校"教育思想的"行走中的学校"，一定会越来越多地出现在全国各地。我为徐向洋叫好。

陶行知教育思想的要旨是，运用生活的力量来改造生活。我以为，春游秋游和社会考察的真正意义，就在于它的人文关怀和生活教育。

八、把卡耐基请来学校

去年我担任了高三两个历史班的教学工作，一个人承担了高三历史教学任务，感觉压力非常大，整整一年，不敢有丝毫的马虎，过得忙碌而充实，每天总有一个信念在支撑着我："我一定要帮助学生成功！"辛勤的汗水换来了丰硕的回报，每次全市的统测，学科增长率稳定在前三名，在高考前全市教学质量分析会上，获得表扬。高考更是取得可喜的成绩，在一半是艺术考生的情况下，我校2003年高考历史成绩和暨阳高中持平。尤其是我忘不了高三（5）张黎明同学走出考场，看见我一边拥抱一边激动地说："老师，我爱死你了。"

上学期快期末时，我把头发稍微烫了一下，变了一下发型，没想到引起了高三（14）班学生尤其是男同学的广泛注意。当天晚上自习课下课后，高三（14）班的王智神秘兮兮对我说："老师，我做了一个调查，我们全班十四位男生，有十三位不喜欢你现在的发型，还是原来的好看。本来你是我心中的偶像，可是现在有点不像了。"我真是很喜欢这种平等的交流。为了让高三（14）班的男生满意，我把花了100元好不容易烫成的头发又梳直了，变成了原来的模样。

这是我校历史女教师丁艳2004年3月8日在全校教师大会上的演讲片断。在每周教师会议上，在开学典礼修业仪式上，在各种集会上，我们一般都安排教师上台发表演讲。

美国的戴尔·卡耐基是现代世界很有成就的伟大的教育家之一，也是对我影响较大的伟人之一。学习和借鉴卡耐基成人教育的经验，我在学校大力倡导和组织教师和学生的演讲活动。卡耐基教育的形式和途径主要是演说交流。人际沟通，拥有热情，接受失败，克服困难，解除烦恼，是卡耐基教育的核心内容；而其真正的主题和灵魂则是战胜自我实现自我。

我们经常组织青年教师开展演讲活动。

"2002年8月的一天早晨，我从激动兴奋中醒来。这一天对我有划时代的意义。因为今天，我在大学毕业后要第一次走上讲台。

"记得上第一节课，面对56张陌生的面孔，我的舌头还有点打不过弯来。这节课具体是怎样上的，我早已想不起来了。只记得开始时由于紧张，竟忘了介绍自己。当美妙的下课的钟声终于敲响后，我逃跑似的走出教室，但我刚出门，后面就响起一片喊声：'老师，等一下，老师姓什么？'

"这喊声让我激动得热泪盈眶，这喊声喊出了我作为一名教师的责任和自豪。我急忙转身想再回到教室，可门已经被我带上了，我使劲推门，同学们明白后争先恐后来开门。我走进去，只见56双期盼的眼睛盯着我，我就在这浓浓的情谊中在黑板上写下了自己的名字。当时我想，我的学生啊，今后我一定要做你们最好的老师，最棒的老师。"

这是2003年5月4日，我校"庆五四青年教师演讲比赛"中化学组肖含老师的演讲片断。讲到这里的时候，肖含有些哽咽，我随大家一齐鼓掌，以期使她的心情平静下来。

也许是肖含太投入了，也许是大家的掌声烘托了她的感动，她的眼中泪花在闪烁。当讲到"以前做学生的时候，觉得当老师是那么的简单快乐，现在我才知道那支粉笔，留下的是彩虹，洒下的是泪滴"的时候，她泪流满面。又是人们的掌声给了她平息激动的间隙。在下面的两三分钟的时间里，大家又一次次地鼓掌，应和着肖含的真诚。肖含的至纯真情，极好的现场效果，使她成为那次比赛的一匹"黑马"。

再看青年体育教师孙健的一回演讲：

"记得我在老梁丰读初二时，由于我的学习很差，而且不主动，班主任就将我和班长调为同桌。说起我们这位班长，那成绩可是好得没的说，从没有下过年级前十名。我当然是佩服不已，但又无可奈何，心想：人家的脑瓜灵光，什么东西一学就会，我哪能和他比呀。所以我对自己一般的成绩心安理得。但一节物理实验课上给了我深深的触动。那时我们正学习使用天平。将天平调好之后我就想实验一下。于是拿起他的课本和我的课本各自放在天平的一端，谁知天平重重地倾向他那一边。我有点不相信，以为天平出了问题，便将书对换以后重新称起来。谁知结果还是一样：他的书比我的重了整整4.3克。我说你的书里放了什么东西，就拿起他的书翻抖起来。结果什么也没发现。我更纳闷了，为什么他的书就比我的重，难道他书是牛皮做的吗？拿起书仔细一翻，结果发现里面密密麻麻地写满了笔记，甚至后面还没有学到的东西，他也写满了。再看我的书，光亮如新，我甚至还能闻到只有新书才能散发出的油墨的芳香。我的心震动了：我与他的差距可能不在脑瓜灵光不灵光，或许这4.3克才是我和他的真正差距吧！从那以后我学习刻苦多了，学习也有了很大进步，最终考上了一所理想的高中。从这件事中我明白了一个道理：天才不是偶然。"

孙老师竟然把自己同班长的差距用天平称了出来。"4.3克的差距"，多么经典的一个例子。很长一段时间，这个故事一直在校园流传。

青年教师从应聘考核到第一学年结束，学校组织的大型演讲比赛有4次之多。不仅练口才，练胆量，更重要的是，这样的演讲活动，对于演讲者和听众来说，都是一种精神的餐宴，一种心灵的演绎和沟通。物理组青年女教师杨丹丹来校一年后，因为是少数民族的原因，为了爱情，她不得不离校奔山东而去。依依惜别之际，她深情地对我说："来学校工作一年，我读的书比大学4年还多，我参加的演讲比赛比我以往的25年还多，我永远不会忘记你们，不会忘记这片培养了我的深情的土地……"

让学校成为全体教师成长、成功的一片深情的土地，是办学的理想境界。

除了集中举行演讲比赛，我校还在每周一次的工作例会上安排教师演讲。讲述师生交往、家校交往、同事交往中的生动故事和感受，小故事，大教育，已成了我校一道美丽的风景线，成了全校教师每星期一次的精神宴席和神圣期待。

教师的演讲往往妙语连珠、精彩纷呈。

其实，我校学生的演讲也同样生动活泼红红火火。演讲的时间是每天的晨会课和语文课、每周的班会课和升旗仪式、每月的年级联合班会等。演讲的内容是生活故事，我们要求学生讲自己的故事，讲身边的故事，凡和同学、家长、长者、友人交往中感动过的事情，都是演讲的材料和内容。"小故事，大教育"的学生演讲活动，是我们百思之后的火光闪耀。这是进一步落实"人格教育"以及"动力开发""情感互动""习惯养成"三大德育工程的有效抓手。我们希望通过丰富的演讲活动，挖掘校内外的教育资源，以现身说法的直观方式，以生动形象的叙说拨动学生真善美的心弦，从而奏响"以人为本，文化关怀，自强不息"这一学校精神的美好旋律。

演讲是一种交流，演讲是一种教育，演讲是培养师生的大课堂。和师生们一起，我自己也在演讲交流中不断进步发展。2001 年 10 月 21 日，我代表江苏参加教育部第二届全国基础教育论坛，并作为三位代表之一在开幕式上演讲。教育部副部长王湛、教育部基教司司长李连宁、教育部师范司副司长袁振国等许多领导专家都参加了会议。那次演讲，也产生了不小的反响。几年来，我先后应邀在湖南浏阳、福建南安、四川成都、江苏的大丰、江都、太仓、武进、丹阳、连云港、南京、苏州、张家港等地为中小学校长和骨干教师作了 80 余场演讲。2003 年 11 月 9 日，我应邀去苏州参加第二届"21 世纪教育沙龙"。朱小蔓、朱永新、谢维和、劳凯声、杨九俊、王铁军、杨东平、杨德广、范小青等几十位国内十分知名的专家、作家参加会议并先后发言。会议安排我发言。我做了题为"营造书香校园，培养读书人口"的演讲。我发言后正好是会议休息时间，许多人都围拢来，我成了全场颇受注目和欢迎的"明星"。

九、人格是用一笔一画写成的

上高中，为人生；　　　　　　　学交往，贵真诚，

读好书，修身心。　　　　　　　普通话，说标准；

文忠行①，克念圣②；　　　　　　讲脏话，不文明。

既慎终，更畏因③。　　　　　　　不可少，真友情；

敏于事，手脚勤；　　　　　　　好朋友，三生幸。

先做人，后学文。　　　　　　　有孝慈，敬师恩；

　　　　　　　　　　　　　　　　泛爱众，而亲仁④。

品行端，仪表正；
发必理，面必净。
纽必结，衣必整；
无名牌，心宁静。
好女生，做淑女；
男子汉，有精神。

学吃饭，养德性；
一粒米，都不剩。
乱消费，虚荣心；
进饭店，家长领。
餐桌上，收干净；
盘碗筷，须分清。
不插队，做士绅；
小餐桌，大学问。
学走路，要虔诚。
闯红灯，万不能；
自行车，不带人。
随手扔，真耻辱；
护环境，净心灵。
踩草坪，是丑行；
路走好，人生正。

师他人，以为镜，
一辈子，得滋润。

住学校，好学生。
如宾馆，搞卫生；
学军校，摆物品。
熄灯后，即安静，
人是铁，睡是金，
睡眠好，有精神。
同宿舍，惜缘分；
手足情，三辈亲。

上课时，须认真；
做题目，要细心。
抄作业，如犯罪；
勤耕耘，动脑筋。
逢考试，最神圣；
不作弊，悬明镜。
不抬头，莫分心；
有进步，真本领。
当英雄，得高分；
题金榜，孝双亲。

[注] ①《论语》："子以四教：文、行、忠、信"。文，广义的文章，含一切知识学问。忠，对国家社会父母朋友，有贯彻到底的诚心。行，指一生的事业成果。

②《论语》："克己复礼，克念作圣。"克制自己就能保持内心纯洁，克制自己的欲望就能成为圣人。

③《论语》中有"慎终追远"和"菩萨畏因，凡夫畏果"之说。重结果更重原因；重结果，更重视动机。

④ 语出《论语》，意为和一般人都保持良好关系，而且特别亲近、品性好、有爱心的人。

以上是我执笔起草的张家港高级中学《人格学习三字经》。

我校的学风是"学会学习，培育智慧，塑造人格。"我们希望张家港高级中学的每一位同学都能用高分去升大学，用智慧去成大才。要知道，个性、特长、兴趣、爱好、人品人格是最重要的"学习成绩"。虽然，人格看不见，摸不着，称不出重量，量不出尺寸；但是，在我们生活的周围，谁人格高尚，谁人格卑劣，都可以真真切切地感受出来。社会上，无论是一字不识的老人，还是享誉中外的学者，学校里，无论是老师、工人还是普通学生，人格都是通过一件件具体的生活琐事表现出来的。在人格的表现上，人人平等。哲人说，人不一定能使自己伟大，但一定可以使自己崇高。长期培养，严于律己，从一言一行一颦一笑，一桩桩具体小事做起，我们的人格才能高尚，我们的校园才能美好，我们的社会才能理想而充满希望。

听朋友介绍，香港地区有些学校的校规极细极严。比如女生必须穿长衫校服，长发必须双辫，耳环不得大于4毫米，女生的标准裙里要穿运动裤，不准染发，严禁头发上喷定型水，不准带手机进校，不准带校外标志。校长们认为，抓这些小事是为了让学生记住团队精神，为了学校形象。在日本，常听说他们的规矩也十分具体生动。比如女孩们喝茶，如喝到茶叶，不能随口吐出，而要悄悄地咽下去，这样才不失女孩应有的教养和风度，男孩子在公共场合要上厕所的话，只能一个人悄悄地去，而不能呼朋唤友结伴而行。

香港地区和日本学校的规矩，可以给我们这样一种启示：人格是用一笔一画写成的，成大才要从小事做起。

比如走路，是不是应该知道如下"笔画"规矩呢。走"正路"不走"斜道"；该走则走，该行则行；如像爱护朋友、爱护生命一样保护草坪和花木；走路靠右（如上下楼梯）；自行车校内推行；进入外单位须征得同意并按规定登记；乘车遵守规定并礼让老人妇女儿童；放学放假时须直接准时到家；走路时不追逐嬉戏打闹；坐汽车要从右边上车或下车。校园里最常见的是抄近路走斜道，这种现象屡禁不绝的直接表现和危害，是把许多道路拐弯处的三角地带踩得光溜溜亮晶晶的，破坏了绿化，影响了校容。我甚至说过，这是我们校园的耻辱。因为这种不良习惯和恶劣行为的背后隐藏着目无校规校纪、暴殄天物、不知道保护生存生活环境等个人主义和自私自利的思想品性，是没有教养没有素质的典型表现。

还有说起来令人尴尬的"学会吃饭"问题。吃饭时，一定要等一桌上的人到全后才开始。吃好菜要相互谦让，不浪费饭菜。吃完饭以后要将自己面前的剩物收拾干净。不要以为这是些婆婆妈妈芝麻绿豆般的小事，其实做到了这些，你可能就是一个受欢迎的人。而且，现在能要求收拾好餐盘餐桌的人，将来才能收拾好自己的生活，自己的家庭，自己的人生，才能做一个有责任心、有好习惯的好丈夫或好妻子，才能有一个永远快乐的人生。不以任何借口走到队伍前面去。相反，现在敢冒学校之大不韪，厚着脸皮在大庭广众之中众目睽睽之下插队，将来也许什么坏事都能做得出来。为什么我校食堂大厅的门上要写着"学会吃饭，学会做人"这八个大字，因为我们认为，学会吃饭有学会做人的大学问。不吃早饭，伤身体，误学习，这不仅是生活习惯问题，也是对自己不负责任的表现。吃饭打冲锋的人，跑掉的是自己的修养和形象。把点心和快餐带进教学区，会污染环境，增添他人麻烦，影响班级荣誉。违纪的人也是自私的人。老是到校外吃饭，嘴馋、高消费的人，将来不会有大的出息。贪吃懒做，贪吃者往往懒做。

学习行为中的人格修炼更为重要。比如虚伪是学习的最大敌人，因此，要坚决不抄作业，考试绝对不能有任何作弊之心和作弊行为。如果坚持这样做了，你肯定能不断进步，你的人格就会永远优秀和令人尊敬！

不要以为都是些无关大局的小事。要知道，这些生活中的小规则，往往是人类智慧的结晶，是人类在长期发展中总结出来的生存法则。我们都希望优秀，都渴望创造和成才，那么，就做事而言，我们要敢于质疑和否定，突破人们头脑里形成的思维定式这种"大框框"。而在做人方面我们都必须遵守那些小规则，即做人必须懂礼貌有教养。只遵守小规则，不突破大框框，注定一生平庸；只想突破大框框而不守小规则的人注定一生失败。中国人向来欣赏"文质彬彬，然后君子"，西方人也往往赞美雍容尔雅的绅士风度。不拘小节没有修养的人，能成为君子和绅士吗？

人格就是力量。人格浓缩在细节里。细节，构成精神的肌体，熟视无睹细节，往往就是忽视文化。让我们站在细节处，透视每一位师生的人格和学校的风貌。让我们一起说：向关心细节的人们致敬。

再送你一段古训：勿谓一念可欺也，须知有天地鬼神之鉴察；勿谓一言可轻也，须知有前后左右之窃听；勿谓一事可忽也，须知有身家性命之关系；勿谓一时可逞也，须知有祸福子孙之报应。

能改变人塑造人的学校才是最理想的学校。世界上没有失败。成功，就是简单的事重复做，坚持做。人格教育是教育的伟大工程和伟大追求，但具体过程却是细小的甚至是简单的。我们相信，坚持进行生活化细节化的人格教育，一定能让张家港高级中学的每一个男生都成为谦谦君子，每一个女生都成为大家闺秀，每一个学生都成为富有人格魅力的强健的现代中国人！

十、为改变命运而读书

——《为人生奠基》序

写下这个标题，忽然觉得是否有点消沉低调，或者有点沉重悲壮。是不是该提"为祖国崛起而读书""为建设中华而读书""为立志成才而读书"，或其他积极昂扬的正面的说法。然而，考虑再三，我还是否定了自己的怀疑和犹豫。

我喜欢"为改变命运而读书"这个标题，因为这句话非常真实真情。说明白点就是，眼下在社会主义初级阶段，我们许多家庭的命运乃至我们国家的命运，确实需要改变。

高一（16）班庄晓英同学，看到"年迈的爷爷奶奶还在为她的学费在田野忙碌时，她流泪了……每次交学费时，钱都是从奶奶手中接过来的……奶奶拿出一沓厚厚的钞票，那上面沾着黄土和汗水的钞票，一张张——有五元的、十元的、一元的、二元的……"高二（10）班王庭贤同学知道，爸爸妈妈因为没有文化，只能在厂里缝袋子挣钱（缝一只袋子才 1.54 分），"我经常看到她的手指头被磨破，流着血……"高一（2）班汪萍萍同学兄妹四人上学，爸妈是极普通的农民，家里的那间土屋也是村里少有的几间了。"爸爸妈妈都是几年不穿一件新衣服的，而妈妈给我们姐妹几个买衣服，总是挑一些淡淡颜色的。"因为家里实在困难，妈妈说，"买淡颜色的衣服，你们穿旧了就我穿，不会浪费钱，省下来供你们读书。"

贫穷不是过错，不是耻辱，不是宿命；然而贫穷需要改变，贫穷可以化为精神财富。我很欣赏杨建民老师写给刘娅琳同学的话："刻苦是贫困带给她的最大财富，知识改变命运是她刻苦坚忍的信条"。我十分欣赏高一（2）班黄德家同学的话："学习对于我是一种经历，一种财富，只有牢牢地把握它，才能把握自己的命运，才能创造自己崭新的将来。"同样，我也十分欣赏王庭贤同学的决心——"以优异成绩来报答父母，这就是我对父母的最大的孝顺。"以优异的成绩考上大学，从而改变自己和家庭的命运，这是中学时代的最佳选择。王庭贤的家境和事迹，有一定的代表性和典型意义。我希望学校里能有更多王庭贤式的同学——不是希望大家的家境像他，而是希望大家都像他一样有理想，有志气，有精神，有毅力。

我喜欢"为改变命运而读书"这句话，因为它具有强大的精神力量。

什么叫贫困？你只要读一读高一（3）班仇冲的叙述。什么叫刻苦用功，什么叫志向高远，什么叫精神的力量，你同样只要读一读仇冲。爸爸上学时带去学校的干粮是奶奶讨饭讨来的；在上初中时，除了去厕所，几乎屁股从不离座；晚自修回家后，若去厕所，也必定带上蜡烛或手电筒，去厕所里看语文笔记，一直到两脚发麻。"我下定决心，长大后做个官，做一个好官，扫除那些社会的寄生虫，振兴我们伟大的国家！"我相信仇冲的真挚感情和凌云壮志，我为张家港高级中学有仇冲这样的学生而高兴和骄傲！

为了"相约在南京大学"的三年约定，高三（1）班朱健同学才有了"颠簸的凳子"的故事佳话。原来，"下午的课总让人昏昏欲睡，梦一梦周公是何等快意尽兴，可他不能。因为错过知识就是错过前程。他终于找到了一个绝妙的方法：别人的凳子都是四个脚着地，四平八稳，舒舒坦坦，可他的凳子却总是只有两只脚甚至一只脚着地。偶尔瞌睡了，凳子就会颠簸，在颠簸中他就会睡意猛消。无须头悬梁锥刺股。只要一点小小的智慧就赶跑了多少朦胧睡意。"于是年级第一名属于他，丰厚的奖学金总特别青睐于他。

高三年级袁留芳同学我永远不会忘记。那是 2000 年 6 月 30 日，在市招生时，她和她父亲几个小时缠在我身边。因为他们既向往我校，又害怕交不起学费。我十分理解他们这种矛盾和痛苦的心情。然而，进入高中以后，袁留芳给我的印象始终是笑嘻嘻的一副乐观样子，始终是一位发奋努力成绩优秀的佼佼者。我能断言，袁留芳的未来、朱健的未来一定是辉煌的。促使他们进步的，成就他们人生的，与其说是学校和老师，倒不如说是他们自己，是他们那种"为改变命运而读书"的远大志向和强大的精神动力。

我喜欢"为改变命运而读书"这句话，我觉得它十分美丽诱人，因为它成就了许许多多名人伟人的美丽人生。"新东方"实用英语学院院长杜子华，1980年高考落榜，差本科线60分！父亲让他去纺织厂上班，他却没有听任命运的摆布，下决心补习再考。1981年终于以高出录取线50分的成绩考上了山东工业大学，更难能可贵的是，一进大学，杜子华就瞄准了考研究生的目标，而且重点攻克英语，并无意中发现和掌握了学习英语的客观规律，即从简单开始，循序渐进，在实践中培养和发展兴趣；有了"兴趣"开路，学好英语就是自然而然的事了。这为他日后成为英语教育专家，为他日后事业有成蜚声天下，奠定了最重要的基础。让人钦佩不已的是，杜子华以大学机械专业的背景，考取了北京外国语大学翻译学院的硕士研究生。读研阶段，他阅读了大量的人物传记和历史书籍，受到极大启发，他说"读书塑造人""读什么书成什么人"！

我向大家介绍过的另一个美丽的名字乔慧存，也和"新东方"有关，当然，更和读书改变命运有关，而且简直是这方面的一个美丽而真实的童话。15岁考上中专，工作后5年内拿下函授商业管理本科文凭。24岁以同等学力考入哈尔滨工业大学读经济学研究生，26岁被中信总部录用。29岁辞职，创办自己的咨询公司。32岁，被美国沃顿商学MBA录取，现在美国读书。令人吃惊和羡慕的还有，此时的乔慧存已积攒了未来几年读书和生活的费用。因此"新东方"的徐小平称赞他的成功历程是"边远城市一个平民家庭的子弟，一个中专生，成长为北京城里的高级商业人才——以及候选商界英雄的奋斗过程。"在我看来，乔慧存这个奋斗过程尽管充满传奇色彩，其实最本质最重要的是"读书"二字。

还有当代的大"英雄"张艺谋，要不是发愤努力，刻苦自学，说不定至今还在陕西国棉八厂当工人或做干部。他回顾自己的生活道路时，说了这么一句话：从考上大学起，我的命运随之得到根本改变。

亲爱的同学，想想杜子华，比比乔慧存，看看张艺谋，我们在惊叹羡慕他们的同时，能不想到自己，能不寻找差距吗？我把高一（3）班晏旭的两句话送给大家——

"好男儿要对得起咱爹娘，好男儿要闯就闯出个名堂"！

还有女同学们，让我们一起这样说！

母亲的幸福，家庭的兴旺，往往是儿女创造出来的。国家的命运，祖国的繁荣，往往是年轻一代决定和创造的。我衷心希望我校的全体同学，都能为了改变自己的命运，改变家庭的命运，改变国家的命运而勤奋读书。

十一、班主任，把你的名片发给学生

> 学生不知道老师姓什么叫什么，于是大多数学生只能喊语文老师、数学老师、外语老师、物理老师、生物老师、动物老师……透过这些冷冰冰的字眼，背后是冷冰冰的师生关系。

1999年11月，我在初一、高一、高二选择一些班级进行小型问卷调查。其中的一道题目为"请写出你班上各位任课老师的姓名"。统计结果令人吃惊：能写出老师姓名的只占16％，写出老师姓的只占31％。因为在开学初，我们就要求，新学期第一堂课老师要自报家门、自我介绍。平时，也要求师生多沟通。要建立民主平等的良好师生关系，相互了解是第一步的工作呀！关键是老师。因为我有体会，每接新一届的班级，第一堂课，我总要较多地介绍一下自己，甚至把自己的名片发给每一个同学，师生关系一下子就在较高起点上融洽了。学生不知道老师姓什么叫什么，于是大多数学生只能喊语文老师、数学老师、外语老师、物理老师、生物老师、动物老师……透过这些冷冰冰的字眼，背后是冷冰冰的师生关系。

在传统师生关系中，师道尊严，长幼有序等观念影响着师生之间平等的交流了解。而现代学生观则要求教师了解每一个学生，并且是主动、全面、立体地了解每一个学生，这是建立民主平等师生关系的基础和保证。请牢记苏霍姆林斯基的话："尽可能深入地了解每个孩子的精神世界，是教师和校长的首条金科玉律。"（《帕夫雷什中学》）

我们提倡在全体任课老师中开展"点名达标"活动，即在规定时间叫出全班所有同学的名字，了解他们，进而能说出他们的特点。我说，什么时候你能对着每一个学生的后脑勺叫出他的名字，那么，你就有了做一个优秀教师的资格。有的班主任还坚持每周找每一个同学谈话——哪怕是一两句有意无意的对话，哪怕是拉一拉学生的手，拍一拍学生的头。因为，我们面对的是具有强烈情感需求，又是十分敏感脆弱的年轻而稚嫩的心灵啊！

我校规定，开学第一个月之内，班主任需和班上的每一位同学个别谈心。要了解每一个同学的成长经历、家庭情况、学习基础、兴趣爱好、特长本领。更要走进他们的心灵，了解他们的心理需求、人际交往、个性情感、理想追求等等。

了解学生是为了帮助学生更好地成长。因此，我们设计了这样的问卷提纲。（1）你是否有将来做什么工作的打算？——成长需要理想。（2）在你的记忆中，有哪几件事值得你自豪。——成长需要体验。（3）家庭也是一个世界。在这个世界里，你最想对自己的父母或者对天下的父母说些什么？——成长需要沟通。（4）从小到大，谁最赏识你，肯定你哪些方面的成绩或优点呢？——成长需要肯定鼓励。（5）在学校的"校规"中，对你而言，哪一条或哪几条最重要但做起来又最难。——成长需要自律和意志。

我们要求班主任进行家访，开展"走访母亲"活动。因为随着现代传媒的日益发达，家访已成了遥远的教育童话。我们认为，每一个优秀的学生背后，都有一双优秀的父母和良好的家庭环境；相反，凡后进生，特别是品性发展上不够理想的学生后面，也都有父母（特别是母亲）或家庭生活的原因。母亲的工作是上帝的工作，了解学生要从了解母亲开始，母亲不单单是孩子的"第一位老师"，即使把所有的老师加起来，也比不上一个母亲的重要。一个学生从小学到高中，一年以十位老师计，十二年便有一百二十多位老师。这些老师一般都是教一门学科，少则带一年半载，多则两三年，但一个母亲却要将孩子带到长大成人。只有母亲这样的"导师"，能够将一个人从幼儿园、小学、中学、大学指导帮助到硕士、博士毕业；只有母亲这样的"班主任"，能够将孩子那么多的课程和身心成长发展的那么多方面，完整地协调到一个人身上；只有母亲这样的"校长"，能够胜任从幼儿园园长、中小学校长到研究生院长的职责。世界上能够找到这样出色的教育者和管理者吗？也许，一个最蹩脚的母亲也胜过一打最出色的特级教师！

在我校，每一位班主任老师都给学生印发自己的名片，让学生觉得老师如朋友一样亲切；每个班级都建立"师生友好交往手册"和"班级史册"制度，通过有形的载体在师生心中建造起无形的彩桥。学生干部一定要竞选产生，班规班纪一定要让同学集体讨论民主产生，全校学生都写日记，在师生中开展"日记共读"活动，旨在促进师生交流，并帮助同学养成习惯，为自己建造一所自我培养的"日记大学"。

前年，听一位朋友说，我们学校有一位初中生会用"针灸"给人治病，当时我真不敢相信，后来了解这是真的。改革开放后的今天，我们许多老师的口袋里也许仍然只有中国的人民币，而有的学生口袋里常常有美元、英镑等花花绿绿的各种钱币，他们的脑袋里更是装满了各种五颜六色的思想情感。有人说，在物质生活条件越来越丰富的今天，学生的成长却出现了"三大三小"的现象，即：生活的空间越来越大，活动的空间越来越小；房屋的空间越来越大，心灵的空间越来越小；外界的压力越来越大，内在的动力越来越小。

父母从事什么职业，家庭经济生活状况如何？父母感情和关系如何，从小到大是在父母身边长大的，还是在爷爷奶奶或外公外婆或其他亲友家里或寄宿制学校长大的？从小是否有写日记的习惯，日记带锁吗？平时愿意不愿意和父母一起上街？过生日愿意不愿意让父母在家一起陪伴请来的同学客人？经常和哪些人交往，有没有最知己的朋友，经常喜欢看哪些书籍电视和碟片？学习自觉吗？学习不认真、不刻苦的生活背景和心理因素有哪些？

特别重要的是，我们的学生这一代人生活在信息爆炸时代，他们获得的信息具有多样性和复杂性。按照信息不对称理论，当管理者和被管理者，领导者和被领导者之间产生信息不对称时，占有信息多的一方就可以欺骗信息少的一方。

如果没有以上方方面面的深入了解，我们能说自己尽到了做教师的责任吗？

这方面，我一直表扬原市一中年级组长张惠英老师。

那是1996年7月5日，早上上班后，学校保卫处主任常介瑜老师急匆匆前来报告，说张老师班上的胡×同学可能要出事，问我能不能派小车给他，马上去家访。我忙问原因。原来，胡×近来因为和父母闹不和而情绪十分低落，并且和知己好友流露出轻生的想法。今天早读前全班就缺胡×，未准时来校，凭着了解和预感，张老师马上意识到情况不好，于是就立即和保卫主任作了联系。我一听此话，当机立断：找司机派小车不如马上到校门口坐出租车！

果不出所料。当常主任和张老师来到胡×家里以后，破门入室，眼前的一幕让他们至今后怕——胡×在父母离家上班以后，服下了大量安眠药片！赶忙送到医院！

医生说，再晚了哪怕半小时，就无可挽救了！当张老师回到学校后，班上的几位同学连忙急着交给她一封她们也是刚刚在门房拿到的信——

李红：

你好！也许看到这封信时，我已经离开了人间。在死前，我托龚心和交给你三支我送的笔和一块橡皮。希望你能原谅我以前的过失。我也把吴学明折得信纸带来了。希望你能替我给他。并代向他说声再见！

好了，话我已说完，我祝你考上重点高中，把我做的事办好。我就死也瞑目了。

此致

敬礼！

希望你不要对老师说。

胡×

1996 年 7 月 4 日

还有把两只小猪和一个娃娃交给朱文。

谢谢!!!

亲爱的读者，此时此刻，相信你一定会和我们的张老师一样激动和自豪——为教师事业的价值而自豪。我们的追求应该是，让你的学生深深感到和你在一起的时候，是她（他）一生中最难忘最快乐最充实也是收获最大的一段时光，并产生对您道德上的折服，情感上的依恋，人格上的崇拜。一句话，"因为有了你的存在而幸福！"你想成为一名优秀教师吗？那么，请从了解每一位学生开始吧！

十二、我的脑袋是驴脑袋吗

我一直珍藏着 2003 届高三学生高铭烨给我的一封信——

高老师：

　　您好！

　　现在已经是午夜十一点了，我刚预习完我的生物，预习完了一章老师布置我们预习的课文。本来，我还打算再看一会儿物理。当我抬头愣愣地看了一眼桌边那只猫头鹰小台钟时，一阵忍不住的伤感突然涌到了嘴边，我竟一个人趴在桌上哭了起来。

　　顷刻间，我感到了自己的无助，离高考只剩下了短短八十天，而我却痴痴地渴望能够以自己不懈的努力取得骄人的成绩。我渴望学习——那种过去从来没有的感觉，对于一度叛逆的我来说，简直是个奇迹。

　　老师，你知道吗？在我心中隐藏着一个惊天动地的小秘密，就像是马丁的梦想一样："我想考南大！"

　　我知道许多人听了这句话，都会冷笑一声，然后沉默。但是我不管，认准了目标我就要放飞，不管前面是悬崖峭壁，还是断谷深渊。或许，到达天堂的可能性永远只可能等于零吧！但我偏不信，我要用我的实力来征服这一切……

　　可是，让我回头再看看现实……我觉得很难过，难过得想哭泣，我觉得，自己的梦想和现实似乎是驴唇不对马嘴，而付出的努力和所得的回报却又不成正比！

　　"努力呀！努力呀！"我在自己的日记中一遍又一遍地鞭挞自己，防止在浑浑噩噩的道路上迷失了方向。于是，目标明确了，可我的精神却像套了一条锁链，被牵来牵去。

　　我是牛吗，是猪吗？我的脑袋是驴脑袋吗？

　　不是！不是！都不是！

　　那为什么要把我们当成猪来养呢？为什么要把知识点一口口嚼碎了放进我们嘴里呢？每天都花那么多时间讲，讲啊讲啊，讲个没完！一天从早到晚九节课，就连中午十二点那段时间也用来做了小练习。白天上课老师讲学生听。晚上就布置给我们作业做。做完了讲，讲完了做，没完没了地做，没完没了地讲。翻来覆去是那几条语言点，翻来覆去是那几条知识点，一道题要讲个七八遍，讲得老师口干舌燥，听得学生晕头转向。其实，这也罢了，但许多学生听得不耐烦，干脆就不听，于是课上死气沉沉。老师问：

"懂吗？"

没有人作声，于是，老师以为我们不懂，便又一遍一遍恶性循环地讲下去。一天下来，夜自修了，明明规定老师不许讲课，但许多老师还是"艰苦奋斗"。或是发下来一大堆作业，外加一句："要预习啊！"

呵！殊不知，在一堆作业面前，连大气也不敢出的我们哪里还敢把那句"要预习啊！"放在心上。

可我做了！每天晚上，我背着书包回家，认真看书，认真预习。可是，我实在太困了，困得没有一点点效率，于是当我拿起物理书时，看看指在十一点上的时针，我忍不住哭了。

我哭不是因为我累，我哭也不是因为我困。

我哭，是因为我为自己付出的努力得不到回报而感到悲哀。

常常听到老师在我们做题做得大汗淋漓的时候摇头叹息："做了那么多题，为什么成绩就是上不去呢？"

是啊，为什么呢？我问自己，一天到晚讲课，上课，把一个礼拜七节自修课全部分光，分得只剩两节也是做综合练习的我们，这么辛勤，这么累，到底是为什么？

我们不是为了做题，而是为了提高我们的成绩啊！但成绩不是光靠做习题就做得来的，我们更需要的是会做题的能力，会筛选知识的能力，会学习的能力。高考考的不是我们做的习题，而是考我们的能力，我们做的题已经够多够多了，但解题的能力不是靠几个题或老师讲讲就能培养的。

其他的课程除了不嘻嘻哈哈以外，模式也是类似。

我请求校长您能大发慈悲，能多给学生一点时间自己学习。用一句自私一点的话说，就是：不要再花大量的时间去抓那些不想学习的学生了，而是省多一点的时间，留给想学习的学生吧！

唉！一句两句也说不清楚我的感受，其实我很想和您谈谈。谈谈学习，谈谈教育，谈谈感受。

我是高铭烨，是高三（4）班的一员。写信给您的目的很简单，希望您能下令撤去所有老师瓜分掉的自修课，把它们回归学生，让学生自己分配。如果不能在全校实施，那我请求能在高三（4）班实施。还有夜自修不上课问题，自从学校规定老师夜自修不上课后，也没多大改变，有的老师依旧我行我素，连课连课地讲。

其实，我觉得学校的教育与老师固然分不开，但也应该了解到学生的心声。

高铭烨

2003 年 3 月 12 日

"我的脑袋是驴脑袋吗？"高铭烨的这句话一直印在我的脑海。传统师道观念不相信大多数学生能主动地自主地发展，于是老师的职业定位便是"传道授业解惑"。在老师的眼里，学生犹如一只开口的布袋子，老师的责任便是不断地往里边灌装东西。现实的情况往往是，学生是一只窄口的袋子，尽管老师一味地往里边灌装东西，许多东西甚至大多数东西都灌不进去。于是学生便成了一只永远立不起来的干瘪的空袋子。然而，民主平等的现代师生观最重要的一个特征便是相信和信任每一个学生。

首先，要相信每一位学生都有自主学习的发展潜能。浙江万里教育集团董事长徐亚芬，是一位事业上十分成功的女性，同时也是一位出色的母亲。徐亚芬的儿子在寄宿制小学上学，语文成绩很好，但不爱学数学，所以成绩比较差。一次，儿子从学校回来，对妈妈说："学校给我们测智商了。老师说我右脑比左脑发达，形象思维能力强，数字概念差，所以我的语文成绩比数学的好。看来，我的数学成绩是上不去了。"徐亚芬惊讶地问："是这样吗？有空我去问问老师。"她真的去了学校，找了班主任，并暗地里与班主任达成了一项协议。几天后，徐亚芬十分认真对儿子说："儿子，告诉你一件大事，我去学校问过老师了，老师说他搞错了，你是左脑比右脑发达，学数学会比学语文强多了！""是真的？老师真是这么说？"儿子睁大了眼睛，好像哥伦布发现了新大陆那样兴奋。"是呀，老师说，他看错结果了，他说的是另一个同学而不是你，你的左脑比右脑发达。"儿子信以为真，真的认为"我的数学一定能够学好，我很行"。这个结果完全改变了他对自己的看法，从此，在学数学的时候，恢复了自信，提起了精神，数学成绩很快超过了语文成绩。

大量实践表明，学生的潜能如空气，可压缩于斗室，可充斥于天地，就看我们把学生放在多大的自由空间。

我校提出的教改目标就是"主体学习，自主发展"，要求全校教师都要遵循"两主四多"的教学原则。"两主"即"主体学习，自主发展"，"四多"指多让学生活动、多用电教媒体、多表扬激励、多反馈落实。"两主四多"的核心是学生主体和相信学生的学习发展潜能。

其次，要相信每一位学生都有美好的情感。一个贫困的小山村，小学老师走马灯一般来了又去。其中一位大李老师，在那里待了三年，竟成了有名的光棍。慢慢地，大李老师的婚事传到了学生耳中，三年级的几位女生背地里商量给老师介绍对象——姐姐、阿姨、表姐。但不过听说李老师还是要走，到城里当工人。班上同学来到李老师宿舍，围着他哭成一片。看着李老师低着头，扛起铺盖，一个女同学突然站起来，扑向李老师拉着他的衣服说："李老师，你不要走，我嫁给你，我和你过一辈子苦日子。"李老师吃惊地愣住了，他把肩上的铺盖扔在潮湿的地上，蹲下来号啕大哭……

亲爱的读者，此时此刻，相信你一定会和我们的那位老师一样百感交集，多么可怜又是多么可爱的孩子啊！孩子的感情世界往往如落叶缤纷美不胜收。面对"花儿为什么有很多颜色"的提问，一位孩子说，"花儿只有一种颜色太阳就不喜欢了"，另一位孩子说，"花儿只有一种颜色，蜜蜂就不想吃了。"在2001年春天召开的"中国城市儿童想象力和幻想力科研成果发布会"上，北师大一位教授介绍说，问"树上有五只鸟，猎人开枪打死了一只，还有几只？"结果，被调查的中小学生中99％回答"一只也没有了，因为都吓跑了"。但有一名小学生却做出了精彩的回答："还有三只，因为五只鸟是一家人，打死了鸟爸爸，吓跑了鸟妈妈，还剩下三只不会飞的鸟宝宝。"我所以引用这些材料，是想告诉大家一个结论——儿童的思维和想象力以丰富的情感为基础，而相信这一点对于建立现代师生关系至关重要。我校之所以提出"向学生学习""和学生一起成长"的办学思想，很重要的认识基础便是相信和欣赏学生的美好情感。

十三、这儿的老师是天使

这是1999年教师节前夕我校一位高二学生写的作文片断——

可是我的厄运还没有结束。两周后的摸底考试我只有480多分，爸妈来到学校。那次第四节课正是英语课，我被叫到办公室，看着三张唬着的脸我的心一下子沉到了谷底。您就一下子像火山爆发一样地说我了，"平时呆板板的像一杯温水！学习又不认真，心思花在哪！这种分数上普高也难！等着上职高吧！脑子里塞满了棉花团……"我哪经得起这样的屈辱，只觉得天昏地暗。爸爸也听得昏了，只听到我连普高也上不了，也用那重重的恨恨的语气骂我。我咬着唇，唇边已渗出了血迹……妈妈不忍再看下去，对我说："你走吧，去上课。"可你还不放过我，凶巴巴地问我："以后要不要认真些!?"我无知觉地点了点头。"你不会讲话吗?!"我从嘴里挤出一个"要"，"大声点"！"要!!"我用尽生平力气大喊。我走出办公室时，脚已全无力气，只听后面还在大嚷"走快点！死人！"……

回到教室，同学们用异样的目光打量着我，当我伏在桌上哽咽着流泪时，英语陈老师又在我耳边吼叫着："成绩不好哭什么死人?""天哪！这是什么世界?!!"

当时我已有了死的念头，我用一把小刀在手腕上划了一道血痕，看到流出的鲜血，好怕！我不想死！好几夜我都被噩梦惊醒，我是孤孤单单一个人！

如今我在市一中待了一年多。在我心中，如果那儿的老师是魔鬼，这儿的老师便是天使。老师和老师怎么会有那么大的差别，一个引我走向灭亡，一个引我进入"天堂"。但始终我对老师就有一种恐惧感，夜里想到你我就又像回到了从前；想到那一幕幕的情景，泪水还是会流下来；无论老师对我多好，我还是怕。

在印发本文前，我认真核实了内容的真实性，无任何虚构部分。一周后，本文作者的父亲来学校走访，我给他看了文章。读罢，这位堂堂汉子掩面而泣，并反复对我说："都是真的，都是真的。"

读此，我激动不已，我向全校教师和教委领导都推荐了此文。虽然没有为教师歌功颂德，但是，在我看来，这是献给教师和教师节，献给学校和社会的最好"礼物"。我为作者个性情感发展受到的压抑而痛心难过，也为学生对学校的高度评价和热爱之情而兴奋。

我们向来提倡做一个听话的乖孩子，做一个尊敬老师的好学生。然而，现代教育首先要求教育工作者先要做一个尊重学生的好教师。只有尊重学生，才能成为一个真正意义上的好教师。

　　学生都有渴望老师尊重他们的强烈愿望。2000年4月的一天，一位同学给我写信："高一（×）班班主任兼数学老师×××，教育同学时往往话里带刺极伤同学的自尊心，而且也不设身处地为同学考虑，对同学态度很差，说话时不懂得控制自己的情绪，时常过激，使同学十分难堪，有些同学因为没有得到及时的帮助而沉沦下去，不能自拔。对这些同学她非但不伸出援助之手，反而让其他同学冷落远离他们。一有其他同学接近便将其扯在一起，混为一谈。难道同学之间就不该互相帮助和鼓励吗？还有，对一些犯过错的同学，便戴起'有色眼镜'，看不起他们，尽管他们已经改正，一旦他们有一点小错，便会揭旧伤疤，新账旧账一起算，导致同学无法摆脱以前的阴影。"我马上去该班调查核实，然后在和这位老师沟通并达成"协议"的基础上，我在班级做了检讨，并表示一定帮助老师改进工作，给同学一个满意的答复。

　　首先要尊重学生的差异。学生是一个活生生的人，是一个发展中的人，是一个发展极不平衡的人，是一个有强烈求知欲望的人。尊重学生的差异，教育就必须以国家社会发展为本，以学生个体发展为本，而不能以教材和考纲为本，搞大一统、一刀切的批量生产。真正的人道精神首先意味着公正……教育上的公正，意味着教师要有足够的精神力量去关心每一个儿童，用一个模式一种标准，毫无区别的态度去对待所有的学生，那是漠不关心不公正的最坏的表现。河南安阳人民大道小学刘可钦让学生发言分别举左手举右手，令人感动的故事发人深省。在她们学校的校门口写着"因为有了你，我们才更热爱教书！"用一个标准去要求所有的学生，本身就是不民主不道德的教育表现。

　　其次，要尊重学生的特长。我向来认为，一个人在社会上吃饭，在社会上立足是靠他的特长而不是靠他的缺点。培养一个有特长有个性的学生，可能比培养一百个平庸的大学生更有意义。

　　2001年3月9日晚上9：30左右，刚开完校长办公会议，我打开手机，便接二连三地收到了七八个电话，都说，祝贺你，沈冰获得了荣事达杯主持人大赛的第二名，并且刚刚在中央电视台介绍你，说你是对她人生道路影响最大的一位"朋友"。

事情我是知道的。3月8日，沈冰打电话给我，说明天晚上的节目里，我要介绍到你；我讲得不好，请高老师原谅。听得出，她仍然像以前一样谦虚和诚恳。几天前，我认真地看过沈冰参赛的节目录像，为她在预赛中的强劲势头高兴了好几天。

95届高中毕业的沈冰同学，在高一时，我只教了她们班一个学期，因为那年的春节以后，学校安排我去顶一位高三老师的课了。然而，师生情谊却一如既往。中学里，作为校学生会主席、中共预备党员、校女篮队长，她书写了德智体全面发展的辉煌一页，毕业时被保送浙江大学。读大学刚一个月，她又被国家教委选送到新加坡留学，被"联合培养"去了。值得骄傲的是，校园选举一年一度的最优学生，第一年，她一人就独揽了全部4个奖项中的3项——皇后奖、形体奖和综合水平奖。回国度假，她便隔三岔五地来我办公室看书聊天。她说，我虽然学了经济，但受你的影响，其实对文学对新闻很着迷，对影视特感兴趣。在新加坡我见到过靳羽西，并且和她攀谈了好长时间，好羡慕她哦！我说，将来你能赶上或超过她，赶上或超过倪萍、杨澜！她笑笑，不做什么回答。后来，传来了她的喜讯。在2000年11月，中央电视台主持人选拔赛中，作为新加坡《联合早报》记者，她以总分第二的骄人成绩脱颖而出。我向她打电话祝贺说，"现在，你离杨澜、倪萍只一步之遥了"。她在电话中说"高老师，我永远都不会忘记你给我的鼓励和帮助……"她说得很真挚恳切。作为教师，能得沈冰这等英才而教之，是人生的一大幸事。

在我们学校，体育艺术类考生往往第一个拿到高校录取通知书。

再次，要尊重学生的人格。教育要尊重学生的个性尊严，但更要尊重学生自由安全的人身权利。体罚和变相体罚问题已成了中国基础教育的牛皮癣甚至是恶性肿瘤。有这样一个"挨打不痛药"的真实故事。几位小朋友来到药店柜台前问，"阿姨，有没有什么药片，让我们吃了以后被老师打了也不痛的"……一位老师教训上课不专心听讲的学生，指着干干净净的黑板问："你看见什么了？"学生摇摇头。教师把学生往前推了一推说："再仔细看看！"学生仍然疑惑地再摇头。于是，老师讥讽说，"这就对了，在你眼前确实只有一片漆黑，没有前途！"有一首也许是大家比较熟悉的儿歌，反映了一部分学生的悲惨生活："在我心中老妈最凶，成天把我骂得头晕脑痛。在我心中老爸最凶，成天把我打得鼻青脸肿，在我心中的老师最凶，常常把我留到七点钟。"我对老师说，我们没有权力关着学生不让他们吃饭，这是犯法行为。据说，加拿大小学生的第一课：当父母或老师打了你以后如何报警。打孩子判七年以上徒刑，而贩卖海洛因只判三年以上。

苏霍姆林斯基说："教育中的皮带和拳头……这是我们教育工作者的羞愧与耻辱。教师在学生手册里写上：'你们的儿子不想学习，请采取措施。'这实质上就是教师经常把一根鞭子放在学生的书包里，而父亲就用这根鞭子来抽打自己的儿子。试想一下这样的情景：一个复杂的外科手术正在进行之中。技术高超的外科医生正俯身在露出的伤口上动手术。突然，一个腰里别着斧头的屠夫闯进了手术室，他拔出斧头就朝伤口砍去。那么，这把脏斧头，就等于是教育中的皮带和拳头。"（《公民的诞生》）

在老师的体罚羞辱声中长大的学生，在常常遭受父母的男女单打或混合双打中长大的孩子，还会有人格的尊严吗？

另外，还要尊重学生的权利。在北京一所著名高校的教室里，该校法学院大二学生李黎对他的老师说，"老师，您上课经常迟到早退，这既是对教育工作的不负责，也是对我们这些教育消费者权利的侵害。"他说的老师是一位教民事诉讼法课程的博导。早在 1989 年 11 月 20 日，第 44 届联合国大会就通过了旨在保护儿童权利的具有国际法约束力的国际公约——《儿童权利公约》。其中被提到的几十种儿童权利中，最重要和基本的权利是以下四种——生存权、发展权、受保护权、参与权。扪心自问，我们的教育，我们的老师，尊重学生的这些权利了吗？

我们已经进入了西装革履、坐小车、拿手机、用电脑的现代社会，我们再也不能扮演身穿长袍手拿戒尺的可怜形象了！学生的心灵世界是靠人格尊严支撑的，如果没有了人格尊严，他们的心理世界就会崩塌。

尊重每一个学生，我校良好的师生关系在张家港市有口皆碑。再也不闻讥讽恶语相加，不见体罚变相体罚等不可思议之事。爱心育人，爱满校园，老师的笑容比阳光更灿烂，让学生的心头都有一片晴朗的天空，已成了全校教师的共同追求。

尊重每一个学生，全体教师都知道要从最后一名抓起。这样，起码可以给后进生乃至班上每一位学生以进步的信心。并且，以学生个体的发展为本，而不是一味强调以纲为纲以本为本，已成了全校教师的共识。

尊重每一个学生，我们也就相信了学生的能力和潜力。校园活动，尽量让学生自己组织，人人参与。因为我们知道，学生的潜能如空气，可压缩于斗室，也可充斥于天地，就看把他们放在多大的空间。

十四、我写不出这样的句子

先让我讲两个真实的故事。

第一：1999 年 3 月 18 日我亲历的一件小事。早上 7：08 时，我在校门口迎接师生来校。距规定到校的时间还有 2 分钟了。只见一个小女生双手捧着头，跌跌撞撞进来，并双手撑着墙面，我忙扶住她一问，知道她是初一（4）班的叫蒋嘉雯，说是头晕，昨天挂了两瓶盐水，今天仍然不好。我让她休息一会再说，她说不行要迟到了。我说，不要紧的，你这样，不能进教室，快到传达室坐一会。于是我扶她坐到了里边，稍微打了一个盹儿，她又马上站起来，仍有点摇摇晃晃，走进校内还扶着栏杆跑了几步。见此情景我一直目送她走进教室。并等着随后才来的班主任小庄老师，告诉了她情况。

第二：三年前，我在任教的高二文科班组织了一次写作活动。我要求学生先是按提纲"自说自画"写自己，再是用三五句话给每一位同窗"剪影"。结果令我喜出望外，因为题目出到了学生的心坎上，他们的笔下流淌出的是如此精彩鲜活的话语。请看：

——钱秋晨：你的善良赶走了我的自私。/黄滨彬：你一直微笑的脸庞中到底藏不藏刀？/虞诗楠：你的缺点让人头痛，但你的优点却也是别人所不能企及的。[高二（6）施一波]

——作文九段闻静远。/赵勇：我班的又一位才华横溢的人，具有邓小平的身材、周恩来的口才。/钱秋晨：具有领导才能，在她身上初现"当代刘备"的影子。[高二（6）黄滨彬]

——我最尊敬的人是高万祥、朱镕基[高二（6）王韶频]

——闻静远：坦坦荡荡粗犷的脸上带着几分北方男子的气息，四肢发达容易被骗。/周颖：语言幽默生动，乃马季传人。/沈庆：看到他我几乎惊呆了，鲁迅复活了。/俞洁：她灿烂的笑容能让人永远留恋。/秦黛洁：将是 21 世纪的余秋雨，这只需时间来说明。/汤筱华：在她心中没有欺骗一词，实事求是是她最伟大的优点。

［高二（6）杜巍］

——葛敏：很喜欢笑。因为名字的谐音是"革命"。［高二（6）周颖］

——张健：全班57位同学中，他最具备领袖气质。你第一次见到他时定会觉得：这人真是相貌不凡！他是一个坚持原则的人，也是最值得信任的朋友。/赵勇：如果有人说："有只老虎跑到校园里来了。"相信这话的人或许全校只有赵勇一个人。如果你对人说："请你去珠峰山顶为我取一杯温泉来好吗？"全世界大概只有赵勇会说："好的，我马上去。"他真是个老实人。/杜巍：如果武松打死一只老虎，他会对别人说武松打死了一头大象。他的嘴巴是事实的放大镜。/朱亮：眼神总是不知所措的样子；他总是喜欢人云亦云。大概他的个性就是没有个性。［高二（6）闻静远］

我在全校教师大会上做了介绍。我说，我写不出这些句子。

1998年，中国青少年研究中心少年儿童研究所进行过大型调查研究，结论是："生活在信息时代的孩子已经有能力影响成人世界……因此，如何接受孩子的影响，向孩子学习，两代人共同成长，将成为教育观念重大变革的焦点课题。"这项研究成果表明，孩子对成人世界的积极影响至少有以下十个方面。①接受新事物的意识和能力非常强。②思维独立，具有批判精神。③有较强的平等意识。④有较强的法律意识和自我保护意识。⑤热心社会活动，有较强的公民意识。⑥比成人更容易接受环境意识。⑦相信事实。⑧做事认真。⑨积极的休闲态度。⑩兴趣爱好广泛。

几年来，为了营造民主平等师生关系的校园氛围，我号召教师要转变观念，向学生学习。陶行知说，"师生接近，人格要互相感化，习惯要互相锻炼。"李镇西老师感叹，"面对学生晶莹剔透的童心，我们会常常感到自己心灵的斑斑锈迹！"传统教育观念信奉"师道尊严"，提倡"天地君亲师"，"一日为师，终身为父"。然而今天，我们不禁要问，教师难道真是"道德圣人""人类灵魂的工程师"吗？其实，"人之初，性本善"，在很多方面，学生要比我们纯洁得多，可爱得多。

学生的同情心比教师强。学雷锋，搞捐款捐物，学生往往比老师热情慷慨。

学生的神圣感比教师强。每星期升旗仪式的时候，学生们都全神贯注，真诚投入，而老师们往往叽叽喳喳讲着话，站也没个站相。

学生的创造力比老师强。"几乎任何一个孩童都能在没有事先计划的情况下即兴创作一支歌、一首诗、一个舞蹈、一幅画或一个剧本、一个游戏。"（马斯洛），创造与想象近乎是人类的本能，无拘无束地放飞创造与想象，本是孩子的天性和"专利"。教师呢？墨守成规，缺乏想象，没有创新，不敢越雷池一步，如此这般，比比皆是。难怪有人讽刺一位老教师说：你不是有30年的经验，你只有一年的经验，不过是重复了30次罢了。

学生的纪律自律观念比老师强。上述材料之一的感人之处正在于此。再如，学校平时的环境卫生工作，学生总比教师做得好。每次市里来检查卫生，我校往往是教师办公室过不了关。

学生的求知欲、责任感、正义感、对人生理想的追求愿望、敢于怀疑否定的批判精神，学生的表达交往能力，动手实践能力，礼貌待人、尊敬他人，少做作、少虚伪的品性，也许，在许许多多方面，学生都比老师或强烈或优秀。

世界上最真最善最美的东西在哪里？在孩子的心里。也许，自觉地向学生学习，才是一位优秀教师真正成熟和睿智的标志。我校制定的"教师校规"13条，标题就是"和学生一起成长"。

也许，理解和接受了这些，美好的现代师生关系就有了鲜活的空气和不竭的源头活水。

十五、陈芳老师的"检查书"

晚自习时，已是7:45分，副校长祁美英等发现初一（5）班班主任陈芳将几个"差生"留下来背语文到现在还未放学，而且把家长都喊来了。于是，我立即把陈芳叫到办公室，指出这是"变相体罚"。而且，差生的形成非一朝一夕之故，也不可能急着马上改变他们，教育帮助要耐心细心。再说，采取这种办法易导致师生关系紧张和学生的厌学情绪。简单批评教育了一番后我要她立即去吃晚饭。哪里知道十几分钟后陈芳又送来了她的检查——

"高校长，首先我为今天的愚蠢行为向您检讨。我既违反了市一中教师应遵循的爱心育人细心耐心的原则，也无视校长您的千叮万嘱，变相体罚学生是我的罪过。虽然你没有惩罚我，但我的内心却不宽恕自己，我辜负了校长您对我的厚望，我是一位不称职的班主任，我愿意接受相应的惩罚。学生犯了错应该写检查书，教师也不应该例外，我现今已认识到了问题的严重性，我一定会向其他有经验的老教师多学习，向书本多学习，我会在以后的学习工作中加倍努力，干出成绩来弥补这次的罪过，我保证，这是我一生中第一张也是最后一张检查书！我保证，我一定不会辜负校长您的栽培！我马上就和家长一个个通电话，向他们表达歉意。"

多好的陈芳，多可贵的爱心啊！

几年来，在推行素质教育的过程中，我校大力提倡"爱心育人"的教风和校风。如今"爱心育爱心""爱心献爱心"的良好师生关系，几近有口皆碑，且深入人心，深得人心。我的愿望是：爱心育人，爱满校园，让学校的每一个师生都因为我的存在而感到幸福！

教育是培养生命的事业，世界上还有比生命更重要的吗？"大多数身体有缺陷，很多有慢性皮肤病，使他们步履不便，或是头上长癫疮，或是衣衫褴褛，满身是虱子；很多人骨瘦如柴，形容枯槁，目光无力；有的是不知羞耻，习于伪善和欺骗；另一些儿童为不幸所折磨，变成猜疑、胆怯的人，完全缺乏感情。"面对这些孤儿、弃儿、病儿、弱儿，裴斯泰洛齐和他们"一同哭泣，一同欢笑……""他们生病时，我在他们身边；他们健康时，我也在他们身边；他们睡觉时，我还在他们身边。我最后一个睡觉，第一个起床，在寝室里，我们一起祈祷……直到他们熟睡为止。"被孩子们称为"慈父"的裴斯泰洛齐说，我的目的在于使他们过着共同的新生活，产生新的力量，在孩子们中间唤醒他们兄弟般的情谊，使他们成为热情、公正、亲切的人。他用自己的行动谱写了"爱的教育"的人类奇迹，他是我心目中的"爱心之父"。从他身上，从苏霍姆林斯基身上，从陶行知身上，我得到一个启迪：作为教师，爱心比什么都重要！

苏霍姆林斯基说，"一个好教师意味着什么？首先意味着他热爱孩子，感到跟孩子交往是一种乐趣，相信每个孩子都能成为一个好人，善于跟他们交朋友，关心孩子的快乐和悲伤，了解孩子的心灵，时刻都不忘记自己也曾是个孩子。"(《帕夫雷什中学》)教育就是爱，爱就是教育。爱心是人类的一种高级情感，但是又和人类的理智、道德、审美、人格相互关联。"爱心育人"不仅是一般的职业素养和职业要求，更是教育人道主义的体现。作为教师，最可贵的是能够保持高尚的人道主义情怀。在过去的年代，物质生活的贫乏，爱心缺少营养难以生长；应试教学扭曲了爱的教育，更不要说在"阶级斗争为纲"的年代，人们的潜意识里只有斗争没有爱心了。令人欣喜的是，只有现在，我们可以大声高喊：教育的爱心便是一种教育的圣心。我最敬仰的教育家是陶行知、苏霍姆林斯基、裴斯泰洛齐和农民教育家武训，他们都有一个共同的方面，这就是用自己的行动谱写了"爱的教育"的人类奇迹，他们是我心目中教育的"爱心之父"。

然而，在古往今来，"爱心"二字有一个普遍的黄金定律——爱全人类容易，爱每一个学生难。

多年来，我把"爱心育人，爱满校园"看作学校管理和教师队伍建设最重要的奠基工程来抓。我提出，爱心育人应该包括爱心、诚心、细心、耐心、恒心这五个方面的育人准则。几年来，爱心育人在我校蔚然成风，深入人心，深得人心，不仅净化了学校风气，提高了学校德育思想工作的品位档次；更有意义的是，拥有爱心，是一个教师走向成熟和成功的事业"护照"，一支拥有爱心的教师队伍是学校最宝贵的财富。

爱学生，建立师生情感的第一个途径，就是要用精湛高超的教学水平教育艺术，在学生心里播下对老师对学科的爱的情感。本学期开学第 4 天，我接到高二一位同学的来信："在万般无奈的情况下，我才想起了这唯一可行的方法。我知道我不该提出这个无理的要求，但是迫于无奈，上课精神不振，一看到现在的英语老师就不禁会让我想起昨日的课堂，昨日的老师。对于现在英语老师×××我没有资格评论，但是我真的不适应她的教书方法，无论如何！在高一时期我早已与孙红莲老师有了深厚的感情，也许是对于她种种的铭记，我实在需要她的教导，因为通过一年我早已习惯于她的教学进程及管理，一下子转变，我无法接受，更何况一个文科班学生更需要这样的老师！我知道，虽然不是非常了解你的难处，但是至少我可以体会，我已想了很久，见到她我真的很激动，想到她就不禁热泪盈眶，无论如何请你把她调来我们班呀！真对不起，我最后还是提出了这个要求，因为我不得不请校长你帮我达成我的愿望啊！拜托了。"

我想，这种师生情感，对于师生双方来说，都是能够滋润一辈子的精神享受。

爱学生，就要尽自己最大的努力，留住每一个学生，教好每一个学生。我一直号召老师要向医生学习。医生对待病人总是那么认真、细致、耐心，从来不会对病人说："你怎么得这种毛病，让我怎么治疗！"更不会对无可救药的病人说："你回去吧，我没办法治了，你回家等死吧！"然而老师呢？把学生推出教室、推出学校，不就是把学生推向学习生涯和精神生活的死亡边缘吗？

在我校，我说，不管什么原因进校、不管是什么人的孩子，不管他们成绩好坏，只要是你的学生，就要一视同仁。

博大的爱心是教师的良好职业素养成长的土壤，也是教师善于帮助学生鼓励学生的巨大精神动力。在教育世界，鼓励赏识永远是一种有效的教育方法，也是一种最好的隐性评价，因为孩子在天性中都有强烈的求知欲望，而赏识孩子的意义正在于能让他们都找到自己是一个好学生的感觉。学生也是人，也是一个劳动者。一个人只有当他在劳动成果中看到自己所付出的精力时，他才能顺利地完成任何一项长时期的劳动。在学习中取得成绩得到肯定是产生学习愿望的源泉。相反，如果总得不到承认和赏识，因而厌恶学习。那么，学校生活对于学生来说就是遥遥无期的劳役了。试想，一天又一天，一周又一周，学生看到的只是老师和同学批评的脸色和瞧不起的眼神，渐渐地他便觉得这就是对他劳动的评定，对他人格的评定，于是慢慢地就自认为是个差生了。就是成年人，当他付出劳动和心血以后，长期的努力毫无结果时，也会产生沮丧情绪，也会失去信心。何况是孩子呢？孩子心中有一个最隐蔽的角落——这就是作为人的自尊心。"真正的教育智慧，在于教师从来不伤害学生的自尊心，而是经常激发他要做一个好学生的愿望。"有老师对学生说："不求人人都得 100 分，但愿每天有个好心情。"此言极是。学生的好心情，也是评价激励因素且有着其他评价方式收不到的良好的心理效应。

爱学生就要真诚地爱自己的职业岗位，全身心投入于自己的事业。美国新闻界大牌主持人奥普拉·雯费瑞是个女性，相貌平平，学历一般，却是美国电视文艺界年收入最高的人。如 1995 年竟达 1.7 亿美元。她成功的秘诀是与观众进行真正的情感交流，真诚地向观众听众敞开自己的心扉，又能设身处地地体会他人的苦乐，一次讨论关于美国少女被强奸的话题，她竟和盘托出自己 15 岁时被人强暴摧残的亲身经历。听众无不感动激动万分。

颠倒的聪明

——我的语文教学案例

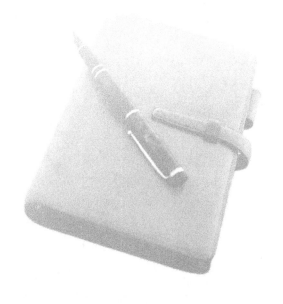

从小就向往文字和憧憬写作。中学时代，作文本上往往打着一些红圈圈，作文也常常被作为范文介绍展览，这一直令同学眼热，也让自己陶醉和自信。在我心中，文字是最美丽的一种世界。后来读到《什么是教育》中的一段话，"通过语言，人可以创造一个世界。因此在人和周围的存在之间，增加了一个由语言所独创的世界"，感觉特别亲切。也一直记着萨特的话："你如果能将正义变成热血的文字，那么你的笔就胜过千万把刀剑。"自从当上了语文教师，我便对写作教学特别钟情和投入。当然，写作的背后是阅读，是生活，是思想。于是，我主张"写作是阅读下的蛋"，大语文教学应该组织学生阅读经典并且是自由阅读和超量阅读；于是，多年来我致力于"生活化、创造性"作文教改实践，努力经营自己的"作文餐厅"。本辑所选为我的部分读写教学案例，供大家分享和批评。

一、颠倒的聪明

有个教徒在祈祷时来了烟瘾，他问在场的神父，祈祷时可不可以抽香烟。神父回答"不行"。另一个教徒也想抽烟，但他这样问神父："在抽烟的时候可不可以祈祷？"神父回答："当然可以。"同样是抽烟加祈祷，祈祷时要求抽烟，那似乎意味着对耶稣的不尊重；而抽烟时要求祈祷，则可以表示在休闲时也想着神的恩典，神父当然也就没有反对的理由。

圆珠笔是匈牙利人拜罗在 1938 年发明的，但一直有漏油的缺点。为此，人们一直在寻找耐磨的笔珠材料，但进展不大。到了 1950 年，日本发明家中田藤三郎却运用逆向思维很快解决了问题。他通过研究发现，圆珠笔在写到两万个字时开始漏油，既然这样，如果把油墨控制到只能写 1.5 万字左右，不就可以解决漏油问题了吗？经过试验，很快获得了成功。

围绕需解决的问题，从正面去寻找解决问题的方法和途径，这是常规性的正向思维方法。如果从问题的反面去思考解决方法和途径就叫"逆向思维"。"山重水复疑无路，柳暗花明又一村"往往就是逆向思维带来的生活境界。在学习、工作和生活中，我们经常会遇到从正面无法解决的问题，因而陷入思维的陷阱，无苦而自感其苦，无忧而自感其忧。如果能转换一下思维视角，"反其道而行之"，把事物的位置颠倒过来进行思考，从反面寻找出路，那么，一个很妙的聪明点子也许就轻轻松松出来了。山穷水尽的困境，也许会变得地广天宽，豁然开朗。有人把这种逆向思维方法叫作"颠倒的聪明"。

就作文教学而言，从思维方式上入手进行逆向立意的训练，不仅别开生面、独具一格，更可以使学生看到不曾发现的新天地，从熟视无睹的日常琐事中抓住闪光的东西，开启眼界、涌动文思，让笔下流出清新的活水来。

学生的思维和写作实践告诉我们，"颠倒的聪明"，就是在别人都说"好"时，想想是否隐藏着"坏"的因素；别人都谈"美"的时候，想想其中是否隐含"丑"的成分；别人都认为现有条件不可能解决的时候，再从相反的方向进行多角度的思考。只知道水中捞人，司马光不会破缸救人；一味长驱直入，军事家不会声东击西；应付于且战且退，诸葛亮摆不出空城妙计。生活中"颠倒的聪明"可谓多矣。动脑筋在教堂吸烟也许是个人小事，解决圆珠笔漏油的难题，就非同小可，它意味着巨大的经济效益和社会效益。可见，逆向思维的最终目的是创造，而作文教学中的逆向思维培养，其意义更在于能强化独立思考、求新求变的创新意识。

（甲）史提芬快死了。他喘息着对床边的与他合股开业的约翰逊说："请原谅我吧……我在金库里偷过一百万美元，还把我们公司的专利偷卖给了我们的竞争对手……"约翰逊安慰他说：……

——请为约翰逊设计一段话，20分钟完成。标题自拟。

（乙）台湾有位王氏老妇有两个女儿。一个嫁给了面粉店的老板，另一个嫁给了伞店主人。也许是爱女心切，从此老妇整日忧心忡忡。天下雨了，担心大女儿家的面粉发霉；红日高照，又恐怕二女婿家生意清淡。弄得天晴也忧，下雨也愁。一位老禅师知道后，劝她说："……"禅师一言开窍，这位老妇从此转忧为喜。

——请补充老禅师讲的话。

运用逆向思维，两道题同学们的答案都是精彩纷呈。

二、本岛无人穿鞋

为了开拓新的产品销售市场，A 国的一家皮鞋制造厂和 B 国的一家皮鞋制造厂同时把注意力集中在太平洋中的一个岛屿上。两家工厂的推销员到达该岛的第二天，各自给本厂发回了一封电报。A 国推销员写道："本岛无人穿鞋，我将于明日乘班机飞回。"而 B 国推销员电报的内容则是："甚妙！本岛无人穿鞋，是一个潜力极大的市场，我将继续逗留此地。"

儿子走上前来，向爸爸报告幼儿园里的新闻，说他又学会了新东西，想在爸爸面前显示显示。他打开抽屉，拿出一把还不该他用的小刀，又从冰箱里取出一只苹果，说，"爸爸，我要让您看看里头藏着什么。"儿子说着把苹果一切两半——切错了。正确的切法应该是从基部切到底部。而他呢，却是把苹果横放着，拦腰切下去。然后，他把切好的苹果递到爸爸面前："爸爸，看哪，里头有颗星星呢。"真的！从横切面看，苹果核果然显示出一个清晰的五角星状。爸爸一生不知吃过多少苹果，总是规规矩矩地按正确的切法把它们一切两半，却从未疑心过还有什么隐藏的图案未发现！于是，在孩子把这消息带回来的这一天，彻底改变了冥顽不化的父亲。

在解决问题的过程中，当依据原有的事实、原理或经验已不能达到预期的目的时，仍能够积极思维，从不同方向、不同途径、不同角度去考虑问题，提出与众不同的设想或方案，力求使问题得到更加圆满的解决，这种思维方式叫求异性思维。B 国推销员成功之处就在于能打破定势，克服思维惰性，"穿新鞋，走新路"。而孩子的可贵则在于他没有旧经验的束缚，"随心所欲却见真"，他给大人的提示恰恰在于：没有思维定式多好哇！"跳出思维窠臼""听唱新翻杨柳枝"，在这里是如此轻易又如此艰难。从心理学上讲，这种根据现实信息，从不同角度多方寻求答案的开放性的求异思考，也正是一种发散性的思维方式。它是多端的，可以产生大量新的假设；它是伸缩的，可以改变思维的方向；它又是新颖的，可以突破成见，创立新理论，发现新事物。B国推销员和那位小孩告诉我们：求异，往往是创造的开端。

对中学生来说，自然科学上的创造发明也许并不容易，但在作文写作上培养求异性的创造思维却并非不能。"文章最忌随人后"，应鼓励标新立异，克服思维的狭隘性，保持思维的广阔性，思接千载，视通万里，在想象和联想中领悟生活，努力多方向多层次寻求相关的东西，寻找旧思维旧事物的"漏洞"：开卷未必有益，言者未必无罪，良药也应甜口，忠言更应顺耳，酒香何苦巷深！应鼓励学生写心之所想，注重创造性的表达。左右逢源，才有丰富；触类旁通，方能泉涌。这里，也许会出现思想的偏颇，但偏颇可以纠正，守旧则难成气候。

把求异性思维引入作文训练，是为了使学生的思维更活跃、更辩证，提高分析议理能力，更是为了使他们更自觉地把这种思维能力运用于课内外，表现出对社会人生的独到之见，促使他们在今后的劳动实践中获取进步。

三、钢琴的标价牌上少了一个零

一位年轻的女顾客在美国一家商店里闲逛。逛着逛着，她的眼睛突然进出兴奋的火花，本来不想买东西的她却灵机一动，立刻喊来售货小姐，要买一架德国制造的正宗名牌货——斯坦威三角钢琴。售货小姐看了看售价牌，竟然惊讶不已，不敢卖。于是她请来了股长，股长了解缘由和真相后认真向顾客做了解释，婉谢不卖。而这位顾客却毫不让步，直到部门经理出面斡旋都坚持要买，不为所劝。最后请来了总经理。总经理了解情况后当场定夺：卖，按标价卖！——原来，那架价值数千美元的钢琴，标价牌上偏偏少了一个零！

①请预测总经理会如何围绕这件事开展经营活动，为故事续写结尾；②请根据情节，为女顾客写一段心理描写；③请根据你设计的结尾，为总经理写一段话，让读者明白他为什么这样做。

　　佳作之一：接着，总经理对女顾客说道："小姐，你是否能稍候一会儿，让记者采访一下你现在的感想。""当然可以。"总经理请来了一位电视台的记者进行现场报道。当女顾客把事情说过一遍后，总经理接过了话筒说道："各位敬爱的顾客，上述各位所看到的，正是近日本公司隆重推出的一项经营项目'请顾客来找错'，具体事项为：本公司将陆续推出一批标错价的商品，如被您选中，均按标价出卖。来得次数越多，机会越大！可不要错过机会呀！"不用说，次日顾客盈门，被找出差错的小商品诚然不少，但利润却颇为可观。

　　佳作之二：第二天，这家商店的门旁放置了一块大大的标牌："本店本着'顾客是上帝'的宗旨，热忱为广大客户服务。昨天因工作人员疏忽，在一架名牌钢琴上标价时少加了一个零。一位女士看中了这架钢琴要买下来，我们明知有错，却仍然照少一个零的标价售出。上帝们，在这里，您或许也能买到像那位女士买到的商品！"

　　佳作之三：总经理虽然答应把那架昂贵的钢琴卖给那位顾客，但还附加了一个条件：请她写篇文章。第二天，当地最最有名的一家报纸登出了一篇顾客写给报社的信。文章内容如下："我是一名来自加利福尼亚州的游客，初到此地，路过你们这儿的一家××商店，由于店主的疏忽，将一架价值数千元的名牌钢琴标价少了一个零。但店主待人诚恳，守信用，还是按原标价卖给了我，在此，我对他表示万分感谢。"

　　面临问题，能够很快拓宽思维领域，通过快速联想获取众多可供分析和解决问题的信息，提出两种以上解决问题的方案、假设或答案。这种发散思维又叫辐射思维、扩散思维、分散思维、开放思维，它的特征和品质是思维的开放性、灵活性和流畅性。

佳作之一用的是"纵向性扩散"思维方法。作者依照事件发展的步骤和阶段进行思考，从上一步想到下一步，从而设想推断出一个较为合理的发展趋向。读到"请顾客找错"以及"利润却颇为可观"的结局，我们不仅为总经理，不，其实我们是在为作者的聪颖与智慧叫好。佳作之二用的是横向扩散思维方法。这是一种非逻辑性的跳跃式思维，寻找的是看起来毫不相关的信息和发展方向，但开辟新的途径生成不同方法的效果也卓有成效。商家第二天挂出的标牌正是其思维创意的杰作。有人把这种思维方法比喻为"在许多另外的地方挖坑"。佳作之三运用的扩散思维可称为"质疑思维法"。窘迫之际，"总经理"可能是急中生智，"写一篇文章"的附加条件既是他的创意，当然也成了他的收获。这种不受思维定式束缚，不人云亦云，而是大胆出新的思维绝招儿值得学习借鉴。

四、生命的感染

　　一位工人野外作业时被电击而心脏停止跳动，做人工呼吸无效。在旁的一位医生身边只有一把水果刀，情急之中用这把小刀切开他的胸腔，以手折断肋骨数根，将手插入胸膛捏动心脏使之恢复跳动。工人"死"而复生。所有的人，尤其是医界人士闻后都惊叹，惊叹之后又很疑惑地说，这个人也许不太懂医，他这么做，难道不怕病人感染吗？

　　驴子背了两袋盐渡河，过桥时不小心一滑，跌倒在水里。那盐沉水溶化。驴站起来，觉得身上轻了许多，很高兴。第二天，它又背了一大袋棉花跑到河边。它想，跌倒了再站起来不是也可以如昨天一样变得轻些吗？便故意一滑，可是棉花吸足了水，它再也站不起来，淹死在河里了。

　　生活中，能审时度势，根据变化了的情况，对问题做出及时而恰当的处置，这是灵活性思维品质的基本特征。一般来说，思维灵活的人，应变能力比较强。当今时代，社会飞速发展，要求我们一代新人，不仅能根据事物的一般规律做出正确的判断决策，还能根据情况的变化采取机动灵活的策略。材料中的医生和驴子正是我们的两面镜子。

　　一次，卓别林身带巨款，半途杀出一个强盗，拿着手枪逼他交钱。卓别林答应了，但恳求："帮个小忙，在我帽子上打两枪，我回去好向主人交代……"

——请续写故事，并加以简短评论。注意：无论你为故事情节设计什么样的发展结局，都要能从思维特点、思维品质的角度加以评论。

　　续写一："你这小子，还算机灵，那我成全了你吧！"强盗说着认真对着卓别林的帽子放起枪来，好痛快！强盗得意起来，哪里舍得只开两枪，一眨眼，卓别林的帽子成了筛子。强盗正在得意，却不想早已有黑洞洞的枪口对准了他，原来警察听到枪声赶了过来。

　　续写二："喔，可怜的朋友，如果这能救你一条小命，我又能顺利拿到钱，那我太乐意了。别说开两枪，几枪都可以啊，也正好让你回去有个交代。"那强盗说着，拿起帽子就开枪了。卓别林笑声顿起。趁强盗发呆之际，卓别林拔腿就跑。强盗举枪再打时，却早已没了子弹。

　　卓别林智捕强盗，正是因为他想到枪声—诱警—捕贼的必然联系，机智善变，灵活运用身边事物所致。而医生如果一味奉行"三思而后行"的老教条，走一步掂量一下，再伸伸脚，看是否该走下一步，又如何救得了人呢？"感染"的前提是他"活着"，人都死了，"不感染"又有什么用呢？

　　在学习工作中，聪明并具有智慧的人一般都能反映出这样的思维特征：不固执于一点，能随材料设定的情境及时敏锐地重新思考问题。"尽信书，则不如无书"，足见灵活变通的重要。在学习过程中，应在思维起点的多端，思维过程的多途径上努力培养学生思维的灵活性。在作文过程中，应力避重复性的思路指导，从多个角度去考虑问题，以多种角度去体验问题，用多种方法来试图解决问题，用多种语言来试图表述问题……所有这些，应成为作文训练的重点。当然，"持之有故，言之成理"是不变的法则，灵活性的创造思维同样是需要艰苦的知识准备的。"巧妇难为无米之炊"，要善于运用脑海中的材料积累、知识积累，才有"灵机一动"的实现可能。

五、每一个同学都是一颗星座

这是高一年级开学后的第一个作文单元。让学生用口头和书面两种形式进行自我介绍交流，既可实现师生之间、同学之间的相互了解沟通，又可锻炼语言表达能力，并且奠定"为生活而写""为人生而写"的高中作文教学基础。

安排三教时。第一教时是让同学们口头介绍交流，规定先介绍个人基本档案，如姓名、出生年月、出生地、父母及家庭概况等等。然后要突出个人的生命特征如个性、爱好、性格、特长、理想追求等。要求须真诚真实，提醒大家"要打开对方坦诚的大门，只有亮出自己真诚的钥匙。"只有真诚地袒露自己，才能让同学老师了解自己、接受自己、喜欢你、帮助你。为了打消学生的顾虑，帮助他们打开话匣子，教师（笔者）先给每一位同学发了一张名片，并做了一番自我介绍，鼓励大家和老师交朋友。在较为宽松和谐的气氛中，学生的发言比较热烈流畅。第二课时是书面写作。要求在作文本上先贴上自己的一张照片，然后按第一课时口头交流的要求成文。教师提供参考题如下——我的小传、私人照相本、写在16岁的照片上、私人档案、老照片、我的"词典"。第三教时是作文讲评，我将每一个同学作文中闪光的内容都做了介绍。这既是同学师生之间的交流沟通，也是一种很好的自我感受自我教育活动。因为内容本身很亮丽、精彩，富于启迪意义，再加上我常常就某一问题进行三言两语的点评，发表自己的看法，鼓励同学的优点，指出改正的方向。整堂课同学们都沉浸在自我欣赏的喜悦之中。美好的回忆，未来的憧憬，特别是鲜明的个性，善良美丽的品格使人如沐春风般的怡然，流连忘返。

为生活而写，作文便成了人际交往和生命感受的过程。要使学生们懂得，友谊如同空气和水，是生活和生命中不可或缺的东西。友谊不仅可以丰富人的精神生活，更重要的，友谊是培养人的感情的学校。"良好的个人素质，美好的人性人格只有在与人相处与友相交的过程中，才能得以熔铸、锤炼和淬火。要使每个人从少年和青年时期起就对人的高尚精神深怀赞美，产生敬爱之心。这实际上决定着对人、对人性美的信任，如果缺少这种信任，人的内心将是空虚的。"（苏霍姆林斯基）这种交流和写作，是为生活而写，能够满足人自身发展的需要。同时，我们深切地感受到，每个人都有自我欣赏自我完善的本能，这是学生身上最可贵的亮点，教育工作的任务就是开发和张扬这些美丽的亮点。犹如矿藏，没有发现和开采是永远不会变成财富的。

六、没有比真实更美丽的了

"处天外遥望地球很小，居体内细察心域极宽。"小小贺卡包容广阔世界。作为一种特殊的文体，贺词的最大特点是真情实感，富于个性。"人用以说话的语言就是一把了解他的性格的钥匙。"（斯坦尼斯拉夫斯基）"对话是人物性格的声音。"（老舍）

圣诞、元旦、春节，在辞旧迎新的日子里，寄托着美好祝愿的贺年卡犹如朵朵春花绽开在充满友情和温馨的冬天的校园。

这是圣诞前一天的作文课。教学过程如下。

第一步是阅读。我们精选了《学习的革命》《刘墉名言选》和魏书生的有关名句。阅读是为随后的写作准备"原料"，也能为写作提供感情基础。接着，提出了以下三方面的要求。（一）请不要忽视和吝啬了这份新年礼物。"一个人最大的幸福和欢乐就在于与他人的交往。"祝贺他人，期待幸福，是一个人富于健康乐观的精神面貌和美妙丰富的思想情感的一种表现，也是一个人具有现代社会意识和良好文明素养的标志。（二）请不要忽视和随意了这份美好的祝愿。我们都向往节日，热爱生活，渴望交流，害怕孤独；友谊的需要是人的天性和本能。同时，友谊也能给自己带来喜悦和激动，带来精神的充实和心灵的净化。你赞美他人，便是在接受某种美好情感的沐浴；你规劝他人便是在进行自我对照，自我反省；你祝福他人，自己也在精神上得到愉悦和满足。从这个意义上说，我们送出和收到的岂止是一张张薄纸，我们得到的是友谊和真情。我们获得的是心灵中那巨大的无可比拟的精神财富。（三）请不要忽视和将就了这份精美的语言。"处天外遥望地球很小，居体内细察心域极宽。"小小贺卡包容广阔世界。作为一种特殊的文体，贺词的最大特点是真情实感，富于个性。"人用以说话的语言就是一把了解他的性格的钥匙。"（斯坦尼斯拉夫斯基）"对话是人物性格的声音。"（老舍）贺词的第二个特点便是简练，是一种惜墨如金，精炼到家的特殊文章。

第二步是按要求写作。要求如下。（一）题目：贺岁赠言选抄。（二）受赠者须包括老师、同学、父母亲人、98年度很有影响的国内外伟人、名人这四类人中的各一人。因此，至少写四段贺词，并注明受赠者姓名及与你的关系。（三）每段贺词在50～150字之间当堂完成。（四）可以引用现成的名言警句、诗句歌词或其他贺岁话语，但主体部分须是自己的话。（五）要写出真情实感，针对性要强，要具体生动含蓄幽默。

在指导写作和讲评总结时，我们把重点放在"真情实感"这一要求上。当然，这首先是写作问题。真情实感是中国散文最值得称道和继承的优良传统。贺词最贵情真意切，质朴自然，言简意赅；最忌虚情假意，矫揉造作，空话套话。同时，贺词没有绝对固定的格式和要求，最讲究个性，翻开贺卡，作为一个活生生的有血有肉的人，作者应该跃然纸上。因此，真实的故事，真实的细节，真实的情感，实实在在的流露于字里行间，便成了这次作文的一个重点和难点。另外，真情实感更是一个做人问题。由于时代、社会、教育等种种说不清道不明的原因，在我们中学生的情感世界里远未出现这道美丽而闪亮的风景线。作文中的空话假话套话之风便是这种为人处世和情感人格的折射。作文素质教育和创新教育的一个重要任务便是要陶冶和培养学生对生活、对他人、对集体、对自然和社会、对真理和信仰的忠诚与真情。可以说，大至人类宇宙，小到个人的情感世界，生活中，没有比真实更美丽的了。要培养真正的人，大写的站直的中国人，必须从培养真实与忠诚做起。

七、中学时代最具永难磨灭的光彩

根据调查，在课外阅读方面，武打小说和言情小说不再热门，校园文学已成主导地位，科普小说有很看好的市场。喜爱者分别占 75％和 48％，而喜欢武打小说的只有 21 人，言情小说的是 4 人。这种变化应该是良性和可喜的。

这是一次班级情况调查报告，安排两教时。第一教时当堂口头调查，由课代表根据教师提供的题目主持调查并以举手方式进行统计。第二课时公布调查结果，指导学生整理写作小型调查报告。要求进行适当归类，并就调查结果发表些自己的看法。

教学目标及指导思想是：在第一单元（自我介绍）写作活动的基础上，进一步实现师生之间同学之间的相互了解沟通。通过两个班级 120 名高一新生的调查，较为全面地了解他们的学习和成长情况，分析当代中学生生活、思想和情感的发展走向；为班集体建设和学校的教育教学工作问诊把脉并提供策略咨询和发展依据；进行调查报告这一记叙性文体的写作实践。

先是问卷调查。调查题精选如下。（1）在你成长的历程中，对你影响最大的老师、长辈、朋友是哪一位？哪一方面？（2）你现在每月的花销（经济收、支）情况如何？（3）在小学至今的任课老师中，你喜欢哪一位或哪几位？为什么喜欢他（她）？（4）在现有的学科中，你感到最糟糕的是什么学科？你打算如何改进学法争取提高？（5）在课外读物中，你最喜欢哪一类或哪几类？（6）你崇拜的偶像是谁或哪一类人物，为什么？（7）将来，你打算从事什么职业，对此，你的信心如何？（8）你最信任的是谁？最友好的人是谁？有无与之无话不谈者，是谁？（9）在学习和生活中，你觉得在自己缺少的东西中，最重要的是什么？（10）你认为社会上最缺乏的是什么？如：①社会公德，②职业道德，③文化程度，④文明水准，⑤良心品德，⑥法治观念，⑦民主意识，⑧经济物质，⑨人际和谐，⑩人权，⑪自由平等，⑫社会环境，⑬文明程度。（11）期终考试进场前，你的亲友前来告知，你的母亲生病住院了。请问，你该怎么办？（12）在晚自习回家的路上，你发现路上有一个迷路的小学生，在哭个不停。请问，此时你该怎么办？

讲评时我重点讲了这样三点。

第一，创新意识的培养，首先是生活感受能力和生活情感的培养。根据调查，在课外阅读方面，武打小说和言情小说不再热门，校园文学已成主导地位，科普小说有很看好的市场。喜爱者分别占 75％和 48％，而喜欢武打小说的只有 21 人，言情小说的是 4 人。这种变化应该是良性和可喜的。学生们认为，校园文学贴近我们的生活，讲的是我们的事，是我们生活的朋友。这不仅仅是一种求知的选择和阅读的走向，更说明年轻一代对自我、对校园生活、对青春时光、对生存和生命质量的关注。再如关于偶像崇拜的调查，有 61％的同学选的是体育明星，而且都表现出深受现代体育精神影响的青春和生命的进取活力。一位同学说，每当运动健儿站在领奖台上，望着五星红旗冉冉升起，坐在电视机前的我，便觉得他们是我心中的英雄。他们把青春甚至生命都献给了体育，献给了祖国，他们是我心中永远不会殒落的星辰。有的同学说，体育英雄之所以在同学心目中占有这么巨大的重要位置，是因为他们的技术和精神和毅力深深打动了我们，我们视他们为偶像，希望自己有一天也能高高地站在领奖台上。"信仰神圣的东西，信仰理想，这是精神的刚毅、勇敢、不屈不挠、生活充实、真正幸福的最细最深的根源之一。"（苏霍姆林基斯）

第二，要帮助中学生从封闭的自我意识中走出来。在关于最信任的人，即你无话不谈的知己是谁这一内容的调查中，我们遗憾地看到，有 20％的同学是父母，21％的是同学，而有 50％的同学投的票是自己——没有任何人值得信任。对此，有些同学也意识到，不能向生活向他人袒露自己，性格内向，长此以往，会形成恶性循环，自己的性格就会更加孤僻。特别值得注意的是没有一个同学将老师视为知己。看来，师生间的相互理解沟通还很不够，师生间没有彼此信任、友好、合作、相互平等、尊重的现象，是亟待反思的问题。师生之间的亲和程度决定着学生校园生活乃至生命过程的质量，当然也是评价教育结果的很重要的要素。创新意识创造能力的培养要建立在个性开放，适应自然和社会的基础之上，如此的心理封闭和自我封闭是不可能培养真正的创造精神的。

第三，当代中学生缺乏宽松的生活空间。题（11）的调查结果是：61％的同学选择了继续考完这一答案。这些同学普遍认为，如果不考试赶去医院，爸爸妈妈知道后一定会生气，病也会加重。因为在父母眼里，我的学习成绩是第一位的，我（们）必须更努力细心地考试，以最优异的成绩作为探望的礼物。如此同学，如此家长，如此学习压力和心理情感状态，真令人啼笑皆非。

八、读书破万卷

先请阅读如下材料。

在我上小学一年级的时候，父亲教我背诵了几十首唐宋诗词。记得似乎是从"床前明月光"开始。有些诗句，例如"少小离家老大回""不教胡马度阴山"，很容易懂。许多别的诗句不全懂，但是小孩子很容易就学会了背诵。70多年来，在人生旅途中经历了多少阴晴圆缺、悲欢离合以后，才逐渐体会到"高处不胜寒"和"鸿飞那复计东西"等名句的真义，也才认识到"真堪托死生"和"犹恐相逢是梦中"是只有过来人才能真懂的诗句。（杨振宁）

我尤其欣赏唐诗。科技进化是一年一个样，但人生的进化很慢，几千年不变。唐诗的每句话都依然让我们那么感动，就像是今天写的一样。它是我们民族的思想感情宝库。去年有位研究生去加拿大，临行前问我需要带哪些书。我说，至少要带两本：《英汉词典》和《唐诗三百首》。不管你原先学什么专业，也不管你身在何处，即便是到了南极、北极，只要你肚子里有几首唐诗，你便是"正宗"的中国人。这是另一种"护照"，无形的护照。（赵鑫珊）

一个人，如果他从来不知道孔子、老子、孟子、庄子是何许人，从来没有读过、听过诗经、唐诗、宋词，如果他对"富贵不能淫，贫贱不能移，威武不能屈"和"己所不欲，勿施于人"等都一无所知的话，他就没有资格说他是一个真正的中国人。因为他无法融入中华民族的精神生活。（陈越光）

王蒙大量阅读和背诵唐宋诗词是在小学阶段，那时记住的东西至今仍对他有很大影响。他说，现在的中小学生受电视剧、肥皂剧的影响，要比受经典作品的影响大。其实，课外阅读也是语文教育非常重要的部分，他说，是否能在老师的适当指导下，加强阅读的分量，给孩子选择的空间。（《中国青年报》1999年3月31日）

中国自古就是一个诗的国度，又是一个举世瞩目的文明礼仪之邦。热爱古诗，读点古诗，能使你常常沐浴在古典文明的温馨里。

"黄沙百战穿金甲，不破楼兰终不还。"这样的诗句，"惊天地，泣鬼神"，如长空惊雷战地钟鸣震撼人心、激励斗志。"春蚕到死丝方尽，蜡炬成灰泪始干。"这样的诗句，"经夫妇，厚人伦"，如春风秋雨甘泉醇露哺育着一代又一代读者的美好情感和松筠节操。"沉舟侧畔千帆过，病树前头万木春。"读这种探幽入微，发人深省的佳句，似悟人生哲理、生活真谛。"朱门酒肉臭，路有冻死骨。"吟如此字字血泪，声声怨诉的美文，怎不激起我们对旧制度的憎恨和对新生活的热爱之情。"安能摧眉折腰事权贵，使我不得开心颜？"赤子之心，伟岸人格，令多少读者肃然起敬，反躬自问。"日出江花红胜火，春来江水绿如蓝。"艳墨浓彩，诗情画意，又使多少后人心旷神怡，热爱祖国山河之情油然而生……美哉，中国的古诗！美哉，如诗的少年时代！"阅读普希金会有力地培养、发展和形成人的优美的人情味和感情。"立志成才的少年朋友，可以自豪地说，我们拥有更多普希金式的古代诗人，我们拥有更为光辉灿烂的古典诗歌和古代文明！

在语文学习上，多读多写这种最简单的方法就是最伟大的方法。而读的内容主要应该是文学作品，特别是古典诗文。这次写作训练，与其说是作文，不如说是一次阅读练习和检测。但愿从今天开始，设计你一生的读书读诗计划。请记住：读书破万卷，下笔如有神！

请在下列题目中任选一二题进行自我练习。

1. 你能默写出哪几位隋代以前的诗人的名字，哪几位唐诗作者的名字，哪几位宋词作者的名字，哪几位元明清三代的诗人的名字，哪几位古代小说家的名字，哪几部古代长篇小说的书名，哪几部外国戏剧作品，哪几位外国诗人的名字。请自我检测一下，欢迎把你的答卷寄来。

2. 你能默写出哪些古诗词原句？一篇作品中只要默写连贯的两句，能把篇名和作者写出来最好。希望能把作业寄来，我们将分年级进行评选。相信你和你的家长一定不会弄虚作假的！

3. 自己命题，写一篇作文，引用三句以上古诗词。

4. 语文教学，是应该彻底改革了。

5. 给语文老师的信。

6. 我在古诗词的海洋中畅游。

7. 美哉，中国的古诗。

8. 好香哦，古典诗词。

九、吃苦是人生的营养

中国人民解放军三军仪仗队的表演精彩绝伦。在国庆阅兵式上，他们分列式正步通过天安门广场——743.25 米，只能走 991 步，只能用 8 分 54 秒，包括旗手踏下最后一步时，预测线和半圆形的鞋后跟刚好形成一个圆切！奇迹般的功夫来自奇迹般的苦练。班长钱杰刚入伍时站立和走步总是挺不直胸脯。为了练出过硬的“站功”，一急之下，他制作了一块小木板，别在背上后挺胸抬头。不一会儿工夫，左右摇摆的木板把他的脊背磨出了鲜血。半年苦练，他的胸脯终于挺得标准了。为了练眼功，战士小程将双眼对准火辣辣的太阳，眼底酸麻，疼痛难忍，两小时后，他只觉得脑袋发胀，眼冒金花，终于直挺挺地倒在自制的“训练场”上。他又对着迎面擦过的火车“折磨”自己的眼睛。终于他成功了，做到了千秒之内不眨一次眼睛。

被称为“国宝”的 72 公斤女子柔道运动员张颖，身高 1.86 米，体重 115 公斤。她追求的目标是“打遍天下无敌手”。为此，她付出了超人的代价。练投入，把 200 斤重的男陪练一次次扛起，从肩背上往地下摔。你摔我 200 次，我摔你 200 次。人变成了机器人，麻木了，眼泪刷刷地往外流。练绞技，有时被男陪练绞住脖颈，口吐白沫，几乎休克，也不肯认输而是拼命地抗解解脱。她枕边贴着自己的座右铭：

吃常人所不能吃的苦，忍常人所不能忍的气，做常人所不能做的事。

也许，你没有经历过饥饿的历史，没有尝过寄人篱下的滋味，没有受过寒流的抽打；也许，我们怕风怕雨，怕冷怕热，怕打怕骂，怕受刺激。但是，你可知道，吃苦是人生的一种营养和资本。还是狠狠心把自己推到学习的竞争或社会和大自然中去吧，"天将降大任于斯人也，必先苦其心志，劳其筋骨……"有人认为，21世纪，大量的体力劳动都由电脑承担，国家强盛，生活美满，有多少苦吃呢！有必要吃苦吗？其实，劳动、吃苦，并不是单纯地为了学会一种本领，更重要的是学会如何体谅别人，是培养一种生活和社会责任心，培养适应生活的能力。这对将来走向社会是非常有好处的。早在20世纪70年代，联合国教科文组织专门发了一个报告，主题就是学会生存，这是全世界教育的一个跨世纪主题。有些国家规定得很具体，如德国把中小学生参加家务劳动写进法律，而且规定6～10岁刷碗、扫地，管理自己的床铺；10～14岁必须给全家人擦皮鞋；14～16岁要打扫房间，整理花园等等。不干就是违法行为。

仿照阅读材料，给班上同学介绍你熟悉的一位人物的事例。不求情节完整，但要生动具体。

在下列题目中选择一题：

《学习呵，学习》

《考试，考试何时了》

《哎，我们的双休日》

十、生活中，主动能赢得机遇

竹村健一是日本著名的社会学家。他年轻时到法国求学。刚进宿舍的那一天，他有事到管理员室，空无一人的办公室正响着电话铃。他想，或许可以借机会学外语，便轻松地拿起话筒。打电话来的是一位美国外交官，要求管理员替他介绍个日本人学日语，因为他不久要去日本赴任。竹村随即答应了这位外交官的请求，事实上是他本人接受了这份差事。在外交官身边教完日语，他便时常应邀跟他一起参加各种社交活动，由此，结识了世界各国的许多外交官和当地著名的新闻记者，获得了终身受益的充实知识和人生经验。

有这样一则寓言：画眉、八哥、乌鸦都不会唱歌，师从黄莺。开始学得很差，都很难为情，黄莺鼓励它们。画眉、八哥坚持学下去，只有乌鸦站在一旁闭紧了口想：我才不愿意在大庭广众之中出洋相哩！然而，不久，画眉、八哥学会了唱歌，而乌鸦呢，一张开口，仍然是一片难听的"哇哇"声。

生活中，主动能赢得机遇和机会。竹村所以能交上好运乃至成就人生事业，一定程度上就起源于拿起了管理室的电话筒。后来竹村在《赢者的强运法则》一书中，回顾自己的人生道路，深有体会地说：所谓派头、面子及自尊之类的东西，无异于行动的手铐脚镣，一旦把这些东西套在身上（他称之为"社会衣服"）就会使人动弹不得，而幸运或机会也会随之远遁了。乌鸦的命运不正为我们提供了生动的反面教材吗？请牢记，在心理和行为过程中，有较强的主动性是一种良好的心理素质。

请根据自己的心理和对同学行为的观察，认真分析总结课堂发言时脸红心跳，不敢大声讲话的原因（心理障碍）到底有哪几条，用说明性语言写出来。（也可分析缺乏主动行为的其他现象，如不敢去办公室求教老师等）收集与阅读材料同类的正反事例，写出来，并从心理和行为角度加以简单评述。

十一、伟大，可能从分工合作中产生

《克雷洛夫寓言》中有一则故事说：梭子鱼、虾和天鹅要把一辆小车从大路上拖下来，它们用劲地拖呀，拉呀，推呀，可小车原地不动。倒不是小车重得不得了，而是另有缘故——天鹅使劲儿往上向天空直提，虾一步步向后倒拖，梭子鱼又朝着池塘拉去。

在一个晴朗的天气，一个小女孩和一个比她小的小男孩慢慢走过街道，小男孩的眼睛闭得紧紧的，小女孩牵着他的手，引导他走路。一个路人见了，问道："怎么了？你弟弟的眼睛受伤了吗?""哦，没有，我们正要去看电影。"小女孩解释道："他闭上眼睛，我带他走，等到我们进了戏院里面，他才在黑暗中睁开眼睛，帮我们两个找位子。"好棒的分工合作！

随着现代科技文明的发展，中学生的人际关系发生了变化。社会大生产和城市化的发展，使人们和父母的联系减少，邻里关系也普遍淡薄，伙伴们在大自然中相互切磋的机会更少。同时，学校里激烈的考试、升学、竞争，使同学甚至师生之间失去了正常谈心交流的可能性，怎样驱除这种孤独和痛苦感，唯一的良方就是建立友好合作的人际关系。天鹅和它的伙伴为我们提供了形象的反面教材，而两个小孩的故事告诉我们：伟大，可能从分工合作中产生。

从前，有兄弟俩出去打猎，一只大雁飞来，正要弯弓射雁的时候，哥哥说："捉到雁就煮了吃。"弟弟说："栖息的雁煮了吃，飞翔的雁应该烤了吃。"兄弟俩争论不休，谁也说服不了谁。没办法，就到社伯（相当于村长）那里去评理……（1）请续写完故事。（2）为《克雷洛夫寓言》中的梭子鱼、虾、天鹅各写一段神态、行为描写。（3）读了两个小孩的故事，你有何感想，请给他俩写一封信，或侧重介绍读后感，或侧重介绍你生活中见到听到的同类正反事例。

十二、我们需要班干部吗

"的确，亲爱的恩里科，学习在你看来是件苦差事，就像你妈妈说的那样。我就没见过你面带笑容、心甘情愿地向学校走去，可我又多么希望你能这样呵！但是听我说，孩子，稍加思考，你就会知道，如果你不上学，你的生活会变得多么的乏味和可悲。用不了一个星期的时间，你就会合掌乞求再让你回到学校里去，因为无所事事的羞耻感正在吞噬着你的心，游戏玩乐让你感到厌倦。我的孩子，每一个人都在孜孜不倦地学习。想想那些劳累了一天、晚上还要上夜校的工人们；想想那些辛苦了一周的女人们，也会在礼拜天去学校学习；想想那些士兵们，一天的摸爬滚打以后，晚上还是会捧起课本的；再想想那些听障人士和盲人们，他们又是怎么学习的呢！就连监狱中的囚犯也在学习、读书、写字。在你早上离开家去学校的时候，城里有三万个孩子正像你一样去学校，像你一样把自己关在一间教室里学上三个小时的功课。再想想在那一时刻，全国又有多少个像你一样的孩子正在上学的路上。有的穿行在寂静乡村的小径上；有的正穿越闹市的大街；有的走在河岸，走在湖边；有些地方或许正是烈日当头；有些地方或许是大雾弥漫；有些河道纵横的地方需要乘船；有些平原广袤的地方需要骑马；有些冰雪覆盖的地方还要乘雪橇。他们或单行，或两人做伴，或成群结队。他们穿着打扮大相径庭，语言也各不相同，从冰雪连天的俄罗斯到满是椰子树的阿拉伯学校，成千上万数也数不清的孩子正背着书包做着同样的事，都要到学校去上课。想象一下这个庞大的人群，这千百种民族的孩子汇成的求学的洪流，一旦不存在了，人类就将重新堕入野蛮状态，这巨大的洪流是世界的希望、进步、光荣。

“那么，拿出你的勇气来吧，我的小战士！你的课本就是你的武器，你的班级就是你的作战中队，你们的战场是整个的世界，而你们的胜利则是人类的文明。不要做一名怯懦的战士，我的恩里科。”

（［意］亚米契斯/《爱的教育》）

当一株植物单独生长时，显得单调，没有生机，会枯萎乃至死亡；当众多植物一起生长时，不仅根深叶茂，而且生机益然，竞相争荣。人们把植物界这种相互影响、相互促进的现象称之为“共生效应”。系统论有这样一个著名论断——整体大于各孤立部分的总和。“一滴水怎样才能不干涸？”释迦牟尼曾这样问他的弟子。答不出。自答：把它放到大海中去。

班级是每一个同学的第二家园。共同的追求，共同的憧憬，共同的荣辱，共同的精神支柱，共同的心理依托，组成了班级这一特殊群体。学习知识，学会思考，学会做人；知识，能力，智力，道德，品性人格，生命活力，一切的一切都在班级形成。班级是学习的主阵地，是每一个同学生命和人生的摇篮，成才和成功的沃野。从小学到高中，加上学前三年，一个人生命中最重要的 15 年时间大多在班级度过。我们谈论“班干部”的话题便是讨论班级这个“家”的建设，便是关注自己生活和生命质量的具体行动。请时时提醒自己：我是班级的一员，我是班级的主人，我是班级的干部——所谓"干部"的全部含义便是"责任"二字。搞好这次活动的关键是在班主任支持下组织好讨论；写好文章的关键则是重点突出和语言的鲜明生动。祝你成功。

请以记者或主持人的身份，对"班干部"这一话题进行一次"焦点访谈"。采访提纲（参考题目）如下：①你心目中的班干部应该是怎样的。②当干部不吃亏。③当干部吃亏。④失望的班干部。⑤我班的干部真棒。⑥我们需要班干部。⑦我们不需要班干部。⑧班干部应该怎样产生。⑨班干部主要为同学服务，还是为老师服务。⑩我当干部的心酸史。然后，将你认为有价值的重点内容整理成文。

十三、老师的魅力在哪里

我曾经写过一首散文诗，题目是《雪松赋》——

年年岁岁、朝朝暮暮，校园的雪松呵，你执着如一，舒展着蘸满绿汁的大笔，为小草描绘一片清凉的意境。风来，为小草遮风；雨过，将甘霖送给蓓蕾和幼苗。于是，在你的哺育下，一棵棵野莓、牵牛花、蒲公英，绽开了稚嫩的笑脸。你的生命，在小草身上继续，在野花身上延伸……

斗转星移，几世几代，校园的雪松呵，你饱尝炎炎赤日、严寒冰雪；无论是凄风苦雨、浊浪排空之时，还是阴霾遮天、乌云压城之日；无论是遭人讥贬、含辛菇苦，还是逢灾受难、斑痕累累——你呵，总是铁骨铮铮、倔强峥嵘；总是那样的青俊，那样的雅秀，那样的大度，那样的热情……

校园的雪松呵，你祈求甚少，奉献甚多。你不慕搏击蓝天、凌云翱翔的雄鹰的风姿，不求富贵堂皇，国色天香的牡丹的荣耀。你没有海的壮观，却有海的涵养；没有山的雄伟，却有山的情操！你给了多少人雨露恩泽、松筠节操；多少人愿意和你永远在一起——根，永远紧握在地下；叶，永远相触在云霄！

呵，南国校园的雪松，中华大地万古苍郁的雪松——

谁说你没有雪的素裹，我分明看到了你的心底如白雪一样纯洁晶莹！

谁说你只有满身葱茏绿的葳蕤，透过你旖旎扶疏的外表，我分明看到，你有一颗心像火一样鲜红透明。

你，比万花芳馨；你，比凤凰典雅；你是端庄绝美的雕像，永远矗立在校园，永远矗立在万千学子的心中！

啊，亲爱的老师，您就是那校园的雪松；您，永远是我们心中的雪松。

你思考过这样的问题吗？——为什么过生日时好多同学都不欢迎父母在家，有的干脆变着法把他们"请"出家门？为什么好多同学的抽屉甚至日记本都要带锁？为什么我们总嫌父母啰唆唠叨？为什么我们对老师总是敬而远之？为什么老师不理解不体谅我们？为什么我们的知心朋友都是同龄人或者说两代人之间为什么往往有隔阂有代沟？为什么这个世界和生活总归不够圆满不够顺心不够快乐？

亲爱的同学，对此，我的看法和思考是：两代人之间有些感情距离是正常的，但影响了交流和沟通却总归令人遗憾。做父母老师的固然应该反省检查自己，争做一个好老师、好爸爸、好妈妈，而做儿女学生的又该怎样做一个好儿女好学生呢？我们怎样才能不仅仅在同龄人中间，更重要和难能可贵的是要和老师和父母建立起一种忘年交式的至爱亲朋的关系。搞好这次写作活动，能使你敞开心扉，交流友谊，共享欢乐，丰富你的美好情感，促进自我发展。注意，讨论和写作贵在既有情感的叙说又有理性的思辨。

请组织一次分组形式的班级讨论会，每组一个人主持，围绕老师形象、师生关系这一"焦点"问题做一次"实话实说"。注意要一边听一边记，然而以访谈形式（即问答式）整理成文。参考话题如下。① 我为什么愿意和××老师亲近。② 老师应该有怎样的"人情味"。③ 师生之间不应该是"警察和小偷"的关系。④ 老师的魅力在哪里。⑤ ×老师，您辛苦了。⑥ ×老师，您太幸福了。讨论后，还可再去采访个别老师，充实内容。

十四、为新世纪培养"读书人口"

以下是《大语文阅读》总第四期目录。

从 2003 年 1 月份开始，我校每月都会有一本崭新的《大语文阅读》摆放在学生案头。每一期上，作为主编的我都有一篇鼓励学生阅读的文章。《有书的冬天不怕冷》《阅读是一种旅行》《阅读可以拯救自己》《只要你爱读书》《感受阅读的幸福》《写作是阅读下的蛋》……阅读的诗意和写作的意图从这些题目便能体会一二了。每一期的最后，都附有一张读者问卷调查表，几次下来有一种意见出奇地一致，学生们几乎是异口同声地高喊："《大语文阅读》太薄了！这如何能体现'大'？我们强烈要求增加厚度！"

多年来，我和语文组老师向全校学生提出，每人至少订阅语文方面的一报一刊。目的是让一份优秀报刊伴随孩子长大，让一本好书陪伴学生的终身。我要求学校图书馆和语文组一起做好这项工作。以 2000 年上半年订阅情况为例——全校学生自费订阅报刊累计费用近十万元，人均初中 40.8 元，高中 32.4 元。学校公费订阅报纸 68 种、杂志 242 种，每个学生一年占 27.2 元。费孝通先生回忆，他在初中时成了商务印书馆发行的《少年》杂志的忠实读者，60 多年后他还能回忆起这份杂志，并讲他是"终身受益的"。一个人在青少年时代，如有一份优秀报刊伴随他长大，那是很幸福的。

"世上几百年旧家，无非积德；天下第一件好事，还是读书。"我挑选这副对联贴在学校图书馆阅览室的门上。张家港高级中学有花园式的美丽校园。然而，在我心中，最美丽神圣的地方还是学校的图书馆阅览室。未进入书籍的殿堂，透过宽敞的玻璃大门就能看到里面幽雅的布置。复合地板是浅黄的木纹原色，书架和桌椅都是栗色，古朴而沉稳，典雅又庄重。而且书架高仅齐胸，你坐在书桌旁，伸手就可拿到你想看的书籍。书架还把阅览室隔成了一个个相对独立的阅览空间，坐下来读书的时候，书架恰与头平，低头抬头唯有书籍满目。而且，万余册图书全是我一本一本认真选择的精品。其中，文学文化名著和名人、伟人传记占了绝大多数。墙上只有两句话："读书修身""读书养性"。从高一到高三，我校学生每星期都有两节课时间在这里度过。

2001 年 8 月，我在本校高一新生中进行了一项关于阅读的专题调查。有关统计数字令人担忧。比如只有 40％ 的父母和 50％ 的初三班主任要求阅读，在初三阶段，70％ 的同学很少去图书馆，18％ 的同学从未去过图书馆，近 90％ 的同学很少去或者不去阅览室。让他们写出几位中国古代的剧作家，统计数字显示竟然为"零"！学生没有阅读的兴趣爱好习惯，学校没有读书的氛围和风尚，已成为中国基础教育改革最突出的问题和危机。

某市电视台去该市最好的一所职业中学挑选职工。面对学校选送的三位"优秀"毕业生，电视台负责人问其中的一位佼佼者，"你经常读哪些报刊书籍？"答曰："我学习一向很用功，平时不看闲书。"再追问他看过什么文学文化名著，这位班长同学眨巴着眼睛，好一会儿后，恍然大悟一般地迸出这样一句答案："《故事会》！"我想，这绝不是一个地方的偶然现象。

犹太人、美国人、英国人、俄罗斯人、意大利人都十分喜爱读书。在犹太民族，小孩稍稍懂事，母亲便会在《圣经》上滴一些蜂蜜，叫孩子去吻，让孩子在心灵上知道这书本是甜蜜的。

提倡教师读书并带动学生阅读，有一个重要的社会意义，这就是为新世纪培育"读书人口"。我认为，没有学习化的社会就没有现代化的社会。

苏霍姆林斯基十分深刻又富于诗意地指出，一个不读书的社会就是一个牢狱，一个不读书的人就如生活在这种牢狱之中。"如果一个人在青少年时代不想求知，那就是最可怕的不幸——也就是家庭的不幸，学校的不幸，社会的不幸！一个人不想求知，他就好比用一道无形的铁栅把自己跟广阔的天地隔离开来，然而谁知后来这道无形的铁栅栏也许会变成真正的牢狱呢！"（《给教师的建议》）苏霍姆林斯基认为，读书能帮助人实现终身学习。"但学校毕业后的教育主要是自我教育。只有当一个人在上学年代里就爱上书籍，学会从书籍里认识周围世界和认识自己的时候，他在毕业后的自我教育才有可能。如果在学校年代里没有打下这个自我教育的基础，如果一个人在走出校门后不知阅读为何物，或者只局限于看那些侦探小说，那么他的精神世界就是粗鲁的，他就会到那种毫无人性的地方去寻找刺激性的享受。"（《给教师的建议》）基础教育最重要的使命是帮助学生学会学习。爱好阅读，应该是"学会学习"最主要的内容。然而，现在呢？当一个学生读了六年书离开小学，或者读了六年书离开中学的时候，却没有阅读的兴趣爱好习惯能力，能说我们的教育是完成任务和成功了吗？我想，任何一个有社会责任感的教育工作者，都应该用自己的良知去思考：为了培养完整的人，培养终身可持续发展的人，为了我们民族的长盛不衰，我组织学生读书了吗？

综观全世界，凡喜欢读书的民族，往往都是十分优秀的民族。如犹太民族，在那种书香社会里，我们知道，他至少诞生了像马克思、爱因斯坦、弗洛伊德这样一些人类的天才。俄罗斯每20人拥有一套《普希金全集》；韩国以书柜代替酒柜，着力建设书香社会；美国的大学入学人数在中国的"十五"期间可以达到占总人口数的80％的比例……我们呢？

有识之士担忧，现在的教育，也许永远出不了民族文化大师。如果这种担心和假设成立的话，那是多么可悲和可怕啊。

我一直有一种担忧，当代中国教育，能担当如此社会和历史的重任吗？

我不敢再联想推断下去了。不过，我想，什么时候当我们真正意识到"为新世纪培养读书人口"这一教育的社会责任的时候，我们的基础教育面貌就一定不是现在这个样子了。

十五、有书的冬天不怕冷

——写在《大语文阅读》编辑之后（之一）

亲爱的同学：

2002年冬天，新著《相约星期一》出版，许多人要求我签名赠书，我在书上写得最多的就是"有书的冬天不怕冷"这句话。在编选《大语文阅读》的过程中，我也时常要想起这句美丽的话语。因为阅览编选文章时，我的心情确实常常被阳光般的文字所温暖和感动。

感动我的首先是余杰和他的大作。《在爱中永生》等三篇系余杰专门寄来的他的新作，他在给我的信中说："报纸（指我校校刊《新作文月报》）已经收到，看到学生写我的文字，觉得特别亲切。自己的中学时代也浮现在眼前。"一个学校的语文课外读物，能得到作家的原创佳作，又是全国知名大作家的专稿，这份荣幸，这份友情，怎一个"感动"了得。

"新东方传奇"编了个专辑。我和刘德福老师不约而同都相中了"新东方"三字。本来，我们从卢跃刚著《东方马车·从北大到新东方传奇》一书里选了介绍"新东方"三巨头俞敏洪、徐小平、王强的三个章节，又从徐小平著《图穷对话录》选了他的自序《我歌唱带电的思想·新东方留学理论的诞生》，还选了该书第 1 篇《丹麦公主童话》。后因篇幅关系，只得忍痛割爱，删减为现在这些文字。我想，让学生阅读和走进"新东方"，其意义会远远超出文字和文学这些概念范畴的。因为神话般的"新东方"犹如一支火把，已不知照亮了多少学子的人生道路，我衷心希望我的弟子们也能发现和享受它的光芒和温暖。

第三辑《阅读名人》中，放在卷首的是《他们眼中的胡锦涛》。刊有这期的《南方周末》我一直珍藏着，这次拿出来让同学们和我一起阅读名人，走进领袖。就在写作本文的今天，我去泰州参加一个会议，有机会去拜访了我极尊敬的全国著名语文专家、江苏版初中语文教材主编、江苏省泰州中学特级教师洪宗礼先生。午餐席间，我和他提起了他们学校的这位领袖校友，也提到了《大语文阅读》和《南方周末》上的这篇文章。当时，洪先生几次诚恳地说，"全是真的，全是真的。"因为《他们眼中的胡锦涛》中的"他们"几人，洪先生都很熟悉，而且为收集和整理校史资料，洪先生还召集"他们"开过座谈会。2002 年 12 月泰州中学 90 年校庆，胡锦涛为母校发来了贺电，并关照不要宣传。把这些内容介绍于此，也许更有助于大家阅读此文。

一天晚上，整理报纸，突然想起了一篇让我极为感动的文章——《记忆不是为了恨》，介绍的是《南方周末》2002 年的年度人物王选。这是一篇让人读之回肠荡气的美文——不是美在文字，而是美在内容、美在思想、美在精神。同样，李元洪老师推荐的《伏尔泰》，宋姝芳老师选择的《拿破仑》，陈友锋老师推出的《邱继宝》等，相信读者朋友一定会和我一样，阅读这样的文章会受到强烈的震撼，内心会充满着阳光般的温暖。

我向来主张，每一个师生起码都应该是一个"读者"。现在，应试教学中的功利性阅读，弄得广大师生都苦不堪言怨声载道。问题就出在这不是真正的阅读。学生的精神发展需要优秀书籍的滋养。学校首先应该是一个读书的地方。而且，中学阅读教学的理想境界是自由阅读和超量阅读。这并非指没有指导而胡乱读书，它的反面是"为功利而读"。听听林语堂先生的演说吧："所以读书向为雅事乐事。但是现在雅事乐事已经不雅不乐了。今人读书，或为取资格，得学位，在男为娶美女，在女为嫁贤婿；或为做老爷，踢屁股；或为求爵禄，刮地皮；或为做走狗，拟宣言；或为写讣闻，做贺联；或为当文牍，抄账簿，或为做相士，占八卦，或为做塾师，骗小孩……"够了，够了。"诸如此类，都是借读书之名，取利禄之实"。如今虽时代更替，然应试教学题海战术，为功利而读的教育现状比过去有过之而无不及，真使人啼笑皆非。还是这位林老夫子，批评当时学校"所读非书"——教科书并不真正的书，"无书可读"——因为图书馆极有限，不读读书——在课堂和学校看课外书有犯校规，书读不好——不会阅读的人连教科书也读不好。每当读到和想到这段文字，我总生出一种重重的担忧：70 年过去了，我们教育改观进步和发展了吗？我们编选《大语文阅读》的意图正是要让同学们进行真正的阅读，并享受这种阅读带来的愉悦、兴奋、感动甚至震撼。我坚信，好的书籍和文章，带给读者的帮助不仅是文字和章法，更会给人以思想情感道德人格诸方面的影响，更会给人带来生活的信心和人生的幸福。还是以和《相约星期一》有关的一个真实故事为例——

2002 年 12 月下旬的一天，我接到一个陌生女性的电话，说看了《相约星期一》以后如何如何受到感动，还说这本书促成了她弟弟和他们家庭的团圆。开始我以为她一定是我校的家长，后来才知道，她是我市国泰集团某公司经理，生意做得颇为红火，在一个偶然的机会里看到我的这本书，就马上送给她弟弟看了。接着，元旦上午，她专程来校看我，还一定要请我全家吃饭，于是我们便有了深入一些的交谈。原来，她弟弟当年在大学里谈了一个对象，因为是北方姑娘，语言不通，便不能使父母亲接受。当他把恋爱对象带回家时，居然被赶出家门，父母还说出了如不听父母之言便断绝关系等气话。弟弟大学毕业后带着女友一起应聘到江阴工作，现在自己开了贸易公司，小日子过得不错，只可惜几年没进家门了。甚至去年父亲突然病逝时，通知了他，他竟然也没回家。母亲、另一大弟弟、叔叔等愤极发誓，以后再也不让这个逆子迈进家门一步……想不到，这次弟弟看了《相约星期一》中的《测试你的孝心》等文章，终于良心忏悔，告诉姐姐要回家看望母亲和家人。在姐姐的策划斡旋之下，弟弟带着妻子终于回来了，还在母亲房间里打地铺住了一夜。听了这个故事，我也十分感动。我说，等你弟弟什么时候再回家，我要和他相认并和他一起去你家里看望老人，以表示我的欣慰祝贺和祝福。

亲爱的同学，有书的冬天不觉冷，有书的日子永远有人生的充实富有和幸福。"真正的阅读，是能吸引智慧和心灵的阅读，它能激励人去思考世界和自己，促使少年去认识自己并考虑自己的将来。没有这样的阅读，人就会受到精神空虚的威胁。任何东西都代替不了书籍。"（苏霍姆林斯基《公民的诞生》）作为老师和书友，我衷心希望大家能喜欢《大语文阅读》，并且欢迎和我及其他老师进行有关的交流对话。

当然，我知道《大语文阅读》不可能代替一切，但起码它会是一席色香味俱佳的精神大餐。时值期终岁末，就算我和语文组全体老师为大家精心准备的美丽的"年夜饭"吧！

祝

书香伴你度过一个愉快的春节！

你的书友　高万祥

2003 年 1 月 18 日

［注：《大语文阅读》系我主编的校本语文读本。］

十六、阅读是一种旅行

——写在《大语文阅读》编辑之后（之二）

亲爱的同学：

编完《大语文阅读》第二期，我觉得应该和同学们做一些交流。这次我用"旅行"一词，概括我自己的阅读感受，也邀请大家和我一起进行一次愉快的精神之旅。

在本次旅行的第一站，我们做了一个"广告"：让你永远难忘的"冰雪美人"，要不要把当代著名作家莫言的这一中篇小说编入，编委讨论时略有争议。我坚持让它入选，而且我深信，本文精美到家的语言会让大家目醉神迷，一般的教材文章都不能望其项背。更重要的是，本文闪耀的人性的光芒，会照亮每一个读者的心田，会让每一个善良者在主人公面前扼腕赞叹，流连忘返。夸张一点说，真正认真品味作品的人，也许会顿生曾经沧海之感，也许会有三月不知肉味之感。这样的作品确实不可多得，确实会让你永远难忘。

第二站的名字叫"世上只有爸爸好"，因为两篇作品都是爸爸写给女儿的，一是陆幼青先生的"生命的留言"，一是当代大家周国平先生写给已经永去的女儿的（《妞妞——一个父亲的札记》节选），都带有强烈的悲剧色彩。然而感人的地方也正在于此——悲剧把人生有价值的东西撕开来给人看。拳拳爱心，而且是浓得化不开的拳拳父爱，还有长者的智慧，人生的箴言，生命的真谛，认真读完两篇大作，我觉得自己仿佛站在人类精神的高地，一种前所未有的酣畅淋漓的阅读的愉悦，让我兴奋不已，我马上对推荐者张善余、魏建宽两位老师说了一句话：相见恨晚！

"三更有梦书当枕"，书能帮助你，让你的梦更多更好。第三辑是一组散文随笔，内容题材风格景象各异，让我们犹如在梦中进入了一个美丽神秘的大公园。在《无言的课堂》里，参观完"海拉尔军事要塞"，我的心每一次都会抽泣。"对于日军的仇恨，我从没有今天这样深刻与新鲜。"然而，今天的人们，"开着丰田轿车，用着东芝冰箱，享受着三菱空调，在惬意中，我们是不是遗忘了什么？"阅读本文的时候，请你一定要把《记忆不是为了恨》（《大语文阅读》第一期）再拿出来对照着看。在我看来，这样的血性文字，才真正是文章中的上品。《耶德瓦布内》把我们带到了第二次世界大战时期的一个波兰小镇，展现在我们面前的，不仅有当年惨绝人寰的屠杀场面，更有60年以后国家总统亲临忏悔的感人情景。不了解历史的人，永远是一个无知的孩子。我衷心希望大家都能通过阅读，了解中国及世界的昨天和今天，从而使自己尽快成熟起来。

著名学者葛兆光先生把我们领进了一座高雅的音乐厅。唐诗、宋词、当代诗歌、流行歌曲放在一起比较欣赏，别开生面，让我们一饱耳福地同时大开眼界。对于听惯了或者只会听流行歌曲的人们来说，我想你一定十分欣喜地说：不虚此行！

不虚此行的还有《一个人的村庄》。把村庄和村庄里的炊烟写得如诗如画，如梦如幻，我着实钦佩刘亮程的功力和底气。要提醒大家的是，也许你不会一见钟情，但如果你能停下脚步和眼光，仔细欣赏品味咀嚼的话，你会越看越喜欢，甚至会爱不释手的。本辑里还有两篇文章，也都别有情趣，值得一读。

感谢编委刘德福老师，他把一组音乐题材的散文集中在一起，为我们的精神之旅营造了一个很有特色和风味的艺术佳处。先让我们随着韩静霆先生，去静静地欣赏《二月映月》及其有关的故事轶闻。当然要不要听从小泽征尔的话，"跪下来听"，就悉听尊便了。然而你会在喜多郎的音乐声中《聆听一个千年的王朝》。接着请大家随着《琴声》，回忆那美妙的在琴弦上过着的流水一般的日子。最后，我邀大家一起面对《沉默的竹笛》，去品味生活的美好。

最后一站的小小说，标题已说得明明白白——不可不读。你可千万不要失之交臂。

书籍，特别是经过了时间沉淀和筛选而被后人认可接受的那些名家名著，是影响学生精神发展的最优秀、最重要和最有效的媒介。请听一听雨果的自白："只要本世纪的三个问题——贫穷使男子潦倒，饥饿使妇女堕落，黑暗使儿童羸弱——还得不到解决，只要在某些地区还可能发生社会的毒害，换句话说同时也是从更广的意义来说，只要这世界上还有愚昧和困苦，那么，和本书（指《悲惨世界》）同一性质的作品都不会是无用的。"闻听此言，在心灵得以震撼之余，我们完全有理由和责任说，为了办好真正的学校，为了实施真正的素质教育，任何时候，阅读都不会是无用的！

书籍是通往心灵的小路。苏霍姆林斯基认为，阅读，首先能在学生面前展现他们自身的心灵世界，也就是说，能使孩子认识到人的精神的伟大。没有这样的阅读，一个人就会受到精神空虚的威胁，因此，无论什么都不能取代书籍的作用。"我坚定地相信，少年的自我教育是从读一本好书开始的，并且表现为他能用最高的尺度——那些英勇的、忠于崇高思想的人们的生活来衡量自己。而如果少年的精神生活里只有上课、听讲和单单为了识记而死抠书本，那么这种衡量、自我认识就是不可能的。"然而，"自己对自己谈话，诉诸自己的良心，这才是真正的自我教育。只有那从人类的道德财富中给自己找到榜样的人，只有那希望从这些财富中为自己的心灵吸取最宝贵的东西的人，才能达到思想和生活的崇高境界。我以为，只有当每一个青年都找到一本在他的一生中留下很深的痕迹的书时，才算达到了教育目的。"（《给教师的建议》）"书籍对少年来说，并不是真理的仓库，而是内心体验的源泉。"（《给教师的建议》）在他看来，一个人在少年时代和青少年时期读过哪些书，会影响甚至决定人的一生。请看看我们身边的学生，我敢断言，那些学习落后、讨厌上学，那些不思进取、不肯用功，那些品性不好、行为不良，那些道德败坏、违法乱纪的，尽管生活背景各不相同，个性、缺点各不相同，但有一点是共同的，这就是没有阅读的爱好和习惯。

　　良好的阅读习惯可以帮助我们实现毕业后的"自我"教育。苏霍姆林斯基说，"但学校毕业后的教育主要是自我教育。只有当一个人在上学年代里就爱上书籍，学会从书籍里认识周围世界和认识自己的时候，他在毕业后的自我教育才有可能。如果在学校年代里没有打下这个自我教育的基础，如果一个人在走出校门后不知阅读为何物，或者只局限于看那些侦探小说，那么他的精神世界就是粗鲁的，他就会到那种毫无人性的地方去寻找刺激性的享受。"

　　通过阅读提高学生的文明素养，已成为当今世界全球教育的一个基本共识。近年来，学校教育改革成为美国公众最关注的社会话题。所以布什上任后向国会提出的一个重要法案就是教育改革法案。获国会批准的该法案拨款 240 亿美元，要求所有中小学校都须进行阅读考试，合格才能毕业。我不知道美国的中考、高考是否有像我们一样的阅读题，但重视中小学生的阅读这一点是肯定值得我们借鉴的。

　　在我的"导游词"即将结束的时候，我想送两句话给大家：

　　——不阅读或者说不喜欢阅读的人，犹如一个一辈子未能走出过深山老林的人，他永远不知道外面的世界有多么精彩！

　　——不阅读或者不喜欢阅读的人，也一定读不好教科书！

　　祝

　　　　永远行走在阅读的旅途上！

你的书友　高万祥

2003 年 2 月 27 日

十七、阅读是最好的学校

——写在《大语文阅读》编辑之后（之三）

亲爱的同学：

又到了在《大语文阅读》上和你们见面的时候了。当我写下"阅读是最好的学校"这一题目时，脑子里闪现出的是自己中学时代无书可读、不让读书，以及中学毕业以后在农村劳动时在田头读书、在煤油灯下读书，闷热的夏夜为防蚊虫叮咬而穿着长袖衫、长裤子同时穿上高筒雨鞋伏案读书的苦难回忆。闪现出的是中外历史上那些名人、伟人发奋苦读，逆境成才的大量生动事例。当然，我最惦念牵挂的还是你们——已经爱上阅读和即将爱上阅读的，已经刻苦用功和即将刻苦用功的，已经优秀和即将优秀的你们。凭我的经验判断，优秀的同学，各有各的优秀，但有一点是共同的，这就是喜欢阅读；不优秀的同学，各有各的不优秀之处，但有一点也是共同的，这就是不喜欢阅读。哲人早就告诫我们，"除了教科书以外什么都不阅读，那他就连教科书也读不好。"（苏霍姆林斯基《给教师的建议》）"如果一个青少年不想求知，那就是最可怕的不幸——也是家庭的不幸、学校的不幸、社会的不幸。一个人不想求知，他就好比用一道无形的铁栅把自己跟广阔的天地隔离开来，然而谁知后来这道无形的铁栅栏也许会变成真正的牢狱呢！"（苏霍姆林斯基《给教师的建议》）一个不读书的社会就是一个牢狱，一个不读书的人就如生活在这种牢狱之中。亲爱的同学，你是否意识到了这一点呢？

古今中外，许许多多有识之士正是认识到了这一点而发愤努力，用阅读培养自己，用知识改变命运，为后人留下了大量生动感人的事迹佳话。

你应该知道冯玉祥吧。在中国现代史上，冯玉祥虽以武将留名青史，但他知书达理，清正廉洁，生活简朴，一身正气，有口皆碑，是现代中华历史上一个极为杰出的伟男子，真丈夫。而在我看来，这一切的一切都源于他的读书学习。

冯玉祥出生在安徽巢县一个军人家庭，家境贫困，10岁才进了本村的私塾读书。无奈一年后母亲去世，他的学历永远停留在一年零三个月的私塾之上。为了生活，11 岁的冯玉祥便跟随父亲在军营当了一个童子兵。然而，从穿上清兵号衣（军服）的那天起，便下定"我要读书"的决心。因为他牢记启蒙老师的教诲——要想走出贫困，明白事理，成就大业，就不能不读书。古往今来的圣贤，都是在这条道路上走过来的。当时的他就在心里说：我冯玉祥也一定要走这一条道路，在兵营读书，同宿舍的战友都反对他，都指责讥讽他。冯便从被褥里抠出两团棉花，塞上耳朵，自顾自地在床上看书。每当这时，几位战友往往一边一个挽住他的脖子，左摇右晃，让他读不成书。没办法，等大家睡了后再点灯读书，更遭反对。于是，他想办法在自己铺位的墙上，凿了一个方洞，洞上挂个小布帘。洞里放上小油灯，把头伸进去，拉上洞帘，在洞内专心致志地看书。这样既不怕战友吵闹，又不影响大家睡觉。战友们都被他的精神折服了。

1917 年，35 岁的冯玉祥作为旅长驻兵湘西常德。既是旅长，又是镇守使，军务政务集于一身。为了保证读书时间，他想了许多办法。比如在门上挂上"冯玉祥死了"的牌子。原来，他把读书当作命根子，每天早晨 5 点起床，洗漱过后，吃一点东西，就开始读书写字，直到中午。他说，他读书写字时，谁也不能去打搅，只当他死了，所以就挂上这个牌子。等他读完书，书房门口就会换上一面"冯玉祥活了"的木牌，有公务，有客人，部下才能进去通报。

冯玉祥不仅自己读书，还强调他的官兵读书。他自己更是夜读、晨读，傍晚在小树林里读，出差在车上读。只要空余，便手不释卷。因为读书多，眼界便和别人不同。因此他总能站在世人前列，反对封建帝制，追求民主共和，追随孙文主义，拒绝与护国军、北伐军作战，还曾率领军队击败张勋复辟。

值得一提的是，冯玉祥读书的动力之一是一腔爱国热情。一次，一个荷兰人当着他朋友的面羞辱我中华同胞："汝国虽人口四万万，除睡觉吃饭而外，别无他长。以吾人之眼光观之，只四万万副造粪机器身，何足贵乎！"冯玉祥听说以后，气愤不已，一字一顿地高声对士兵们说："望诸君努力，以雪此耻！"

亲爱的同学，阅读可以改变自己，提升自己，拯救自己。阅读是人生最好的老师，阅读是培养自己的最好的大学。12 岁那年，马克·吐温的父亲得病去世，他只得中途辍学，到《信使报》社当了一名学徒工人。白天，马克·吐温把一大堆一大堆的《信使报》分发下来，晚上他不顾劳累，坚持看书学习。和他一块的工人晚上都出去喝酒了，而他却独自一人待在房间里看书，碰上不认识的字，就去查字典搞懂。后来，他又到客轮上当船员，工作比报社要清闲一些，马克·吐温便利用空余时间阅读了大量的文学书籍。这条常年行驶在密西西比河上的船只改变了他的生活，正是在此期间，他用马克·吐温的笔名向报纸投寄充满幽默与讽刺的文章，从此走上了文学创作的道路。

还有弗洛伊德。由于遭受种族迫害，作为犹太人的弗洛伊德没有上过小学，好在父亲尽管知识有限，却四处借书给他阅读，使他对学习产生了浓厚的兴趣，读的书比上学的孩子还多。10 岁时，生存环境稍有好转，弗洛伊德上了中学。在中学的几年里，他读书非常刻苦。他不满足教科书中所讲到的知识，总是按教科书的提示去阅读大量的课外书籍，还自修希伯来文。后来他精通拉丁文、希腊文、法文、英文、意大利文和西班牙文，为他以后创立精神分析学说，并最终成为旷世奇才奠定了十分重要的基础。

亲爱的同学，如果你认为冯玉祥和马克·吐温离我们太过遥远，不够亲切的话，那么请看看我们身边的阅读榜样吧。

　　"转眼到了初一，新学期的第一天，带着儿时同样的好奇，认识了新语文老师——张善余；没有耀眼的外表，只有和蔼的表情，淡淡的不加修饰的微笑，显得亲切。

　　"她像父亲一样的聪明，知道如何捕捉我们的心，给干巴巴的文字赋予了生命，一点一点让我贴书更近。她从来不冠冕堂皇地教导我，读书可以建设祖国之类的话，只是耐心地说，要学会充实自己，让我觉得真实，又一次诚心地坠入书河不想自拔。

　　"我顺着她的思绪，第一时间爱上了秦文君，爱上了《男生贾里》《女生贾梅》《小丫林晓梅》，却单爱上了它们的故事情节，滤去了所有优美、华丽的字眼，跳过了大段大段描述。

　　"时间又一次地证明了我的成长，半年不到，我就厌倦了世俗小说的套子，开始欣赏散文，虽然显得愚笨。

"清新飘逸的白面书生徐志摩，赋予了我一丝浪漫，一点含蓄；张爱玲笔下一个个让我痴狂的充满哀伤的女子，天生堕落的男子，触及到了我的灵魂，轻易地便赢得了灵气懂得了捕获别人的瞬间美；像白开水一样淳朴的冰心，从另一角度给我诠释了生活；余秋雨懂得用人性的眼睛观察世界；三千年的人类文明，三千年的历史文化被展现得淋漓尽致；犹如大草原上热爱狂奔的野马那样，郁达夫不愿受世界羁绊，向我表露着——写作就是一种想说话的冲动，想说什么就写什么，不用哪怕小丁点的感情渲染……"

[高二（14）吕季铭]

"《围城》，钱钟书的黑色幽默，是跳着看过去的，我没法在那些尖刻的句子上作停留。

"历史上的浙江，鲁迅、茅盾、郁达夫、徐志摩。还有穆旦和金庸。

"就像看惯了张爱玲笔下的上海男人。《金锁记》《倾城之恋》《红玫瑰与白玫瑰》《小艾》《十八春》。她独有的氤氲的暧昧，笼罩住一生一世。

"池莉笔下的武汉男人，《惊世之作》《来来往往》《云破处》。平凡尘世中平凡而又不平凡的生活，池莉固有的笔调。

"沙漠里孤独的灵魂，宿命里注定的漂泊。齐豫的《橄榄树》。三毛，《滚滚红尘》《倾城》《稻草人手记》《撒哈拉沙漠》《高原上的百合》。我固执地喜欢她的个性和文字，独立、寂寞的女子。所以喜欢安妮宝贝，同样自主、孤寂，写唯美清丽的文字。美丽、忧郁或压抑。快乐始终如同"卡布其诺"泡沫上一条咖啡色的鱼。溶化过后不留痕迹。

"海明威，杰克·伦敦，生命却垂青于坎坷。

"王安忆、铁凝、海子、北村、叶兆言、苏童，暗黄色的灯光，只照在我的感知中。

"《挪威的森林》，仿佛低沉而阴郁的调子，只有下雨天才如此潮湿的故事。《世界尽头与冷酷仙境》《国境以东，太阳以西》《象的失踪》《寻羊冒险记》《再袭面包店》《舞舞舞》。村上树，我们迷失在一个国度不同的地方。开着车去北海道的海滨。我们彼此不喜欢的国度。而村上的东西是那么的感伤，便没有理由的默默伤感。

"本来我不打算看亦舒的。太言情，可世间有情，我亦不能抵挡这种诱惑。所以就看了。只是一篇《女朋友的女朋友》。

"手指或肌肤。有可以看到的温度。"

［高二（5）马媛媛］

这是在一次文学爱好者座谈会以后，她们应约写给我的文字。我羡慕她们的才情，敬佩她们对文学的热爱和追求，也愿意把她们介绍给全体同学。大量阅读使她们成了语文尖子和写作高手。吕季铭同学曾在全国"圣陶杯"作文大赛中获奖，现在在高二（14）班学音乐，总分成绩也好，有音乐和文学的相互补充滋润，相信她的未来一定是十分令人羡慕的。马媛媛同学已经在正式报刊发表多篇作品，现正在进行小说创作，我们期待她的成功。还有杨翔、朱敏、陆焕焕、王一星、沈佳、赵雯洁、陈雷、陈丽丽、毛燕华、奚周蓉、许小凤、宋文韬、沈晔、李碧原等，都是全校闻名的"文学青年"和写作高手。他们的成长进步，都离不开"阅读"二字。"感谢阅读"一定是他们共同的经验和心声。

日前，一位外地朋友打电话告诉我，中国人民大学的报刊复印资料《中学语文教与学》2003年第3期全文刊载了我的《教师，为什么要读书》，该文发表于《中学语文教学参考》2002年8～9合刊，副题是"学习苏霍姆林斯基教育思想札记"。朋友还热情地把"复印资料"复印了给我。其实，该文还有一篇"姐妹篇"，题为"阅读：打开语文教育的窗口"，也发表于《中学语文教学参考》，是专门谈学生阅读的，以后有机会可以推荐给大家。

另外，我还要告诉大家，良好的阅读习惯是一个人最大的快乐之源和最好的自我完美之路，会潜移默化地影响你的性格和行为。尽管这种自我修养和自我完善现在未必能给你带来高分，将来未必能给你带来财富，但它却能给你带来与高尚思想高雅生活永远相伴的可能和机会。一位贵族曾轻蔑地问一位智者："你的所有哲学到底给你带来了什么？"而智者的回答是："至少我获得了心灵的宁静。"差不多的另一个故事说，许多人挑衅似的追问一位哲学大师，能不能用一句通俗易懂的话概括你哲学思想的全部内容。只听大师从容道：爱你的邻居。我校的办学承诺是"让学生用高分去升学，用智慧去成才"。这里我想更正一下：让学生用智慧去创造生活享受人生。阅读是培育智慧的最好的老师。

　　我和老师们编辑《大语文阅读》，就是为大家提供一位自我学习自我教育的最好老师，就是为大家建造一所自我修炼自我提升的学校中的学校。

　　亲爱的同学，欢迎你给我来信笔谈。谈你的学习和阅读，谈你的困难和决心，谈你的喜悦和烦恼，谈你的老师你的班级和你的希望你的建议。谈什么都可以，但有一点要求和限制——必须真实和真情。

　　祝你

　　　　成为一个真正的"读者"！

你的书友　高万祥

2003 年 4 月 23 日

十八、感受阅读的幸福

——写在《大语文阅读》编辑之后（之四）

亲爱的同学：

　　这次通信，我想和大家交流阅读是一种幸福感受的话题。读书乐，所以许多同学往往一卷在手废寝忘食，甚至在课堂上偷偷摸摸地看着课外书。当然，也有人一看见书就哈欠连天，看书阅读似乎是催眠的最好方法。我想，喜爱阅读的同学，有的出于对书籍的痴迷，有的源于提高语文成绩的功利动机；不喜爱阅读的，有的是因为从小没培养对书籍的热爱，有的是认为阅读浪费时间而不能一下子提高学习成绩。其实，在这个问题上，我们的先人有数不尽数的论述，也留下了汗牛充栋的佳话。这些论述和佳话，有的还十分经典，至今仍然鲜活而耐人寻味。比如宋代真宗皇帝的劝学文，那是典型的功利主义观点："富家不用买良田，书中自有千钟粟，安居不用架高堂，书中自有黄金屋，出门莫恨无人随，书中车马多如簇，娶妻莫恨无良媒，书中自有颜如玉，男儿欲遂平生志，六经勤向窗前读。"如此阅读，一定要实现什么人生和生活的远大目标，也实在太为难了读书儿郎。倒是英国 19 世纪的罗斯金，在他的《芝麻与白百合》第一讲里劝人读书尚友古人，那一番道理不失雅人深致。古圣先贤，成群的名世的作家，一年四季的排起队来立在书架上面等候你来点唤，呼之即来挥之即去。行吟泽畔的屈大夫，一邀就到；李白、杜甫也会联袂而来；想看外国戏，环球剧院的拿手好戏都随时承接堂会；亚里士多德可以把他逍遥廊下的讲词对你重述一遍。这真是读书之乐，其乐无穷。顺着罗斯金的思路，我以为，读书最大的意义和乐趣正在于它是一种精神的需要和生活的享受。

在我们这代读书人心里，永远抹不去的是《红日》《红岩》《林海雪原》《创业史》《红旗谱》《欧阳海之歌》这些名著的光辉，巴金、鲁迅、曹禺、郭沫若、茅盾、老舍、郭小川、赵树理、何其芳、丰子恺、郁达夫等名字也化作精神的血液，永远在我们的人生之河流淌。每当回忆自己少年青年时代读书的种种状况，至今，我的心头仍充满着一种浓浓的暖意。

你们这一代呢？喜欢F4和周杰伦，喜欢《灌篮高手》和《流星花园》，不知道这是你们的幸福还是悲哀，喜悦还是痛苦？该庆贺还是反对和制止，说实话，真让我们十分为难。不过，在我们看来，你们少年时代的许多本该属于书桌和书籍的大好时光，被电视和流行音乐侵占了，被繁华的街道、诱人的肯德基和琳琅满目的百货商店吞噬了，然而，在我们看来，你可以不喜欢《三国演义》《水浒传》《西游记》《红楼梦》和《儒林外史》，可以不知道雨果、莎士比亚、莫泊桑、欧·亨利、马克·吐温、卡夫卡、米兰·昆德拉；但是，你无论如何也应该阅读和喜欢秦文君、曹文轩、莫言、余华、周国平、余杰、余秋雨等。他们因为都是属于你们这个时代、你们这个年龄的伟大作家。

"阅读，几乎就如呼吸一般是我们的基本功能。"《阅读史》里的这句话，再生动不过地表明了阅读和人的精神生命和生存的关系。我以为，在一个现代人的生命殿堂里，无论如何不能缺少了文学这一神圣的内容。在人的一生中，如果没有文学的滋养，精神就永远是枯萎而不能健康生长的。没有阅读的人——当然我说的是广义的阅读，就只能百分之百地生活在世俗社会，就只有彻头彻尾的物质的存在和动物式的生活。没有阅读的人，永远只能日复一日年复一年地生活在单调乏味的"今天"，他们不知道昨天的岁月风雨，当然也不会有多少明天的憧憬和美梦。中国有一句比较刺耳的古话说，三代不读书，等于养圈猪。尽管偏激尖锐了些，但我以为就阅读和人的精神存在而言，这话说得比较到位。只有阅读，才能给你带来丰富的精神和高雅的生活。因此，雪莱说，"诗创造了另一种存在，使我们成为一个新世界的居民"。

"我到处寻觅幸福，但是除了带着一本小小的书在一个小小的角落阅读，其他地方就找不到了。"15世纪一位叫托马斯的外国学者如是说。不知你是否感受到，当你捧着一本书聚精会神地在阅读的时候，至少你的心灵得到了片刻的宁静。当你徜徉于由书籍构成的文学画廊，走进一个个栩栩如生的文学人物的心中，此时，你便是自由而独立的精神王国的国王。一位外国学者曾经如此感叹："我到图书馆去时，只会感到一阵悲哀——生命太短暂了。我根本不可能充分享受呈现在我面前的丰盛美餐。"亲爱的同学，你呢？就以本期为例，你可知道，读余华的《许三观卖血记》，你们享受的是了解过去的幸福；读周国平的文章，你们享受的是沐浴智慧的幸福；读余杰的佳作，你们享受的是心灵洗礼的幸福，读刘郎和吴恩培先生的两篇优美散文，你们享受的是怡情山水的幸福；而阅读《中国：2003年的春天》这组异常沉重的作品，你们享受的又是激发生活热情的幸福。但愿你能深深地体会并享受这种种幸福，并时时在自己的心底记着；感谢阅读！

好书如美酒。酒，越陈越香。好书亦如此。酒，香得醉人；书，香得迷人。不仅是那油墨中的芳香，那字里行间蕴藏着的，才是真正的书香。"世间滋味尝来，无过菜根香；天下奇观看尽，不如书卷好。""一页故纸，写尽多少世态炎凉酸甜苦辣；数轴残卷，叙完几回人间沧桑悲欢离合"。读书若能读出书之滋味之香味，便是趣味高雅心气沉稳襟怀清纯的一种人生和人格境界了，心气浮躁，沽名钓誉，意志脆弱者断然达不到这种境界；为分数读，为考试读，为功利读，永远不会有真正书香的享用和享受。

关键是要读经典好书。好书永远不会过时永远不会褪色永远散发芬芳。好书是我们一生的财富！一次，一位妇人举出一本书名问萧伯纳。萧没有读过此书。妇人得意地说："萧先生，这本书已畅销五年了！您竟然不知道？"萧不愠不火地回答：

"这位太太，畅销全球五百多年的，但丁的《神曲》，您读过吗？"

亲爱的读者，您读过吗？你在读书吗？我的体会是：读书是幸福的，生活在书籍的世界是幸福的。甚至有这样一句不一定对，但可以听一听的话：生活在书中比生活在人当中更幸运。

亲爱的同学，生活在今天的时代，你们是何等幸福。要知道，仅仅一两百年以前，世界上大多数的人还都是文盲，要想快速与人沟通或跨越国界学习，几乎是绝无可能的事。但现在可不一样了，只要你识字，只要你阅读，就有可能得到几千年人类积累起来的知识和智慧。现在的一份报纸，包含的信息比几百年前一个人一生所得到的知识还要多。然而，如果识字的人不爱看书和阅读，那么，他仍然是一个文盲，他仍然生活在几百年前的蒙昧时代，那是多么可惜和可怕的事啊。

亲爱的同学，生活在张家港高级中学，在这里学习，你们又是何等的幸运啊。大家知道，为了帮助你们阅读提高，近年来，我校做了大量很有意义也卓有成效的工作。然而，你们可否知道，不是所有的学校，甚至不会有多少学校能给学生这种阅读条件的。去年11月底，我收到一位陌生老师从河北某省重点中学给我写来的信。他说，"你倡导读书，而我们学校的阅览室图书馆已关闭好几年了，学校十几年大概没有进过一本教育名著。""我们学校曾经有过壮丽和辉煌，但近十年几乎是彻底的衰落了……"我先后多次展读他的来信，遗憾的心情随着伤心的目光久久不忍离去。当然我同时为我校的学生而高兴。你们应该好好珍惜这样的阅读环境和阅读条件啊。什么时候，你们的身边总能带上一本自己心爱的书呢？什么时候，你们能视读书为打球上网吃喝玩乐一样的快乐呢？因为我有一个基本的判断——

什么是读书人，怎样才算一个真正意义上的学生，这只要问一问，他是不是感受到了阅读的幸福。

祝你永远爱书。

你的书友　高万祥

2003 年 5 月 26 日

十九、只要你爱读书

——写在《大语文阅读》编辑之后（之五）

亲爱的同学：

经常有家长问我，孩子对学习不感兴趣，孩子的语文差，怎么办？我总坚定地回答，唯一的办法是广泛阅读。

然而，十分遗憾的是，应试教育带来了一个极为严重的恶果——并没有多少学生喜欢读书。报载，一场突如其来的"非典"，把疫区上百万中小学生从学校推回了家庭。不少家长惊异地发现，以往每天在教室里和老师的目光下努力学习的孩子，突然变得懒散、无所事事和缺乏自制力。他们有的拿起书本不知道该看什么，有的甚至几十天不摸书本、不写作业。家长们百思不得其解：为什么同样是面对学习，孩子在家与在校判若两人？为什么已经是初中生甚至是高中生的孩子，自制力反而不如那些小孩子？另外，据一项最新的全国性调查，因为"喜欢读书"而上学的学生，小学生8%，初中生11%，而高中生仅为4.3%。在我看来，缺乏阅读兴趣是当代中小学生学习道路上最大的拦路虎。

学生阅读兴趣和习惯的培养，责任主要在社会和老师，因为学生兴趣的培养，很大程度上取决于老师。丰子恺为什么能对绘画、音乐、文学、外文产生浓厚兴趣，并在这几个领域里成为大师，和他的两位老师——李叔同（弘一大师）、夏丏尊（《爱的教育》的翻译者）有直接关系。经验给了我这样一个判断——有喜欢读书、知识渊博的好老师，学生才会有喜欢阅读的好习惯。而好习惯是第一重要的。"嗜好读书，就如同逛公园似的，随随便便去。因为随随便便，所以不吃力，因为不吃力，所以会觉得有趣。如果一本书拿到手，就满心想到：'我在读书了'，'我在用功了'，那就容易疲劳，因而减掉兴趣，或者变为苦差事了。"兴趣是阅读最强大的内在动力，读鲁迅的这段话，我们感到何等的亲切。

前不久，著名专家孙云晓在《中华读书报》撰文说，据北京、上海、广州、郑州、成都对小学四、五、六年级和初中三个年级的抽样问卷统计，中小学生最喜欢的书依次为：体育类、科普类、科幻类、电影电视改编的书、关于明星的书、计算机和电子游戏读物、了解外国当代少儿生活的书、对学习和考试有用的课外书等，唯独没有小说、散文、诗歌这些纯文学种类。读书的兴趣需要培养，也需要引导。不可设想，一个人，特别是一个孩子，一年到头光吃零食或肯德基、麦当劳，而没有正常的饭菜饮食，其身体的发育会是一种什么样的结果。同样的道理，没有纯文学的阅读只能是假阅读、伪阅读、反阅读，没有纯文学阅读的人，一定会患上精神发育不良的病症，甚至会患上精神软骨病或精神侏儒症。《大语文阅读》坚持时文和经典并重的编辑方针，正是出于这样的认识和考虑——要培养阅读兴趣，更要培养高尚的阅读兴趣。事实上，每期的阅读调查显示，《最后一片叶子》《冰雪美人》《妞妞——一个父亲的札记》《巫婆的面包》《许三观卖血记》《热爱生命》等经典佳作，都是最受同学们欢迎的。因此，我有理由相信，本期的《活着》《海的女儿》《小王子》等名家名作的人气一定也会很旺；我们也更有理由坚持《大语文阅读》的编辑方向。"两种文盲之间并没有什么区别，一种是完全目不识丁的市民，另一种是已经读书识字了，可是只读儿童读物和智力极低的读物。"（《瓦尔登湖》）我以为，这段话说得好极了，它至少能时时提醒我们要牢记做语文老师的责任。

伟大的作家一定是伟大的哲学家和思想家，是社会的良知和时代的代言人。曾拒绝领取诺贝尔文学奖的法国作家萨特，把书房看作教堂，"引天下为己任，逆转乾坤救人类"，自信他的作品能"保护人类不滚入悬崖深渊中"，宣称"二十亿人躺着安睡，唯有我孑然一身为他们站岗放哨。"巴尔扎克希望成为同时代的书记员，中国当代优秀诗人以"黑暗给了我一双眼睛，我却用它来寻找光明"为自己的心灵写照，都给人以精神和灵魂的震撼。我们如果没有这种心灵的感染和震撼，能成为一个真正大写的"人"吗？

我以为，对于中学生来说，在所有的书籍中，不可不读的还有伟人和名人传记。这些传记中往往记载了许多感人至深、催人奋进的故事和例子。英国一位诗人曾这样说："人世间最珍贵最精致的主人翁精神就蕴藏在这些书本之中。这种精神给人以启示和鼓舞，这种精神横绝时空，永在人间。"那些珍藏着先人英勇业绩的书都是一颗颗极为宝贵的种子，只要把这些种子撒播在自己的心田，日后一定能迸发出无穷无尽的精神力量。读贝多芬的传记，你会知道，贝多芬最令我们尊敬的是他的人格精神，其中最感人的是"扼住命运的咽喉"并与命运搏斗中所表现出来的英雄气概和必胜信念。读毕加索的传记，你会惊叹这位人类历史上罕见的艺术天才所富有的创造精神和艺术奇迹，同时也会为其始终关注下层人民的处境和全人类命运的崇高人文精神所折服。拿破仑、华盛顿、富兰克林、杰斐逊、林肯、爱因斯坦、诺贝尔、居里夫人、安徒生、贝多芬、马克·吐温、海伦·凯勒、孙中山、毛泽东、鲁迅……这些伟大人物的传记都应该是每一位有理想有抱负的青年人的必读书目。否则，没有这种伟大情感的滋润和依托，没有这种伟大品德的教育和鼓舞，我们就会像没有见过阳光的幼苗和藤蔓一样，永远不能在精神和人格上真正挺立起来。

语文老师天经地义的责任，便是帮助学生培养阅读好书的兴趣。能激发学生读书兴趣的老师，才是世界上最有本领的老师，当然也才是世界上最伟大的老师。同样，作为校长，我的最大追求，便是办一所真正读书的学校。这是我的教育理想，也是教育最崇高的社会使命。这里，我试为大家——我的学生和老师朋友——拟出一份激发阅读兴趣的行动计划。

——开展写作比赛或读书知识竞赛活动，总结获奖者的经验，看能不能得出这样的结论：写作是阅读下的蛋。

——举行班级读书演讲活动，或充分利用语文课的课前演讲，介绍阅读内容或读书心得，看能不能得出这样的结论："人就是他所吃的东西"（费尔巴哈）。

——组织读书笔记读书心得展览评比，看大家是不是养成了这样的习惯：不动笔墨不看书。

——评选"阅读状元"。由班级组织，请语文老师、图书馆老师支持。看能不能培养大家这样一种感情：我阅读，我幸福。

——请优秀学生介绍阅读和学好各门功课以及之所以优秀的关系。看能不能发现这样的规律："少年的自我教育是从读一本好书开始的。"（苏霍姆林斯基）

——请学习困难同学，谈学习暂时落后的原因和体会。看是不是不幸被苏霍姆林斯基而言中："学生除了教科书以外什么都不阅读，那他就连教科书也读不好。"

——请著名作家来校与师生见面。余杰、周国平等已来过，深受大家欢迎，使大家读他们的作品热情有加。接下来，我打算接着请莫言、余华、秦文君、曹文轩、余秋雨、舒婷……还有谁是你们最喜欢的？请你们告诉我，我愿为大家创造这种机会。看能不能得到这样一种认识：比起歌星影星来，他们才是闪烁在人类文化夜空的明星。

我想说，我最期待的结果是：有人在读了一本好书之后，开始了他生活的新纪元。

亲爱的同学，谈了以上这些，或者说一千道一万，都可归并为这样一句话：只要你爱读书。

祝

做一个真正的读书人！

你的书友　高万祥
2003 年 10 月 5 日

二十、写作是阅读下的蛋

——写在《大语文阅读》编辑之后（之六）

我向来主张，高中语文教育要以写作为主，以读助写，以写促读。理由很简单，语文学习的终极目标是培养表达能力。说是口头表达，写是书面表达。我们当然不是要把大家都培养成作家，但写作是现代人的一种生活能力。一个不能写一手好文章的干部算不得一个好干部，一个不能写一手好文章的教师算不得一个好教师，一个不能写一手好文章的商人只能算是一台赚钱的机器。

写作的源泉是生活，但写作一定也离不开阅读。从某种程度上说，写作是阅读下的蛋，凡夫俗子是如此，贵为帝王者也不会例外。这是我读《翁同龢传》以后的感慨。翁同龢（我们的常熟邻居）是清代同治和光绪皇帝的老师。他教皇帝读书，仅"汉功课"（还有满文课和习武课程）的阅读书目就有《大学》《中庸》《论语》《孟子》《周易》《诗经》《书经》《礼记》《春秋》《尚书》《左传》《公羊传》《孝经》《帝鉴图说》《战国策》《史记》《汉书》《三国志》《资治通鉴》，等等。不仅读，还要理解背诵。而且皇帝不用功，照样罚读、罚坐，甚至不给饭吃。当然，效果比较好的还是正面鼓励和情感沟通。比如每当光绪帝进书房，翁同龢总要先看看他的气色如何，摸摸他的小手心烫不烫，并轻声柔语地询问一番。如果发现光绪身体有不适，他当即表示读书的遍数可减，遇到实在无法读下去时，干脆不再强求，或唤来总管太监，奏请提前下课，或暂作停顿，让皇帝到庭中散步休息，或进宫中吃些茶点。如此这般，光绪读书的劲头越来越足。帝王治国的基本素质是文才武略，因此高度重视皇室儿孙的读书写作，形成了古代教育一道特殊风景线。当然，这于今人不无裨益。

我们都尊敬作家，其实在作家写作的背后是他们的阅读。2003 年 11 月 25 日，是巴金先生百岁华诞，国务院授予巴老"人民作家"荣誉称号。了解巴金的人都知道，他一辈子最喜欢的东西就是书。汽车库、储藏室、阁楼上、楼道口、阳台前、厕所间、客厅里、卧房内……在巴金偌大的寓所内，曾经到处是书。巴金爱书，在文化圈内是出了名的。他的藏书之多，在当代文人中，恐怕无人可比。1949 年上海新中国成立前夕，巴金一家生活已很拮据，只剩下 57 块银圆。萧珊从菜场买来价廉的小黄鱼和青菜，用盐腌起来，晾干。每天取出一点，就算全家有了荤腥蔬菜吃了。这两个菜，竟然支撑了全家半年的伙食。一天傍晚，楼梯上传来巴金沉重的脚步。萧珊和养子绍弥迎了上去，只见他提着两大包刚买的书，气喘喘的。萧珊问道："又买书了？""嗯，当然要买书了。"巴金回答道。从来十分尊重巴金，也什么都依着巴金的萧珊，这时说了一句："家里已经没有什么钱了。"巴金问也不问家里到底还有多少钱，日子能不能过下去，就说道："钱，就是用来买书的……"第二天，他又带着孩子们去逛书店了。

可以这样说，没有哪一个作家不是书迷书痴的。人称"资深书呆子"的台湾诗人余光中，常爱坐在书桌前，这本摸摸，那本翻翻，看插图，看扉页，闻纸香和油墨香。他自己说，书斋这艺术的"冷宫"是他的"文化背景"。12 岁那年，马克·吐温的父亲得病去世，他只得中途辍学，到《信使报》社当了一名学徒工人。白天，马克·吐温把一大堆一大堆的《信使报》分发下来，晚上他不顾劳累，坚持看书学习。和他一块的工人晚上都出去喝酒了，而他却独自一人待在房里看书，碰上不认识的字，就去查字典搞懂。后来，他又到客轮上当船员，工作比报社要清闲一些，马克·吐温便利用空余时间阅读了大量的文学书籍。这条常年行驶在密西西比河上的船只改变了他的生活，正是在此期间，他用马克·吐温的笔名向报纸投寄充满幽默与讽刺的文章，从此走上了文学创作的道路。

再来看看当今世界最强大的美国是如何重视下一代的阅读和写作的。

美国的中学生很注重学生的阅读量，每个学校的图书馆都存有相当数目的书籍，种类繁多。每本书都有一个阅读等级。随着年级不同，图书馆人员向学生推荐不同等级的书目，学生可以根据自己的爱好选择。在读完一本书之后，学生可以到学校图书馆的电脑上接受一个测验，测验题都很简单，只要读过书就很容易答上。答完后电脑会给出一个分值，这个分值与读书的难度等级和回答问题的准确率相关。对于自己的阅读分数，美国学生是相当重视的，因为如果阅读分数不够，毕业就有困难。而且这些分数在学生的成绩单上都有所显示，学校会在期末评出阅读量多的学生给予奖励。如果得到阅读金卡，在吃麦当劳什么的快餐都打折。

美国学生同样重视写作，美国的高考比我们更重视写作的考核。美国的许多大学都要求学生提交1～2篇开卷作文，而且越是好的学校，越重视作文的质量。许多大学即使不要求提供作文，但填写入学申请实际上就是"作文"的过程。请看2003年美国名牌大学芝加哥大学、西北大学和普林斯顿的招生作文题例选——

1. 你感到星期三怎么样？

2. 谁是你们这代的代言人？他或她传达了什么信息？你同意吗？为什么？

3. 有种理论认为，伟大的领袖人物都是由他们所处的具体的时代创造产生的。照你的看法，伟大人物的产生，是由于所处的环境，还是由于个人的特质，试举出一位人物来支持你的观点。

4. 在愚蠢的错误和聪明的失误之间总是存在着重大的不同。请说一说你的一个聪明的失误，并且解释它怎么给你或他人带来益处。

5. 开车进芝加哥市区，从肯尼迪高速公路上，能看到一个表现著名的芝加哥特征的建筑物壁饰。如果你可以在这座建筑物的墙上画任何东西，你将画什么？为什么？

6. 你认为什么思想、发明、发现或创造到目前为止对你的人生产生了最大的影响？请简要说明。

7. 假如你得到了一年的时间为别人提供自己的服务，你将选择去干什么？为什么？

8. 什么是你曾经不得不做出的最困难的决定？你是怎么做的？

9. 直至你目前的生活，你的什么具体的成功给了你最大满足？

写作是阅读下的蛋。不要以为都是开卷作文，如果没有广泛的阅读和独立的思考，一定写不好这样的文章。中国的作文是想了解学生的写作水平，而美国的作文重在了解学生这个活生生的"人"！难怪著名旅美学者黄全愈先生要说：开卷作文是人类文明的精华。

要写好文章，还有一个十分重要的方面是思辨能力和思维境界的问题。这不是一般的阅读和一般的语文老师能帮助我们解决的。作为高中生，要真正提高写作水平，一定要认真学好各门功课，并广泛阅读一些思想家、哲学家、经济学家的文章。思想深刻了，语言和写作才能有一定的深度和高度。尽管目前中国的高考作文还是闭卷的，但我深信，凡是平时广泛阅读积累不辍写作的，高考作文一定能写好。我们平时的写作都是开卷的，而且开卷写作将伴随我们的终身。有中学时代博览群书落笔成文的基础，将来我们的人生之树才能更加枝繁叶茂，蔚为可观。

祝你成为一个幸福的读书人！

你的书友　高万祥

2003 年 11 月 12 日

教育情怀教育诗

——社会反响

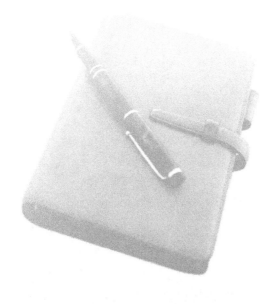

虽然做学问可能一辈子都没有人了解，但是孔子说只要有学问，自然有知己。一个人在为天下国家和千秋后代着想的时候，正是他寂寞凄凉的时候……你不要怕没有人知道，慢慢自然会有人知道的，这人就在远方——这个远不一定是空间概念上的远。

以上是南怀瑾对《论语》"有朋自远方来，不亦乐乎"这句话的解读。我常常以孔子的这句话和南怀瑾的阐释来安慰和鼓励自己。"知我者谓我心忧，不知我者谓我何求。"感谢陶继新、姜广平、卞幼平以及关心、理解和帮助我的亲人、领导、同事、学生，还有许多认识和不认识的朋友。

一、一个让学校有灵魂的人

朱永新

我去过许多学校，国外的、国内的；城市的、乡村的；著名的、无名的。但是我最喜欢去的学校之一，是高万祥当校长的学校。因为我会在这里看到一个学校的灵魂和一个给学校以灵魂的人。许多学校有豪华的建筑，但是没有自己的灵魂，这些学校往往也没有一个能够给学校灵魂的校长。

高万祥最近写了一本新书，书名很特别，《给你一所学校》。其实，学校很容易给，但是学校的灵魂不容易拥有。他让我为他的书写序，我愉快地答应了。我之所以乐意为这本书写序言，就是想让大家知道，高万祥是怎么样给学校以灵魂的。

高万祥与其他校长没有什么太大的区别。他的最大的特点是热爱读书。读书让他与众不同。认识高万祥近 20 年了，20 年来联系我们的纽带是教育，是书籍。通过高万祥，我认识了不少好书，也认识了不少"好人"。他发现好书与好人时的兴奋，绝不亚于哥伦布发现了新大陆。经常是马上给我一个电话："朱老师，《发现母亲》你看了吗？""朱市长，《精神的雕像》你有吗？""今天我们请周国平到我们学校来了，你有空吗？"……就这样，他推荐的许多书慢慢走上了我的书架，他推荐的许多人也逐渐成为我的朋友。李镇西是他推荐给我的，窦桂梅是他推荐给我的，袁卫星是他推荐给我的，魏书生也是他推荐给我的。我知道，让高万祥认识他们的纽带，也是书。我曾经读过李镇西写高万祥的文章，其中关于书的一段最精彩："他家的书房，在我看来已经不能叫'书房'了，应该称作'书库'。这样说吧，他的书房已经没有了墙，因为所有的墙面都已经被书橱覆盖，从地面一直覆盖到天花板。填满这书橱中层层空间的，是李白、杜甫、莎士比亚、巴尔扎克、卢梭、鲁迅、老舍，还有苏霍姆林斯基、陶行知、叶圣陶，甚至包括钱理群、杨东平……不，我这里即兴所列举的人名远远不能穷尽万祥所有的全部著作的作者——应该说，他的书橱里，几乎陈列着人类古今中外文明的思想精华。万祥踌躇满志地在自己的书橱前走过，宛如一个拥有百万精兵的将军，而他的每一个'士兵'，几乎都是人类的思想大师。此刻，这无数的思想大师正静静地屹立在书橱中那淡浅色的木板上，随时准备听从万祥的调遣。我置身于书橱间，感受到岂止是一般意义上的书香气息？我分明是侧身于大师的行列中，感受着他们的呼吸，倾听着他们思想脉搏跳动的声音。我实在是羡慕万祥，因为我真正感到，他的确是站在巨人肩上。"高万祥曾经有感而发，说过一句让许多人听了不太舒服的话：做教师和当校长的，身上应该多一些书卷气，少一些烟酒味。他是一个充满书卷气的校长，他更是一个有思想的校长。他的思想来自他的书卷气。《在给你一所学校》里，我们高兴地看到，校长的思想，便是一所学校的办学思想，校长的个性，便是一所学校的办学个性。

书籍不仅是高万祥与朋友交往的通行证，也是他与学生沟通的重要载体。2000年7月，刚刚担任张家港高级中学校长的他，给首届高一新生的录取通知书让许多父母感受到从来没有的喜悦，因为里面夹着一封题为《走进名著世界，你才能享受到精神富有的欢乐》的公开信。信中这样写道："阅读名家名著可以怡情养性，丰富人的精神世界，提高人的审美能力。我们喜欢苏东坡的词，便向往他那自由、豁达、乐观的天性，学习他那无论富贵贫穷都始终保持亲切超脱的人生姿态。同样，雨果的博大，契诃夫的幽默，冰心的隽永，朱自清的清新，毛泽东的恢宏壮丽，都是我们最丰富的精神营养品……你们要永远与书籍为友，以书籍为师。与老师和母校的相处总是短暂的，只有书籍才是天长地久的最好的老师和学校。"在高万祥看来，永远把读书作为人生的第一爱好，永远在书籍的世界旅行和生活，让最好的书籍永远陪伴自己，是善待时间，珍惜生命，实现人生价值的最佳选择。

随信寄出的还有一份《张家港高级中学学生必读书目》，并对学生的假期读书提出了具体要求。信末的署名是："你的书友、校长高万祥"。这是他们学校给学生的第一份礼物，也是他们给学生上的第一堂课。从此，他们与书结缘，他们也与这个爱书的校长结缘。

关于读书，高万祥有许多精彩的话语。他曾经说，读书、教书、著书，不可一日无书。是书籍，给了我成长的滋养；是书籍，让我结交了众多的文学教育界的名人，开阔了思想与文化的视野；是书籍，让我变得热烈而宁静，执着而淡泊。书籍，是学校中的学校，为新世纪培养高质量的"阅读人口"是我们基础教育义不容辞的神圣使命。一个人，只有终生保持着阅读的习惯，才能不断提升自己的爱心、良心、责任心，才能让自己永葆青春。因为，与书为友，就意味着与大师为友，与文明为友，与真理为友。因此，在当前应试教学的重压下，高万祥能有如此认识和作为，实在令人感动。《给你一所学校》，高万祥奉献给大家的，是一所真正读书的学校，是一所拥有人文关怀的高品位的学校，是一所洋溢着理想和热情的有追求有成就的学校。而且，我以为，这一切都源于读书。

高万祥的读书感染着他的团队，老师们、学生们也成为爱书的人。整个学校因此充满着书香。不知道为什么，每次看到高万祥，我经常会想起苏霍姆林斯基，想起使我刻骨铭心的一句名言："无限相信书籍的力量，是我的教育信仰的真谛之一。"我突然想到，正是书给了高万祥以灵魂，给了学生以灵魂，给了老师以灵魂，给了学校以灵魂。《给你一所学校》，其实是给学校以灵魂。高万祥的字里行间，透露给我们的信息就是：读书，让我们拥有灵魂！营造书香校园，让学校拥有灵魂！

［朱永新，全国政协常委、苏州市副市长、苏州大学教授、博导。］

二、语文的诗意

于　漪

《语文的诗意》即将付印出版，高万祥同志嘱我写序，我有幸先睹书稿，并遵照嘱咐写点初读的极其肤浅的学习体会。

　　高万祥同志是位充满朝气、充满活力的语文教师和中学校长。与他接触，您会感受到他思维的敏捷，开拓进取的精神和对理想目标的不懈追求。真是文如其人。读这本书稿，就会强烈感受到在活泼跳荡的文字中蕴含着多么活跃的思想。

　　既激情满怀地憧憬语文教育的理想境界，又潜下心来进行教育实践，一步一个脚印。他认为语文应"诗意地栖息"，"语文教育应以人的素质培养特别是情感培养为其主要目标，这和诗歌的陶冶精神是一致的"，"语文教育的过程是诗一般的审美创造过程，是用教师的诗心去感染学生的情绪陶冶学生的情操的过程"，他还认为"语文教育应该是一种创造性活动，应该具有诗一般的创造活力的优美意境"。这确实是一种理想境界，学生进入其中，必然是受感染，受熏陶，增见识，长能力，兴味盎然地获得发展，这种境界与干瘪枯燥、机械操练绝缘，当然，对语文的厌学情绪也就一扫而光。无可讳言，这种境界的出现非一蹴而就，要靠艰苦的跋涉。从语文教师思想到语文教学内容，从语文教学方法到语文考试评价，都要来一些变革。改革，要除旧布新，从来举步维艰。因而，须鼓足勇气，一步一步前进。高万祥同志正是这样认真做校长，认真做教师，向着目标执着地前行。

　　语文教学改革不是架空谈道理，虚无缥缈，而是要放在特定的历史条件下认识，要具有时代的气息。首先要科学地认清语文的特征，遵循中学语文教学的规律。一般地说，人的认识往往滞后于客观实际，因而，须不断学习，不断思考，跟上时代的发展步伐。这本书谈语文学习，不是就语文论语文，而是放在时代背景上来考察、分析、判断。在谈论剖析时，又摘引了当代语文教学中众多的看法，信息量比较大，思想比较鲜活，有助于思考、辨别。作者引述阎立钦教授的话说："语文教育改革要以提高民族素质为己任。本族语是民族智力的载体，是素质教育终身教育的组成部分。语文教育就是中华民族共同语的教育。它不仅是一般的社会交际工具，同时也是中华民族成员中智育德育以及民族精神发展的源流"。作者在引述了众多有关语文认识的信息后，强调"语文的任务是语言培养和情感培养"，强调"语文教育的最大价值是向学生传递人类历史上最优美的价值观念，传递人之所以为人的特征，最大的意义是促进学生精神世界的发展。具有丰富的人性，正义感、公正性，能自律，善于与他人协调并为他人着想，尊重他人的人格人权，热爱自然和生活，这些都是语文教育超越时代的永恒不变的价值"。物质财富发展与膨胀的同时，人文精神失落，这是世界各国明智者共同忧虑的问题，我们也不例外，正千方百计加强社会主义精神文明的建设。语文教学具有弘扬人文、培养四有新人的得天独厚的条件，应自觉地充分运用语文的表现力，感染力对学生进行精神哺育。这是时代的呼唤，时代的需要。然而，语文毕竟是语文，有其固有的特性与规律，它育人的价值又是超越时代永恒不变的。这样辩证地认识问题，应该是比较有说服力的。

这本书里附录了一些个案，也是特色之一。学生要学的语文，教师的教学必须注意课本内外、课堂内外和学校内外的沟通。高万祥同志有身兼语文教师与一校之长的有利条件，在沟通、联系方面精心设计，开列学校师生的必读书目，营造诗意的校园，让学生在浓郁的大语文环境中受熏陶感染。事情看似细小，但窥一斑可见全豹，感受到作者对教文育人，提高学生语文综合素质是怎样地刻意追求。

探索也好，实验也好，总不可能一开始就十全十美百分之百正确。但只要对事业有一颗赤诚的心，勇于追求，敢于坦陈自己的观点，身体力行、认真实践，就能不断成熟，不断完善。多一些思想活跃、勤于教改实践的年轻教师，语文这块多情的土地就能生机蓬勃，气象万千。

三、为师生打点文化底色
——高万祥校长的教育批判与文化建设

陶继新（《现代教育导报》主编、《中国教育报》记者）

（一）对传统语文教育的审视与批判

高万祥于 1999 年 11 月下旬在天津召开的全国中语会第七届年会上，因开幕式上听了全国中语会几位权威人士的声音之后，惊讶气愤贮满于胸，拍案而起，即兴作了一个《把一个充满活力的全国中语会带入 21 世纪》的发言，这无疑给既定的会议基调投放了一枚重型炸弹。

激扬文字

高万祥说，20 年来，全国中语会为语文教改基层语文教师做了大量工作，功德无量，功不可没。然而，要把一个充满生机和活力的中语会带进 21 世纪，要把全国中语会真正办成全中国语文教师真正向往的自己的精神家园，就必须对语文方面的一些问题进行重新审视与评价。

50年来，对于"什么是语文"可谓众说纷纭，莫衷一是，但暂时概括不出一个大家都能接受的"语文"定义也不要紧，只是不能用"工具"之说辖制大家。作为一门人文性很强的基础学科，学科任务应该是语言能力和情感品质的培养，这是中小学其他任何学科不能代替的。语文教育和改革不能用任何模式任何框框束缚人们的手脚，只要能让学生的语言能力、思维能力和精神品质得到同步和谐发展，任何在实践基础上的大胆创新，都应该得到鼓励和支持。

20年的语文教育成绩固然不小，然而从整体上看，少慢差费的现状却是一个不争的事实。比如，全中国的中小学生大多怕写作文及大量"克隆"作文，情况着实让人心痛。再说，怀疑批判精神和问题忧患意识永远美好，而粉饰现实报喜不报忧或不敢否定自己不敢正视现实的心态只会贻误事业遗祸后人。

作为一个学术组织，全国中语会及主事者应该有百家争鸣的学术氛围，海纳百川的学术胸怀；更应该有实事求是的学术理念，怀疑批判的科学精神。然而令人遗憾的是，这次全国中语会缺乏这种氛围这种精神这种亮色。

"三老"的语文教育理论在当代中国独树一帜，其影响和作用定能彪炳史册。然而，作为学术流派，毕竟是一家之说，我们不能罢黜百家，定于一尊，更不能把他们的思想看成是泽被苍生的江河湖海。如果在中学语文界搞"两个凡是"，新世纪的语文教育就不可能出现百花齐放、姹紫嫣红的光明局面。

高万祥认为，1997年下半年开始的全国性语文大讨论，批评的声音占了上风，批评的语言也许尖锐刺耳了些，然而，开展争论争鸣这实实在在是好事善举啊！况且能够发这种"高级牢骚""超级牢骚"，不仅表明批评者个人的成熟和睿智，更是一个社会文明发达和宽容开放的表现。一个真正具有社会良知的知识分子应该敢讲真话实话，敢听真话实话，并且敢于接受真话实话的批评。以文学界为主的批评之声不管观点如何，至少，批评者的热情，他们的底气和能力，他们的忧患意识和批判精神是无论如何值得肯定值得学习值得发扬的。作为"圈内"人士（特别是大家奉为的权威人士）怎么能说这次批评讨论是"一场动荡"呢？用"动荡"这个词，马上会让人想到"动乱"，想到社会政治斗争。不知说话者是否真想以此吓倒那些批评者？我的看法是既不能吓人，也不应被吓坏。该说话的还要说话，该肯定的还要肯定，该批评的还要批评，该争论的还要争论。如果争论双方都能抱这种态度持这种精神，学术上能够"兼容并包"多好呢。我们应该把王丽、王尚文、钱理群等有识之士请来参加中语会盛会，共商国是，共图宏伟大业。我们要学习"三老"和刘国正等大家的教育思想，我们也应该好好读一读《教育：我们有话可说》《杞人忧师》《中国语文教育忧思录》《审视中学语文教育》等著作，应该好好听一听邹静之、童庆炳、刘锡庆、施蛰存、许纪霖、王富仁、于光远、王元化等著名学者的不同声音。这样，对语文教育的发展大有裨益。

最后，高万祥怀着深切的感情大声疾呼：衷心祝愿全国中语会以一个充满朝气和活力的形象走入 21 世纪；让我们一起努力，拯救语文，拯救中国的未来，拯救世界上最昂贵、最沉重的"泰坦尼克号"！

强烈反响

正是因为这样一个发言，高万祥成了会议一个引人瞩目的新闻人物。与之交流者接踵而至，为他的勇气和胆识，也为他的智慧与眼光。一直处在激动之中的高万祥返回张家港之后，连夜将大会发言的主要内容写成文章，发至《语文学习》。这份在全国颇有影响的中学语文刊物当机立断地撤去已有清样，换上此稿，登载于 1999 年第 12 期上。文章发表后，在全国引起了强烈的反响。

广州市增城中学唐遇春老师来信说，看了你在《语文学习》上发表的"有感"一文，就一直有给你写信的冲动。理由很简单：在我为中学语文界深感悲哀绝望时，总算听到了异样的声音，总还有良知未泯者，有颇具现代眼光的仗义执言者，中学语文界并非漆黑一片，总算有一个闪电，有一丝亮光。早就期盼社会各界能给自以为是、一片死寂的中语界点把火，真的该感谢这些人文学者凭他们的"底气和勇气"（我很佩服你用的这两个词，足以让中语界的权威无地自容）认认真真地做了。

浙江师范大学著名教授王尚文则致信高万祥说，读《语文学习》12 期之大文，深契我心，欣慰异常。您说出了作为一个社会的良心、智慧的传播者、捍卫真理和神圣的人所应说的真话实话深刻的话，我从中看到了我国语文教育事业发展的希望，谨致敬意和谢意！

（二）启动"六大文化工程"

高万祥对传统语文教育进行文化批判的同时，更加努力于新的语文教育改革体系的创立。他在全校学生中启动的有"一个好的口才""背诵 200 首古诗""聆听 30 场名人报告""阅读 40 部文化文学名著""观看 50 部经典影视作品"每"周写 6 天以上日记"六大文化工程，则是高扬语文教育改革的旗帜，在文化建设方面开展的一项具有开拓精神的创新活动。

有一个好的口才

高万祥认为，中国学生不善于口头表达，其背后是思想性格的缺陷。始作俑者则是宽松的社会生活环境的缺失，学生个性的束缚与泯灭。如果说新中国成立以来构造的是 5 分加绵羊式的"优秀学生"模式的话，目前"应试教育"造就的则是读死书死读书的不问窗外事的失语者。在美国，政府有义务培养公民的演讲能力，在学校则鼓励学生大胆地发表意见，干预生活。中国要想走向世界，就要弃己之短，取人之长，重视口头表达能力的培养，强调演讲与生活的内在链接。所以，高万祥将演讲正式搬进课堂的同时，班会课、晨会课等，也有了演讲的一席之地。他说，这一校本课程在张家港高级中学游弋行走，已结下了累累硕果，在群体演讲水平澎湃推进的同时，演讲新秀也是层出不穷。年级一月至少一次，全校一年至少一次的大型演讲活动，更是群英荟萃，人才辈出。

高万祥校长接受记者采访的前一天晚上，刚刚参加了一个高一年级的演讲比赛。他说学生的演讲精彩纷呈，其中不乏天才的演讲家。高一（4）班林宇良同学以"超越梦想"为题的演讲，虽然只有三四分钟，却博得五六次热烈的掌声。林宇良在演讲中说："我们经历了 13 天艰苦而卓绝的军训。这 13 天，是烈日与骤雨相伴的 13 天，是泪水与汗水交融的 13 天。13 天，我们向人们展现了一个全新的自我，一个自信、守纪、勤奋、成功的张家港高中学生。""那是一段刻骨铭心的经历，那是一笔永恒的财富！那是我们一生中的骄傲！如今，我们轻轻地挥手告别了军训生活，跨上了人生崭新的征程。你，我，都明白这三年比军训还要苦，还要累，我们会畏惧吗？会动摇吗？畏惧的就不是铁血男儿，动摇的就不是铿锵玫瑰！信念战胜一切，磨炼创造梦想。三年，我们能用青春的热血谱写多少奇迹；三年，我们能在人生的史册上留下多少壮丽篇章；三年，我们能让岁月定格下多少次的永恒！我们坚信，等待我们的辉煌，是灿烂的一生。同学们，一起超越梦想吧！让生命回味这一刻，让岁月铭记这一回！"

高万祥校长认为，演讲训练的不仅是口才与胆量，而且也是自信心的培养。学生在演讲中确立了自我价值的坐标，同时也拥有了无所畏惧的自信力。这样的学生，心理状态与生活状态就会发生翻天覆地的变化，就会在走向成功的跋涉中构建一个属于自己独有的精神家园。

背诵 200 首古诗

中国曾经演绎过诗词歌赋的辉煌历史，但现代的学生却因应试的羁留而与古代诗词难有深情的会晤，即使学习课本上有限数量的诗词，也多是情不得已地为考而学。但一个学习者如果没有诗意的存在，就会缺失创作灵气，没了浪漫情怀，少了活跃思维。而整个社会对于诗意疏离的结果，使得功利之心漫卷肆虐，畅行无阻。

高万祥是一个追求诗意的人，他出版的第一本书就是《语文的诗意》，他常说的一句话就是"追求教育的诗意人生"。诗意离不开古代诗词的熏染陶冶。他在自己背诵古代诗词的同时，让所有的学生都走进这一辉煌的殿堂之中。他规定高中三年，每个学生至少要背 299 首古诗。"腹有诗书气自华"这一经典诗句，在张家港高级中学的学生身上有了绚丽的展示。他们随口诵出的诗词佳句，在与人交往和写作中都有了卓尔不群的展露。而走进大学和步入社会之后，这些诗书更是成了他们信手拈来的一笔文化财富。

聆听 30 场名人报告

崇尚名人是高中生的共同心理，目睹名人风采和亲聆名人讲话，更是他们心向往之和梦寐以求的事情。高万祥深谙学生的这一心理特征，于是邀请名人来校做报告就成了张家港高级中学一种特殊的文化景观。

中学生心中的偶像有著名的思想家、政治家、文学家、军事家、教育家，也有歌星影星等。这与高万祥心中的名人标准有相通的地方，也有不同之处。他认为，富有思想与文化品位者应是中学生首选的名人，让中学生直接聆听他们的声音，对他们的品德陶冶、学习追求，将会产生重大的影响。

著名学者、作家周国平的哲理散文，特别是他的《妞妞——一个父亲的札记》，在高中生中拥有广泛的市场。2003 年 4 月 1 日，高万祥便特邀周国平到校开设讲座。虽然只有四五十分钟的时间，但他的精彩报告却着实令中学生们享受了一次高品位的文化大餐。2003 年 11 月 8 日，著名科幻作家叶永烈也来到张家港高级中学。当时正值他的新书问世，学校专门在报告厅的大门口做了一个他的新书的宣传标语，这令叶永烈感慨莫名。就是颇有争议的以"北大怪才"著称的余杰，也被请到学校。

由于在校本课程《大语文阅读》中已收录了深受学生喜爱的他的《日本鬼子的"自尊心"》《龙永图的悲与喜》《施德罗：我穷故我在》《金庸的伪善与妥协》等作品，学生听来就倍感亲切与激动，而他的活跃的思想更是不时激起学生的心理共鸣。

高万祥心中的名人还有初出茅庐而又富有诗才的青年名师苏静。就是在2004年6月全国新教育实验会议于张家港市召开之际，全国大师云集，他却专请苏静一人来校做报告。原定1个小时，可两个小时过后，苏静口若悬河的诗意宣讲还在继续进行着。由于人满为患，高万祥校长只能站在报告厅的门口站着听讲。他很惊诧于苏静的文化功底与演讲水平，他告诉记者，其间没有一人离场，响起25次掌声。报告结束之后，许多学生仍然围在她的周围请求签名留念。他说，此前已经请她三次来校做报告，近日，他还将请她来校为新入校的学生再作一次报告。

仅近几年时间，高万祥就请来了几十位全国知名的人士来校为师生做报告，除周国平、叶永烈、余杰等人外，还请了吴非、王栋生、朱永新、袁振国、阎立钦、成尚荣、李宁玉、周德藩、朱芒芒、蔡祖泉、刘京海、苏氏教育思想讲习班的萨夫琴卡·亚历山特拉·雅科列娃和哈依鲁莲娜·西莲娜·尼古拉耶芙娜、李镇西、陈钟梁、杨九俊、冯恩洪、郭海燕、李燕杰、霍益萍、顾泠沅、朱泳燚、秦兆基、李希贵、彭钢、顾冠华、成尚荣、蔡明、洪宗礼、范守纲、祝智庭、李汉忠等，朱永新、李镇西、吴非（王栋生）等专家则几乎每个学期都应邀来给师生做学术报告，跟学生面对面地座谈。

阅读40部文化文学名著

阅读中外经典名著是学生聆听大师声音的另一种文化形式，是与大师精神对话的心灵之旅。学生不仅可以从中感受审美体验，享受文学滋养，而且还可以升华思想境界，提高人格修养。对名著情有独钟的高万祥校长，希望学生经常性地在这一精神世界中自由地遨游。为此，他规定学生三年之内必须阅读40部以上的文化文学名著，并安排了专门的阅读课时，每周两节，语文课和自由阅读课各一课时。在这种课上，教师不必讲授，学生自由阅读。好书就在教室之中，选读权握在自己手里。学生非常欢迎这一精神漫游，尽情地吸收着这一精神大餐所赐予的高层次营养。

与此相伴而行的是，高万祥又自编了每月一期的《大语文阅读》。它取自当代优秀报刊的美诗佳文，弥撒着鲜活的生活气息。宛如将池塘活鱼和田间鲜菜取来立马烹调，随即送至学生口中，鲜美之味妙不可言。学生已经将《大语文阅读》作为必读的期刊，乐在其中、不忍释怀的现象甚至成了一道诱人的风景，现有的语文教材也只能"徒有羡鱼情"了。高万祥认为，具有鲜活生命的学生，与具有鲜活内容的当代文化，有着一种天然的维系，爱之弥深自然也就是情在理中的事情了。

观看 50 部经典影视作品

高万祥校长认为，高中学生不应是只坐在课桌旁的只会学习的书生，而应是具有丰富多彩生活的当代年轻人。无疑，当代传媒可以为学生提供色彩斑斓的生活空间。但高万祥校长不主张学生多看电视。他认为，电视虽然在文化普及中功不可没；但同时又鱼龙混杂，缺少文化含量。既让学生感受当代传媒艺术之美，又能让其在美感体验中提升文化品位，中外名著改编的电影则不失为一种上乘的选择。为此，高万祥将其作为校本课程，让其登堂入室，堂而皇之地与当代学子"面对面"。张家港高级中学有很好的礼堂，有大型的屏幕，有先进的网络，于是，《红楼梦》《三国演义》《简·爱》《巴黎的圣母院》《百万英镑》等中外名著改编的电影就成了高中生校本课程中一道绚丽的风景。

曲折的故事情节，富有动感与色彩的电影画面，令众多学子乐而忘返。而著名文学家的思想情感与美学追求，以及改编者的艺术趣味，便在"润物细无声"中走进学生的心田。

每周写 6 天以上日记

《在日记中成长》是上海教育出版社出版的一本很有特色的图书，它以校本课程的形态出现在张家港高级中学的学生学习视野之中。高万祥认为，这是一门修炼人生的大语文课程，是张家港高级中学独创的产物。书为国际大 32 开本，每页左边为《历史上的今天》，记录当天最值得学生关注的历史上的大事；右边是《每日话题》，为每天生活中的一则富有生活智慧的故事。下面空白的地方是《我的今天》，专供学生写日记之用。学生日记有两个重要内容，一是写自己的自传，不但是写自己，也是写历史；二是"吾日三省我身"式的省检自身、完善自我的感想文字。高万祥告诉记者，一个人有肉身我、社会我和道德我，通过这种"慎独"式的记事方式，让学生用道德我战胜肉身我，进而步入道德我的境地。这一课程在全校开设之后，已经收获了累累的硕果。学生的写作水平不断提高的同时，思想境界也在逐渐提升。

苏州市副市长、苏州大学博士生导师朱永新教授和周国平都为本书作了序。朱教授称写日记是一种"道德长跑"；周国平说日记是"岁月的保险箱""灵魂的密室"

"忠实的朋友"和"作家的摇篮";高万祥则说其是"一个自我超越一个自我"的"文化拉练活动"。

（三）和学生一起成长

高万祥的文化建设，追求的是让每一个师生在文化方面都有所发展，在对学生启动"六大文化工程"的同时，对教师则提出了"和学生一起成长"的校规。而"一起成长"的主要内涵，就是与学生共同感受文化的独特魅力，实现文化的真正升值。

书卷气是一个人最好的品格

张家港高级中学的教师校徽上便印着"做中国最好的教师"的字样，高万祥校长百讲不厌的一个话题则是"优秀的教师都是爱看书的文化人"。不进入经典阅读的文化队伍之中，在张家港高级中学就没有立身之地。他不但强调教师阅读经典名著，而且还要进行考试。特别是假期，考不好就不给奖金。他甚至说，我是在逼教师读书，犹如有些家长逼孩子读书一样。高中离不开高考，优秀的教师应当教出可以考高分的学生，但同时又必须是最爱看书、最能讲故事和最能写作的文化人。

姜广平是一位非常优秀的教师，现在虽然已经走到了一个新的工作岗位，可他依然对张家港高级中学留有深情，他说自己是在张家港高级中学读了三年"研究生"，文化增值之后方才腾飞的。而一些应届大学生走进这所学校之后，最大的感受就是人人读书的浓厚的文化氛围。他们情出由衷的一句话便是："我们从一所大学又走进了另一所大学。"有的甚至说，在大学四年都没有读过这么多书。

去年高万祥随队前去云南考察时，曾两次脱离团队专去寻访西南联大的旧址。他认为这是一个文化教育上的圣地，中国近现代许多文化教育大家是从这里走出去的，而且多是走得辉煌灿烂。在当地新华书店里，他发现一本写得很有文化底蕴的报告文学《精神的雕像——西南联大纪实》，随即情坠其中，并邮购200本，以尽快让学校的老师们也能享受这种文化的激荡与陶冶。

他读了王东华的《发现母亲》之后，为其理念之新与取例之精而感动，于是立即购买100本，发送给学校里的100名女教师。后来此书再版时，又买200本，让全校200位教师人手一册。

高万祥告诉记者，张家港高级中学教师的福利不错，但他认为，老师们从读书中获取的收益，则是福利之最，是价值最大且永不贬值的一种收入。经典阅读不但可以让老师们拥有知识，还可以让他们拥有气质与品格。是一种"鱼和熊掌"可以"得兼"的文化行为。

如果人们为张家港高级中学园林化校园之美惊讶的话，更令人吃惊的则是它那美中之美的阅览室。因为拥有如此图书之多而精的阅览室的学校真的是"几稀矣"。在他的心里，"世上几百年旧家无非积德，天下第一件好事还是读书。"他说，书卷气是一个人最好的品格，它不但写在一个人的脸上，更写在一个人的心里，形之于与人交往言谈话语之中。他认为，在这个近乎世俗化的社会中，读书应当是一种宗教一样的行为。

高万祥认为，我们所做的这些文化活动不一定与高考有着直接的联系，但却有着内在的维系，时间越长，它的作用就会愈加显现出来。所以张家港高级中学的高考成绩非常喜人，2003 年第一年参加高考和 2004 年第二年参加高考，在张家港市都是独占鳌头。但高万祥说，我最看重的并不是这些高考成绩，而是师生共同的文化成长。

与名人进行心灵对话

在行知楼的走道里，高万祥设置了一幅巨大的电脑制作画：孔子、苏霍姆林斯基、陶行知和张家港高级中学的校园的组合。在高万祥校长的心中，这三位教育上的名人是张家港高级中学办学的老祖宗，没有第四个能够与之比肩。他将这三个人作为自己终生的精神导师，同时也希望作为所有老师的精神导师和精神顾问。如此的设置，就可以让老师们在举手投足之间，与这三位伟人进行心灵对话，这无疑对他们的人生指向标定了一个高远的目标。

与此同时，高万祥又特聘钱理群、巢宗琪、朱永新、曹文轩、王尚文、于漪、陈钟梁、陆志平、成尚荣、范守纲、谷公胜等国内知名专家担任学校课题顾问和青年教师的导师，让学校老师与这些名人进行不同形式的交流。老师们在感受这些名人风采之时，自觉不自觉地提升了自己的文化品位与思想修养。

其实，这些名人不少都是高万祥的朋友，有的往来甚密。在他看来，"友直，友谅，友多闻"这一孔子之语，有着丰富的文化内涵，他说，自己从中获取的教益将是一笔终生受用的精神财富。

"不择手段"地让教师写作

高万祥校长在抓学生写作的同时，对教师的写作也有了近乎苛刻的规定。他要求全校教师都要写生活小故事，每个青年教师每周不得少于 3 篇，中老年教师每周也不能少于 1 篇。有人甚至说他在这方面有点专制，有些"不择手段"。但他对此充耳不闻，一如故我地"专制"下去。他说，现在有的教师因为我的要求之严可能会有意见，但以后他们一定会因为我的要求之严而感谢我。

（四）人格教育从身边小事做起

高万祥文化建设的一个重要内容就是人格教育。他认为，人格教育不能空洞无物、大而化之，而应当外化在视而可见、触而可及的一言一行之中。高万祥的人格教育，就是从抓学生的衣食住行这些身边小事做起的。

穿衣：拒绝名牌进学校

目前，大多数孩子花家长的钱并不心疼，消费上的攀比心理在学校不断地蔓延。为此，高万祥校长做了一个强制性的规定：拒绝名牌进学校，学生在校必须穿校服。他认为，学生常年穿着物美价廉的校服，有利于节俭、朴实和简约作风的形成。同时，从"头"抓起，对男生的长发、黄发强制性改造。高一新生刚一入校，就将理发师请进了学校，将不男不女的长发一律理掉。允许将黄发染黑，绝不能将黑发染黄。高万祥校长认为，外表的朴实无华与内心的传统美德应是一种高度的和谐。强调张家港高级中学的男生要有绅士风度，女生要有淑女风范。任何背离传统审美标准的行为，都应当受到制止与批评。

用餐：不剩一粒米

在学生餐厅乱扔白馍，乱倒剩菜，已经成了司空见惯的寻常之事。没有多少人再记起李绅"谁知盘中餐，粒粒皆辛苦"的诗句，就是偶尔提起，也只是作为附庸风雅的平面化诵读而已。但从"汗滴禾下土"中走来的高万祥校长，对于这种"辛苦"却有着刻骨铭心的挂怀。特别是对于几乎没有感受过饥饿之苦的学生来说，节约教育更是具有重要的价值与意义。于是，高万祥校长就在张家港高级中学大张旗鼓地开展起了文明用餐的"不剩一粒米"活动。要求学生饭菜要吃光，桌面要擦干净。学校餐厅的墙上贴着赫然醒目的八个大字："学会吃饭，学会做人。"高万祥校长将"吃饭"与"做人"视作同等重要的事情。因为在他看来，这不仅仅是节约的问题，更为重要的是由此会养成一种伴之终生的生活习惯。有了一种良好的生活习惯，就可以在未来之旅中更好地打点自己的人生，女性可以做一个好母亲好妻子，男性可以做一个好丈夫好爸爸。

现在的学生很少能够达到这样一种要求，高万祥认为有必要从他这一代人身上将其传承下去。一方面，正面进行教育，将"小餐桌，大学问"的内容讲得深入人心；另一方面，在餐厅的每一个出口，都有教师值班，发现剩饭剩菜的学生立即进行批评教育。对于表现较差者，则用录像的方式进行全校曝光。渐渐地，文明用餐，便成了学生的自觉行为。

住宿：禁止校外租房

不知从什么时候起，校外租房住宿竟成了一些学生的"时尚"一景。在自己花钱租的房子里，自由自在，我行我素，甚至可以谈谈恋爱，喝酒抽烟，聚众闹事。由此引发的许多问题，尽管已经引起了人们的广泛关注，但有的学校对此仍然熟视无睹。为此，高万祥对张家港高级中学的学生作了一项硬性规定：除住自己家的外，不允许任何学生住在校外。同时，构建良好的宿舍文化，打开学生正常交往的渠道，使在学校住宿的学生感受到富有乐趣而又不失其文化品位。

走路：不践踏草坪

凡是到过张家港高级中学的人，都会惊叹这所花园式学校的花草之美。但她也有过美中不足之处，那就是在草坪拐弯之处，一些走惯了"捷径"的学生，往往踏之而过，绿草多被踩光，成为路面与草坪相接的一个特殊地带。高万祥认为这是教育上的一个耻辱。一个学生如果连路都走不好，他的人生之路就不可能走好。于是，在张家港高级中学，又多了一项"学会走路"的教育。学生一旦懂得了其中的道理，加之适当的措施保障，践踏草坪的现象就绝迹了。

卫生：校园无纸片

去年日本横滨世界杯足球赛场上观看者人山人海，可人走场空之后，竟没有留下一片纸屑。这不仅仅是卫生的问题，还昭示出一种良好的团队意识。高万祥认为，中国人的团队意识需要从小培养，学校更应肩负起这一责任，张家港高级中学开展的"校园无纸片"活动，便是培养这种精神的有效措施之一。不管是学生、教师还是校长，只要见了纸片，就要弯腰捡起。即使餐厅和厕所的路面上，也是不见一片纸屑。高万祥告诉记者，这一现象的背后，是道德教育和人格教育的支撑。这些生活中的一些小规则，往往是我们这个民族的文明的沉淀。传统的美德，就在这些许小事中显现出来。

高万祥的文化建设是一个丰富而开放的视窗，篇幅受限，记者只是从中撷取其中的部分内容，作一掠影式的描述。尽管如此，读者仍可以从中感受他那独特的文化情怀与执着追求。当今在最应当重视文化的校园里，不少人盯视的依然是传统的教参与应试的教育，而高万祥的文化建设，但愿能够给予尚在迷茫中"徘徊复徘徊"的人们一个走向文化圣地的启示。

（本文原载山东《现代教育导报》2004.9.20）

四、高万祥的教育诗

——高万祥和他的教育世界

姜广平、卞幼平

人生，就是一种选择。选择什么样的人生，就会有什么样的追求。对于已经被很多人心悦诚服地称为语文教育家的江苏省语文特级教师高万祥而言，他的选择是：诗意地行走在"语文"和"校长"之间，让语文与教育管理都散发出一种诗歌的芬芳。虽然，这种选择可能非常痛苦，但高万祥坚信这样的痛能孕育出语文教学的美丽的珍珠，这样的苦能培育出美丽的教育之花。

陶行知说："假如你有两块面包，你得用一块去换一朵水仙花。因为面包是身体的食粮，水仙花是灵魂的食粮。"

也许这句话对高万祥的影响非常大，只要你留意，你会发现，他在很多地方都引用了这句话。追求教育的诗意，把充满热情的青春情怀还给学生，把健全人格的自由发展还给学生，这是高万祥的教育理想。

这样的人生选择，对高万祥来说，可能是一种沉重，因为，当今时代，应试的压力和管理中甚嚣尘上的所谓科学主义，将诗意化的语文教学和诗意般的人文精神挤进了一个非常狭隘逼仄的胡同。然而，高万祥仍然非常执着地将诗意涂满了他的教育空间……

（一）诗意的追求

高万祥生于 1954 年。

50 多年，半个多世纪，现在的人们可能早已经淡忘了那个年代的事了。但是，从那个时代走过来的人，却亲身经历了一个激情燃烧的时代。也许，正是这样的年代，为那一代的人播下了执着而富有理想的生命种子。

高万祥非常喜欢读书，有人曾经戏称他为"书虫"。高万祥时时在为自己营造一个充满书籍的美丽的空间。一走进高万祥的办公室，你会觉得置身在一个书城里。这便很容易让人想起钱钟书的一句话：坐拥书城，虽南面帝不与易也。

宽敞的办公室里，光线充足，很适宜读书。北面一堵墙，书橱壁立，大师们站立成一排，主人高万祥每天都要与他们会晤一番。用高万祥自己的话说，是拜谒大师。这里有文学、哲学、社会学、教育学、经济学等书籍。只要你是一个有心人，你会看到，这书橱里装满了思想的声音。你当然也能通过这些橱中的书，掂出主人的品位与境界。紧靠着这一排敞亮而雅致的书橱，在东窗之下，是一组长条柜，上面摆放着各种教育杂志与报纸，除了这一类报刊，你还会看到几种文学名刊。柜子里不用说还是书。向南，紧靠着这一条长柜，在高万祥的办公桌后是两个小书橱，里面立满了资料和书籍。其中有一个柜子是专门存放他自己的文章与作品。高万祥对自己的文章作品很为爱护，他将自己写的哪怕是再小的豆腐块也精心复印出来或者剪贴后放在这里。这两个更为精致的小书橱里，还有他的朋友黄玉峰写给他的书法作品——龚自珍的《己亥杂诗》：浩荡离愁白日斜，吟鞭东指即天涯。落红不是无情物，化作春泥更护花。旁边是 2001 年 9 月参加纪念于漪从教 50 周年时获赠的纪念品——一个景德镇的小瓷盘子，中间是于漪老师的头像。高万祥先生的办公桌是大型的，上面堆放的还是书：《我有一个梦想》（马丁·路德·金）《狱中书简》（〔德〕朋霍费尔）《阅读大师》（马原）《压伤的芦苇》（余杰）《真相与自白》（戈尔巴乔夫回忆录）《挪威的森林》（村上春树）《美国人民的历史》（霍华德·津恩）《人的宗教》（休斯顿·史密斯）《傅聪：望七了》（傅敏）《文武北洋》（李洁）《1949年：中国知识分子的私人记录》（傅国涌）等。这些书有的是新近买的，有的是在手头上正在读的，还有的是写文章要参考的。

这是个充满书籍的空间。再加上一盆摆放在南窗下的君子兰，整个空间便诗意无限了。

高万祥拥有的第一批藏书是在他13岁那一年。这些藏书是他的大哥趁学校混乱时捡回家的，有几十本之多，高万祥在很多年后还能够记起很多，像《红日》《红岩》《林海雪原》《铁道游击队》《三家巷》《苦菜花》《创业史》《艺海拾贝》……

这些最初接受的文学营养，竟然从此决定了这个叫高万祥的人与书与语文的缘分。

然而，这里势必要发生的是历史的错位。1973年1月，高万祥高中毕业了。"'文化大革命'就是好"的噪声，化成了这个年轻人高中生涯最后的人生旋律。在全国的大学只接受贫下中农推荐的所谓优秀青年上大学时，因为"复杂的社会关系"，高万祥被划入了另册。

躺在夏日的田埂上，看着天空高远的白云，高万祥苦闷过彷徨过，但是经过了高中教育的他，终于从一些蛛丝马迹中感觉到这个社会不可能长期这样下去的。

在蚊虫雷聚的夏日夜晚，在凛冽寒风吹过的冬日黄昏，感觉到上大学无望的高万祥，从鲁迅的书上、从《毛泽东选集》里抬起头来，灵光一闪，拿起笔开始做作家梦了。

这是一个多么美丽的梦！

明知可能无望实现，但是，高万祥的内心涌动着一种异样的冲动，他一定要将这一个梦做下去。明明知道自己这种和别人不一样的选择可能最终只是一种梦，但是，少年男子汉的执着，使他无法放下……

高万祥开始行动了，20岁的高万祥开始编织他的作家梦：午间，四周一片寂静，他淌着汗水在读书，一边做着摘抄。知了的叫声，在耳边烦躁不已地聒噪着，然而，高万祥惚若无闻。扁担是凳子，膝盖是桌子。入夜了，用棉花塞住耳朵，用长衣长裤和高筒雨靴挡住母亲善意的唠叨，抵挡住夏夜纳凉的人们无味的聊天，抵挡着该死的蚊虫的侵犯……

读书之余，抛下书后，便开始写他所认为的小说或者散文。青春的心思，流水一般泻在纸上，然后寄给一个陌生的远方，退稿之后，再寄给另一个陌生的远方。在苦闷与阑珊中，就这样送走了几度春秋。

和当时很多教师的人生之路相仿，在成为一名公办教师之前，高万祥也曾做过代课教师。在1973年至1978年的最后几年里，他成了公社里的代课教师，在本公社十多所中小学里都教过书，从幼儿园到高中的讲台，他竟然全都站过。这真是让他无意下水却学会了游泳，心本无期，但竟然就在这过程中爱上了教书这一职业，爱上了那些睁着迷茫大眼的求知儿童……

1978年，当这个转辗于公社许多学校的年轻人以全公社最高分考取大学时，他的入学志愿书上清一色地写着：师范学院中文系。这么多年来，他爱上了文学，也爱上了教育。

他走进了江苏师范学院中文系。后来，这所大学易名为苏州大学。在东吴园中，高万祥走过了始终与书相伴的四年时光。

他还是那样渴望教书，渴望当一名作家，所以，他不敢稍有懈怠，在宿舍—饭厅—教室这种简单的三点一线上，送走了大学时光。

他没有成为作家。后来，他的学姐范小青作为知名作家访问他的学校时，他仍然说起那个作家梦。当然，更有意思的是，后来，他与他的这个作家学姐，在2003年11月9日，同时亮相于21世纪教育研究院在苏州举办的一个主题为"打造书香校园"的沙龙。当晚，身为新教育实验学校的校长高万祥，在沙龙上发表题为《为现代中国培养读书人口》的演讲。15分钟的讲演，既有理论的高度，又有实践中细腻而丰富的感受。高万祥打动了全场所有的人。谢维和、朱小蔓、杨东平、朱永新、杨德广这些中国学界的顶尖人物都公认高万祥的演讲是最为成功的。一个小学校长后来兴奋地对高万祥说，高校长，你今天为我们基础教育界的人露脸了！11月12日，《人民政协报》报道了这次沙龙盛况，并配发了高万祥的照片。

没有成为作家，但他并没有因此而沮丧，当他终于能够当上一名教师时，他欣喜若狂：这同样是他苦苦追求而又情有所钟的事业。

所以，30岁那一年，妻子临产之时，他还在教室里满怀激情地和同学们一起沉浸在苏轼营造的"大江东去"的雄浑意境之中，直到下课铃声响起，他才匆匆地对学生们说："实在对不起，我得马上去医院，也许，一个小伟人即将诞生……"

这就是一种简单与执着——一种美丽的简单与执着。符合高万祥的一贯的个性，将最神圣的事情始终如一地进行下去！

综观高万祥的教育生涯，有一个结论是可以这样给出的：高万祥是一个善于学习的名师，同时，也是一个善于捕捉学习机会并不断增长其学习能力的名师。他的学习带有了更多的反思与批判意义，他从来就不是那种拘泥于其学习对象永远走不出他所崇拜的名师的光圈的那种名师，而且，他还将学习中的快乐送给更多的人，与更多的人分享……

1995年，江苏省教研室推荐高万祥去成都参加了全国中语会第六届年会。那是他第一次参加全国性的高层次学术活动，高万祥的内心非常激动。当他见到一个个心仪已久的名家名师，从报纸杂志上走到了现实的空间时，他欣喜不已。在一种因拓宽视野而产生的激动之中，一个久蛰内心的想法很清晰地跳了出来：要读天下书，交全国友。转益多师，博采众长，垒高自己，形成自己的特色！

于漪、魏书生、李镇西，这些名师，高万祥一直在向他们学习，他们的形象，他们的教育追求，时时在激励着高万祥。

高万祥非常崇拜于漪老师，也非常想结识这位母亲般的名师。1996年，高万祥积久的愿望终于实现，通过《语文学习》主编范守纲先生的介绍，高万祥邀请于漪老师来张家港讲学做客。那一天，在范守纲的陪同下，于漪来到当时的张家港市第一中学讲学。从这以后高万祥便与于漪老师交往不断，只要一有机会，高万祥总会去看望这位母亲般的当代语文界的泰斗，并抓紧机会请教有关语文教学方面的问题。

2000年4月14日下午，高万祥带着张家港"语文沙龙"一行8人专程去上海拜见于漪老师。那一天下午，于漪与"语文沙龙"的老师从参加教育部语文教学大纲修订研讨活动开始谈起，谈古说今，纵横捭阖。于老师那虚怀若谷的智者之言和一个优秀教育家的声音，在高万祥和他的"语文沙龙"成员的心中永远难忘。

于漪老师对高万祥也爱护有加。2001年9月，在于漪老师从教50周年纪念日就要到来之时，《语文学习》准备发一组专题的文章，特约高万祥写一篇。高万祥很快写就《凤鸣朝阳》，还特地去陶都宜兴为她选择制作了一份纪念礼品——陶质盆状工艺品。上面，一只美丽的金凤凰光彩照人。高万祥的心中，这正是于老师从教50载人生古稀却依然凤鸣朝阳英气勃发的形象写照。在于漪老师从教50周年纪念日时，高万祥将自己学校的一些语文名师蔡明、李明高、李元洪、陈凤娟等全都带上。几个人与于漪老师一起合影留念，几个人和全国代表们一样，认真聆听于漪老师的演讲，一个个热泪盈眶……于漪老师欣闻高万祥的专著《语文的诗意》就要出版时，特地为这本书写了序言《憧憬语文教育的理想境界》。于漪老师的序言写在大号稿纸上，字斟句酌，一丝不苟，令人感动，她认真分析了高氏著作既富有诗意又富有实践特色的特点，极口夸赞高万祥是一位充满朝气、充满活力的语文教师，认为高万祥既激情满怀地憧憬语文教育的理想境界，又潜下心来进行教育实践，一步一个脚印……

高万祥与魏书生相识在 1998 年 11 月 1 日。这个日子，高万祥一辈子都不会忘记。

在很多人的眼里，魏书生可能有点儿怪。高万祥虽然有时也不免这么看，但他从心底里尊敬这位只读完初中的中国名师。那一天下午，魏书生在张家港的演讲一结束，不等主持人讲完结束语便跳下主席台，奔上返程的汽车。高万祥亲自送魏书生到上海虹桥机场，那一天，从张家港到虹桥机场，非常顺利，本来需要三个小时的车程，只开了两个小时。魏书生那天吃饭也仅仅只要了一个快餐。这就有了一些充裕的时间。高万祥就这样利用这时间和魏书生聊了许多，并请魏书生老师在送他的三本书上签名留念。高万祥想让魏书生这遥远的偶像连同他的著作实实在在地留存在他的教育空间里。

魏书生身上那种平淡、质朴、真切的教育精神，让高万祥感佩不已。他从大彻大悟的魏书生身上体会到了一个真正的教育家的求真品质和恬淡作风。高万祥读懂了魏书生的教育思想，深刻地领会了魏书生"民主科学"的哲思。

高万祥从此以后与魏书生联系不断。2000 年 12 月 25 日，张家港高级中学落成庆典之时，高万祥盛情邀请魏书生前来参加，而魏书生这个大忙人，也丢下手里的一切，赶赴张家港，赶赴一次教育的盛情之约友谊之约。我们知道，在魏书生的生活里，鲜有这样的空闲……

面对魏书生，高万祥深深地体会到经师易得而人师难求，他觉得魏书生是一位真正的人师。

有一次，高万祥问魏书生：魏老师，当年你插队、当工人时，有没有想到日后会有一天取得这样的成就呢？魏书生略一沉吟，然后平静地说："应该是想过的。"

高万祥与比他小四岁的李镇西的友谊是可圈可点的。《中学语文教学》1997 年第 7 期上获"圣陶杯"全国一等奖的论文《民主·科学·个性》，精彩亮丽，不同凡响，一下子吸引了高万祥。那是在一个晴窗之下，高万祥读到了这样的美丽的文字。作者李镇西。他记下了这个名字，从此他开始在报刊上留心这个人的名字。后来，在1998年12月1日的《中国教育报》上，高万祥又发现了他的《追随苏霍姆林斯基》一文。读着这样的文字，高万祥怦然心动，因为，他也是那么狂热地喜爱苏霍姆林斯基，一直以苏霍姆林斯基的精神引导自己读书做人治校。接着在《文汇读书周报》见到一篇介绍和评论《爱心与教育》的文章。高万祥立即通过《中学语文教学》编辑张蕾老师和李镇西取得了联系。不久，便收到了从千里之外发来的80本《爱心与教育》。高万祥马上将这本书送到了老师们的手上，要老师们认真阅读，学习李镇西，做李镇西式的老师。

两人第一次见面是在1999年8月，当时，高万祥受张家港市教委委托将李镇西邀来为全市中小学校长作了一场精彩报告。两人虽然素昧平生却一见如故，谈得甚为投机，彼此颇生得一知己之感。在天津的全国中语会第七届年会期间，两人再度重逢，与上海黄玉峰三人同住一室。其时，李镇西又给高万祥带来了他的一本新著《从批判走向建设》。这本书再度将两人的心紧紧地拴在一起……

高万祥与李镇西因文而结缘，因思想而结缘，因同爱陶行知和苏霍姆林斯基而结缘，因共同的教育理念——爱心教育、民主教育而结缘……而李镇西对这位语文界的名师，也是倾慕不已。2001年第8期的《教师之友》上，李镇西饱蘸着激情，向全国同行介绍了高万祥和他的"语文沙龙"——《语文沙龙——一本杂志和一群语文教师》。在写到高万祥时，李老师称高万祥为"书虫"。后来，高万祥又向教育家朱永新推荐李镇西，遂使李镇西与朱永新结缘，与苏州结缘。其实，当时，高万祥曾暗藏一个念头，他多么希望朱永新能凭借他的人格力量与学术精神而让李镇西留在苏州，成为自己时时学习的榜样！

这样的愿望没有达成，但不妨碍两人走到一起。高李二人，从此经常联袂出手，大写语文教育的新篇章。近来，二人又同时走到朱永新教授"新教育"的旗下，李镇西当然是新教育的重要人物，而张家港高级中学则成为新教育实验学校中的重镇！

例子还可以举出更多，恕难一一述说了。但是，高万祥从名师们那里学来的东西，并没有泥而不化，而是转变成自己的东西。更为难能的是，他在取得了人生与事业的辉煌时，也处处以名师的高度要求自己并进而影响身边的同道和国内的追随者。在张家港第一中学时，他以这样的学习风范影响了一批校内教师，进而，影响了张家港一批名教师如袁卫星、李婧娟、袁建中、李元洪、周红、曹国庆、卢坤荣、钱爱萍、卞幼平、高东生、郭静娟、孙艳、刘慧……在打造张家港高级中学时，他的这种影响渐次扩大，直至影响到全国。很多教师就是在高万祥的影响下走向名师之路，成为一个学者型专家型的教师的。

很多人都可能难忘 2001 年 5 月，那是张家港高级中学开办第一年，他将乌克兰苏霍姆林斯基实验学校的校长哈依鲁莲娜和乌克兰教育部的前任副部长现为全乌苏霍姆林斯基研究会会长萨夫琴卡请到学校开了一次大型的苏霍姆林斯基学术研讨会。本来，他还请了苏霍姆林斯基的女儿卡娅，可是卡娅因病未能成行。但卡娅将她对美丽的张家港的向往，对高万祥先生的感谢刻录在一张光盘上。会上，当卡娅在录像里出现时，全场响起了热烈的掌声。

那时直至现在，美丽的张家港高级中学的墙壁上，几乎到处可以见到苏霍姆林斯基的话。高万祥，其实在当时已经被人们称为中国的苏霍姆林斯基。然而，为了让更多的人了解苏霍姆林斯基，学习苏霍姆林斯基，高万祥遍发请帖信函，诚邀天下教师，共读苏霍姆林斯基，感受苏霍姆林斯基。让更多的人在这种学习中提高自己，提高教育的品质。

那一次，五百多名与会代表，聆听了苏霍姆林斯基家乡传来的声音……

（二）名师本色是书生

岁月的淘洗，当年乡间小道上的代课教师、苏州城里苦读的大学生、讲台上纵横捭阖的青年语文名师，现在，则早已以追求诗意化的语文为显著特色蜚声于全国语文界，成为一个令人瞩目的语文教育家。

而这位语文教育家的最重要的年份是 1999 年。因为就是在这一年，有一个著名的学者将"语文教育家"的称号放在了高万祥的头上。

我们不妨将这一年度这个人物的所有重大活动列举出来：

这一年，高万祥发表 11 篇论文，获"苏州市名校长""苏州市首批教育科研学术带头人"称号。

这一年 3 月 20 日，一张高万祥与于漪先生的合影告诉我们，高万祥陪同于漪老师游南京中山陵。而据照片下的文字说明，这在高万祥已经不是第一次向他的母亲般的老师于漪求教了。

1999年8月，与李镇西相识并成为相交至深的朋友。

最值得关注的，应该是下面的两桩事：

1999年11月3日，对其他人来说也许只是一个普通的日子，但对于张家港市的一群语文教师来说，那一天却足以载入史册。那天是周末，星期六下午，七位普通的中小学语文教师相聚在张家港市第一中学。语文沙龙应运而生。也就是从那一天开始，"相约星期六"成了这一群语文教师最温馨的时候。正是那一次次"相约星期六"，他们先后提出了"新时期语文教师的素质"、追求语文人文教育的诗意境界，让每一位学生都享受"诗意"的栖居等一个个沙龙论题，并创办了被李镇西先生誉为"一桌丰盛的精神宴席"、被苏州大学博士生导师朱永新誉为"品位很高"的同名刊物《语文沙龙》。打开《语文沙龙》，在"相约星期六""焦点访谈""今日论语、圈内圈外、采菊东篱、语文书架"等固定栏目的背后，看到的是《语文沙龙》立足时代社会看语文，立足人的发展看语文，以大语文、大教育、大文化为办刊方向的价值取向。这一本刊物，后来吸引了更多的人参与了进来，她的作者队伍颇为可观，从著名教授作家钱理群、王尚文、朱永新、舒展、韩石山、吴非、余杰，到于漪、程红兵、窦桂梅、陈军、李镇西、黄玉峰、李海林、萧家云、韩军等著名语文特级教师都曾为她撰文。2001年，她由长春出版社正式出版，面向全国发行。依托语文沙龙和同名刊物这一无形隐性学校，他们研究语文、拜访名师，关注着"语文和学生""语文和教师""语文和社会"……

这一个群体的领军人物正是时任张家港第一中学校长的高万祥。这一本刊物的主编也是高万祥。

这本刊物现在虽然因为经费问题暂时搁浅，但这本刊物的精神流布已经非常广泛，很多人都不会忘记身在语文沙龙的岁月，很多读者也还都记得这一本非常美丽的刊物。

1999年11月下旬，在天津召开的全国中语会第七届年会上，高万祥做了一个也许是超越身份的大会发言——《把一个充满活力的全国中语会带入21世纪·参加全国中语会第七届年会有感》。

在那个冬季，在天津，面对一年一度的中学语文界的群英大会，高万祥感慨良多。举目望去，一个个熟悉的面孔，世纪之交，又刚刚经历了一场或者说正在经历着一场举国关注的语文教改大讨论。现在，群英荟萃，百川归海，人们完全有理由期待这次会议对大讨论中涉及的许多是是非非有一个较为全面公正的结论和交代。然而，语文界却似乎永远暮气沉沉。一年前在北京发生的语文地震，可震中地区却寂静得可怕。开幕式上全国中语会几位权威人士的声音，使他在十分惊讶气愤之余，放弃了原准备在大会交流的作文话题，而做了一个超越自己身份的发言……

这一发言在圈内引起了不少的反响。而这一行为本身有没有启发另一个语文名师——被称为语文"叛徒"的复旦附中特级教师黄玉峰——在第二天的大会上冲上主席台慷慨陈词我们无法做出判断，但可以肯定的是，这两人近乎相同的行为，至少可以看成是互为因果的语文事件。这两个人，实在有着太多的相似。如果人称黄玉峰为"五四青年"，那么生于 1954 年的高万祥，那执着的对语文诗意化的追求，那种对语文教育现状清醒的批判精神，又未尝不能看成是一种诗歌精神浸染下的青年气派，这样看高万祥，实在是一个不折不扣的五四青年，一个了不起的新生代！

12 月，《语文学习》在极其短暂的时间内，刊出了高万祥的那篇《把一个充满活力的全国中语会带入 21 世纪·参加全国中语会第七届年会有感》。

而如果我们再愿意回溯，我们就会发现这一段时间，是语文的多事之秋。或者我们可以这样直白地表述：高万祥在 1999 年的动静，可能是一种不甘，一种不满，一种冲动，一种自觉……因为，令语文界震荡的 1997 年过去之后，高万祥也终于站起来表达自己了。

他之所以有这样的胆量来回应圈子之外的那些善良的人们，是因为，高万祥和那些参与讨论的人们有着某种共同点——都是在中国文学的濡溉之下成长起来的一代学人或者作家。从《相约星期一》以及此前发表在许多报刊上的精致的散文看，高万祥其实也是一个著述颇丰的散文作家。

对于语文学科，高万祥认为，不能再用"工具论"来辖制大家的思维和思想了，要放语文到人文的地带，还语文以真正的人文性，呼唤失落的人文，培养真正的语文名师，培养学生的语言能力、思维能力和精神品质……

对待三老，一向儒雅的高万祥似乎一反他一贯的学习精神，高扬他的批判的旗帜：三老的语文教育理论在当代中国独树一帜，其影响和作用定能彪炳史册。然而，作为学术流派，毕竟是一家之说，我们不能罢黜百家，定于一尊，更不能把他们的思想看成是泽被苍生的江河湖海。如果在中语界也搞"两个凡是"，新世纪的语文教育能否出现真正的百花齐放、姹紫嫣红的局面是可想而知的。

这是多么痛快而又发人深省的高论！这是多么大胆的学术思想！你可要知道，在一个封闭得近乎刀枪不入的语文圈子里，说这样的话，对当时的高万祥来说，是要有着相当的胆魄的。当然，时代已经进入了一个多元化的社会，一个多元化的话语时代已经到来。而思维向度直接面向了三老，则让可能成为四老甚至五老的人们又得进一步反思了：语文，需要那种江湖规则一定要有一个龙头老大吗？我们要读三老，包括学习刘国正等大家的教育思想，但也要读一读《教育：我们有话可说》《杞人忧师》《中国语文教育忧思录》《审视中学语文教育》啊……

在我们已经回顾了1997年冬季以来发生的语文地震，在我们的语文界装聋作哑之时，高万祥就这样站了起来，在这样的会议上直接表达自己的观点：

正视我们的语文现状，热切关注我们面对的批评！

高万祥是这样描述语文现状的：20年的语文成绩固然不小，然而从整体上看，少、慢、差、费的现状却是一个不争的事实。全中国的中小学生大多怕写作文，大量"克隆"作文，情况着实让人心忧。再说，怀疑批判精神和问题忧患意识永远美好，而粉饰现实报喜不报忧或不敢否定自己、不敢正视现实的心态只会贻误事业、遗祸后人。对于1997年下半年开始的全国性语文大讨论大批判，我们不应该装聋作哑，自欺欺人！也许，人家的语言是尖锐而刺耳了些，但这实实在在是好事善举啊！我们怎么可以视为动荡呢？需要那么神经敏感吗？我们完全可以请王丽、王尚文等有识之士前来参加语文盛会，共商国是，共图宏伟大业。

笔者在写到这里时，仍然忍不住要停下笔墨，作一些书生之论：高万祥将语文教学提到这样的高度，对应了外界那种"语文教育误尽苍生"之说，是对那种论点的正面回应。同时，我们则要注意到，在古代，有曹丕的《典论·论文》将文章提高到"经国之大业"的高度，而现在，高万祥则将人们的视线再度拉回到那种高度，告诉人们，语文绝非可有可无，绝非任人装扮的少女，绝非小道！它事关民族复兴大业，事关中华民族精神的建立，事关中华民族文化传统的承继与流传久远！

然而情形并没有发生太多的改变。感慨而失落不已的高万祥终于想通了一点：说服众人是一件困难的事。发出异声如果没有更多的人响应，又是如何的寂寞啊！他终于感受到了当年鲁迅在进行新文艺运动中的苦衷了：

"凡有一人的主张，得了赞同，是促其前进的，得了反对，是促其奋斗的，独有叫喊于生人中，而生人并无反应，既非赞同，也无反对，如置身毫无边际的荒原，无可措手的了，这是怎样的悲哀呵，我于是以我所感到者为寂寞。"

当然，这个时候的高万祥也终于仍如鲁迅当年所感受到的一样：那就是，"我绝不是振臂一呼应者云集的英雄。"

与其如此，不如从自己开始做起。

高万祥开始将自己一直抓在手里也感到得心应手的作文教学进行了细致的梳理，摒弃了过去跟风而形成的所谓思维训练而开始正式命名自己的作文教学为生活化，引导学生走出教室，打破课本的框框套套，向生活学习，向名著学习，阅读大师，聆听窗外的声音。在张家港高级中学落成后，正式以训练学生写日记写随笔作为写作教学的主要方式，将作文教学与学生生活完全融为一体。同时，将平常的语文教学化整为零，领导全语文组教师动手遴选阅读教材，编辑《大语文读本》《新作文月报》，将阅读教学与写作教学全部安放在学生生活的座基上！

至此，明确地提出了自己的语文教学应该追求诗意的教学思想与主张。

为了语文教学诗意化的实现，高万祥动了不少脑筋。

2000年秋，高万祥开始在全校推进以作文教学为核心的高中语文教学改革，他组织并主持了张家港高级中学"语文人文教育理论和实践"的课题实验工作。该项实验，旨在克服目前语文教学中普遍存在的见"知"见"能"见"分"不见"人"的应试弊端，强调关注学生的情感和人格，从而使高中语文教学成为集语言能力、文化修养、思维品性、心理素质、智慧灵气和人格道德于一体的综合性教育活动，使学生具备用语文走遍天下的人文素养和语言能力。

一个校级课题，就这样有声有色地搞起来了。语文组的所有老师都是课题组成员，都有围绕总课题的子课题。围绕实验方案，学校大力开展课外阅读，逐步为学生的超量阅读自主阅读创造良好条件。从新校首届高一开始每周开2节阅读课，试行《张家港高级中学学生必读书目》考核毕业制度；每天在夜自修最后时间全校统一开设"日记课"，引导学生把写作放在自由写作私人写作这种最真实最深厚的生活基础上。

高万祥还利用自己的广泛的社会资源，出面聘请钱理群、巢宗琪、朱永新、曹文轩、王尚文、于漪、陈钟梁、陆志平、成尚荣、范守纲、谷公胜等国内知名专家担任学校课题顾问和青年教师的导师。同时，注重开发语文校本课程。由学校科研部和语文组负责定期编印"活页文选",为学生提供以精品佳作为主的阅读材料。以语文组为主要力量,搞好校本教材《好望角·校园文化解读》一书的编创出版和教学实验工作。学生文学社团刊物《东方文学》每学期出版一期。

一切的教育行为与教育方式,最后的落实点都在学生。高万祥在面对学生时,始终是以一个朋友、一个书友的身份出现的。

作为学生书友的高万祥,在每一届新生入学时,都会在录取通知书中附上他写的一封信,在信中,高万祥像一个老朋友一样,和他的学子们谈读书、说名著,讲解《张家港高级中学学生必读书目》中的一些名著,剖析它们的特色,和孩子们一起寻找阅读的路径,另外,他还会给他的新书友寄上一个小小的试题,让新生们对其中的篇目进行调整,按国别、时间或体裁什么的进行排列,在一种近于游戏的方式中,通盘了解人类的文明……

近些年来,高万祥的动作则更大了。他要将他的这些语文行为进一步提升,以扩大语文教育的人文化影响。

由他本人和蔡明、李婧娟三位特级教师主编的校本教材《在日记中成长》(有阅读和写作两部分),一改过去在日记本上写日记的特点,改由在这本书的空白处写上美丽的文字。这是一次超越。熟悉高万祥的人一定知道,当年,他的五本教学法为他在语文界赢得了相当的声誉,现在,他将其中的一本日记本做到这样的高度,委实令人敬佩不已。但不仅于此,其后,高万祥又将这套用于高中的校本教材进一步向初中和小学延伸,形成了一个系列。在这本书中,每天提供一则可供写日记时阅读的经典故事,作为"每日话题",启发学生思考,连同"历史上的今天",让学生在潜移默化中耳濡目染,在阅读思考和自省中留下人生的每一天,用日记和思想照亮学子生活的每一个晨昏……著名学者、作家周国平和苏州大学博士生导师朱永新为该书写下了热情洋溢而又极富文化气息的序言。

这套校本教材,很快被人们看好,并由世纪出版集团上海教育出版社出版并隆重上市。很多人甚至将它作为馈赠亲友的时尚礼品,这种现象的后面是人们对语文的最为生活化也最为诗意的理解,人们需要的就是这样的语文。另一方面,我们是不是又能体会到一点:高氏的语文教学的理念,终于切实地走进了生活并开始影响人们的生活!

这正是高万祥的用心所在,让语文走进生活,让学生用语文走遍天下。把语文还给语文。

也因此，高万祥已绝不满足一些小打小闹了。要搞，就要搞出动静，就要让人们知道，语文教学需要有人动起来，需要大家动起来。

2002 年 7 月，高万祥联合沪、苏、浙、皖的语文名校——上海市建平中学、复旦附中、杨浦高级中学，江苏南京 13 中，盐城中学，浙江宁波万里国际学校中学、杭州外国语学校、鲁迅中学，安徽宣城中学，马鞍山二中等，成立并开展民间性的"新语文圆桌论坛"活动，至今已办五届。

2003 年 11 月 8 日～9 日在高万祥自己的学校张家港高级中学举办的"网络作文"研讨交流活动，取得了很大成功。洪宗礼、范守纲、陈钟梁、吴非、程红兵等国内知名语文专家到会讲学，《语文学习》《中学语文教学》《语文教学通讯》等国内名刊都做了较为全面的报道。张家港高级中学的语文教改，特别是网络写作这个前卫课题的成功实践，深受全国中语界好评。

其实，高万祥对报道的内容有不同看法，这不是什么前卫课题，这就是生活的课题。E 时代到来了，对这些很可能就生活在 E 网之中的新新人类们，作为一个语文老师，就应该这样给出指导，不要总抱怨一切都是网络惹的祸，而要看到我们为师者的责任，首先就体现出我们这个时代语文教师的应有的网络意识。至于什么宏大话语如语文教改了、新课程了，统统可以置之不理，而需要密切关注的就是语文与生活的关系、语文和学生的关系……

有哪一个学校的什么样的校级课题可以与之相媲美的么？又有哪一个语文名师能有这样的极具魅力的课题选择？又有哪一样课题是安置在语文与学生之间的呢？

寂寞新教坛，平安旧战场，一切都过去了，唯有生活的激流永远在我们的身边向前激流勇进，一去不复返。子在川上曰：逝者如斯夫。如斯之流，流向哪里？怎样流动？高万祥的考虑与实践，给了人们太多的启迪与思考！

（三）校长是一所学校

走进高万祥的办公室，办公桌对面的西墙壁上几幅书法名家的作品，给人一种别样的深沉。遒劲有力的书法作品上，写着的是陶行知与苏霍姆林斯基的语录。

老百姓把孩子送进你学校，便在不知不觉中把整个家庭交托给了学校。

千教万教，教人求真；千学万学，学做真人。

——陶行知

学校的学习不是毫无热情地把知识从一个头脑装进另一个头脑去，而是师生之间每时每刻都在进行的心灵的接触。

——苏霍姆林斯基

这是一个校长的教育情怀。高万祥对中外教育史上这两个著名的教育家充满了热爱。在行知楼的走道里，他设置了一幅巨大的电脑制作画：孔子、苏霍姆林斯基、陶行知和张家港高级中学的校园的组合。

即使高万祥什么也不说，人们也能感受到高万祥诗意的教育追求。

作为张家港高级中学的校长，高万祥在 2004 年的学校招生宣传册上给新生这样的寄语：

致中考成绩优异的同学：你已经是最优秀的学生，你应该选择张家港高级中学，因为这里是你全面发展的最理想的地方。

致中考成绩暂时不够理想的同学：你一定能成为最优秀的大学生，因为相对于成绩优异的同学，你的潜力更大，你应该选择能让你有自信、会成功的张家港高级中学。

致爱好艺术、体育的同学：进入张家港高级中学，你就意味着踏上了读大学本科的阳光大道；更重要的是，张家港高级中学能为你提供奠定艺术人生、成功人生的最好机会。

这就是高万祥对全面发展的诠释：为了所有学生的发展与提升。张家港高级中学面向所有学生，为了所有学生的成功成才，高万祥以自己的教育智慧与教育选择打造出了张家港高级中学的办学特色。继 2003 年高考之后，2004 年再创高考奇迹，仅艺术类考生就有 168 人本科达线，成为张家港市高考超产第一大户。而这些学生，凭当初的中考成绩，想要考取本科高校，是无论如何也难遂愿的。2004 年暑期之后，张家港高级中学各年级的艺体特长考生都将达 300 以上。

现在的张家港高级中学正以她骄人的成绩向世人展示着她的风采：办学四年来，

教学质量和社会声誉稳步提高，校风学风有口皆碑，人文教育、人格教育、艺体办学已形成鲜明特色。

似乎是为了给这样的寄语做生动的脚注，2004 届毕业生中，小鹏完美地演绎了张家港高级中学的教育奇迹。

从张家港市第一中学进入张家港高级中学时，小鹏的成绩在 400 分以下。当时，全市普高录取的最低分数线是 540 分。500 分的成绩都属于非常低的成绩，在张家港市，这样的成绩排名是在 7 000 名左右。可小鹏的成绩是 400 分以下，与倒数第二名的成绩尚有一百多分的落差。进入高中以后，小鹏成绩一直无法雄起，也无法安静地坐上一时片刻，一度时间里心灰意冷，沉迷于电脑游戏之中。几乎所有的老师都宣判了小鹏的"死刑"，连小鹏的父亲都认为小鹏可能不会有太大的希望。可是，高万祥认为，下结论为时尚早，应该看到小鹏的优势，他的写作非常出色，他还非常喜欢电脑，这都是他的难得的特长。如果扬长避短，选择艺术，将来前途不可限量。高万祥说服了小鹏的父亲，让小鹏选择了美术门类。没想到，一进入高三，艺术让小鹏沉静了下来，他终于能在画板前一下子坐上两三个小时不动身子。他爱上了艺术，看到了自己的希望。尽管艺术专业训练占去了大量的时间，但是，他对文化课程的学习越发主动到位，高考之中，他的文化成绩竟然超越了校内的 215 个同学，专业考试同时通过了五家学院，最后被属于本一的哈尔滨理工大学正式录取。这样的奇迹，让所有为小鹏担心的人感奋不已，小鹏的父母也连称想不到想不到，想不到艺术教育引领孩子走上了一条成功之途。

其实，张家港高级中学办学以来，生源质量大多不甚理想。但是，四年打拼下来，张家港高级中学的特色教学创造了同类学校无法创造的教育奇迹，艺体办学特色，让很多看来没有任何希望的学生圆了大学梦。

高万祥感奋之下，感慨地为学子们写下了这样的寄语：

这个世界上没有失败，只有暂时没有成功。人人都能优秀，关键是你想不想优秀。

什么是成功？自己和自己比有了进步就是成功。用高中三年创造一生的成功奇迹。

父母养我育我，报恩唯有苦读。怕吃苦莫进校门，进高中专心学习。苦读三年，大学梦圆。

奇迹是怎样创造的？很多人也许都想知道这里面的奥秘。

一个校长就是一所学校。我们完全可以说是高万祥校长培育了这一所美丽的学校。

高万祥是一个深深理解张家港精神的校长，"团结拼搏、负重奋进、自加压力、敢于争先"，这是张家港人在将一个苏南小县打造成江南名城、全国文明卫生城市、国民经济总产值名列全国百强县前三位时所形成的一种张家港精神。高万祥成功地将这种精神移植到办教育上，引导全体师生，团结拼搏、自加压力、奋勇争先，努力形成自身的办学特色。

高万祥最喜欢的一副对联是：世上几百年旧家无非积德，天下第一件好事还是读书。将积德与读书并举，强调师生的读书修身和读书养性，高万祥认为，只有将教师的阅读安置在塑造精神打造人格的底座上，才能打造一流的教育，才能创造教育的奇迹，才能以学生的成功作为自己的成功，才能将学生的终身发展当作自己的终生事业。

读书引领教师走向高尚，读书让教师们明白教育是自己终生的事业，引导学生成功是教师最重要的职责。

而高万祥本人，在享受读书之乐时，也在享受着自己的教育之乐。并以自己的行为影响着全校的老师。

每天，他最先赶到学校，最晚离开学校。这是学校所有老师都知道的事实。很多老师为高校长弯腰捡拾纸屑果皮感动过，很多人为高校长病中不去医院一定要待在学校里动容过，很多人为高校长那张永远带着微笑的脸打动过。

也许正是高校长这样的工作精神，打动了下面故事中的这位主人公吧？

美术教师黄海峥的故事是这样的：

　　艺术考生杨冠男是一个非常不自觉且又缺乏自尊心的女生，平常任性无比，每天都要迟到。无论班主任怎么劝说，她都不听。你如果逼急了，她就会说，我跳楼！或者拿出刀子说，我割腕自杀！后来，学校实现师生结对导师制，美术教师黄海峥担任杨冠男的导师。黄老师每天都要与杨冠男谈心，可是总不见效。黄老师忍无可忍，像下最后通牒一般地对杨冠男说，杨冠男，你如果再不改变，我就要下措施了！杨冠男说，你能有什么措施？黄老师说，你如果知错不改，再迟到的话，我就住到你家里去。第二天，杨冠男还是迟到。黄老师于是与家庭取得联系后，真的住进了杨冠男的家，负责每天喊她起床催她到校。你可要知道，黄海峥的丈夫在乡下工作，她一个人带着孩子，她还要每天接送孩子上学。可是，她硬是克服了很多困难，每天调好闹钟，准时喊杨冠男起床。杨冠男一开始气愤不已，认为黄老师太过分了，这让她在同学面前太没有面子了。一个星期后，杨冠男非常惭愧地对黄老师说，黄老师，我求求你，我以后不再迟到了，我也一定听你的话，把专业学好。最后，杨冠男同学考取了湖北美术学院。该校是我国八大美院之一。毕业话别之际，黄海峥面对杨冠男的成功，非常开心。她对杨冠男说，杨冠男，你瞧，你现在是班上最有面子的学生了吧！

黄海峥老师的教育情怀，让高万祥感动不已！高万祥曾问过她，你一个美术教师，也不需要赶早来校上早读课，又是何苦来？

黄海峥后来对同事们说，高校长每天第一个到校，到了学校后就站在校门口迎接来校的师生，我这也是向校长学习。

一个校长就是一所学校。只有这样的校长，才能培养出这样的教师。而这样的教师，在张家港高级中学还有很多。

还是回到读书吧！

"以人为本，文化关怀，自强不息"，这是张家港高级中学的办学思想和办学目标，高万祥经常强调的是：人，就是教育的目的。

读书与献爱心永远联在一起。

有一年，中国教育电视台节目兼职主持人、全国优秀班主任任小艾赴张家港高级中学采访拍摄张家港高级中学宏志班情况。

笔者写到这一个细节时，满眼含泪。当现在，很多人津津乐道于什么教育策划与金点子的时候，高万祥则是以一种情怀在从事着最为崇高而伟大的教育事业。正如很多人所了解的，江苏，一条长江，南北两地，有着太大的经济落差。"我要读书！"是苏北多少贫困失学的孩子的呼声。高万祥在一次去苏北讲学的时候，听到了一两个这样的故事，内心无法宁静。当张家港高级中学开办一年之后，一个大胆的想法在他的头脑中产生，要帮助那些失学的孩子！

为此，在上级领导支持下，他办了两个免费宏志班。

其实，不要说笔者身边的朋友，就是当年任小艾的摄制组在采访这些孩子时，也几次停下手中的活计擦拭眼泪。张家港高级中学，就这样成了苏北很多贫穷孩子心中遥远而美丽的"好望角"！他们将心声写在黑板报上，表示入读张家港高级中学的心愿，默默地向张家港高级中学送去一个学子的遥远的心声。后来，高万祥率一支教育考察队去苏北徐州某地访问时，竟然读到了这样的心声。他站在黑板报前，眼里泪光闪烁，久久不忍离去。

第一届宏志班的学子毕业了。高万祥在欢送他们入读大学的致辞中，深情地说，张家港高级中学因有你们而有了更多的骄傲！当时，师生动容，无声地流下了眼泪……

高万祥和张家港高级中学的大爱之心，谱写下了一个个动人的教育故事，而这样的故事，将随着那一台《我要读书》的电视节目，随着这些宏志班的学生，流传久远。

张家港高级中学，就这样为学子们开设了一条通往理想境界的阳光大道。

对学生如此，对青年教师，高万祥也一样地投注了一个长兄一般的大爱。他不断地催促着他们读书、成才。

张家港高级中学每年都会有一批的应届大学毕业生加盟。

谁都明白，这样的教师，是教师的弱势群体与低水平的竞争者。教师入口量大，本身就意味着这一职业的竞争与压力都是非常大的。

然而，高万祥的本领在于，他只要用一两年时间，就会将这些教师培养成本校名师，培养成受学生欢迎的教师，不但能够胜任教学工作，甚至会让他们形成自己的教育理念教育思想，产生一种教育的自觉，在当地乃至更大的范围里产生影响。

高万祥用的什么方法呢？

那就是非常有名的五项全能比赛：演讲、上课、写作、写字、理论。每一个工作三年以内的教师都必须过这五关。

如果说写字尚属比较低级的技术活儿，那么，理论、写作、上课、演讲，则是从综合的角度与高度来考量一个教师的水平。而其中的演讲给高万祥的启发是非常大的。他认真地做着每一个教师的听众，认真地记录下每一个教师演讲稿里面的精彩。他同时安排全体教师和部分班级的学生做听众，他坚信，这样的演讲是会让每一个人都受益的。

演讲这一场重头戏影响越来越大，而教师最重要的技能之一就是演讲。高万祥从中受到启发，决定将这种方式推广到学校教职工大会上：每次安排1~2名教师在这样的大会上演讲，既让教师得到锻炼，同时也能让教师们相互了解，形成合力。现在，已经有上百名教师登台表演过了，都觉得这样做收获太大了……

不仅如此，演讲也是教师自我教育的一个过程。高万祥认为，教师的演讲，小故事中有大教育，比他这个做校长的训话要更有感染力和说服力。

黄老师以及许多优秀教师的故事本身就是演讲的最好的素材。高万祥说，我现在每到一处讲学，都有可能讲起这些故事，因为这些故事的背后，潜藏了太多的教育真谛：以爱心培养爱心，以智慧培育智慧，以人格塑造人格！

不仅仅是为了呼应朱永新先生所提出的设立中华阅读节，其实，从他的五本教学法开始，特别是在进入张家港高级中学阶段，高万祥打造文化校园的第一个举措就是"将图书馆搬进教室"。最神圣的事情就是每天在做的事情。每天，都会有两到三个班的语文课是在图书馆里上的。为了更进一步体现人文化的特点，高万祥自己亲自设计了图书馆阅览室里的桌椅和书架。就譬如说那个书架吧，只有半人高，学生无论站着还是坐着，只要一转头就能看到架子上的书，只要一伸手就可以拿到自己想要看的书。在这样的阅读课上，教师和学生一起阅读，学生可以在这里进行认真而细致的阅读，也可以进行梳理式的读书笔记的写作。阅读课，将语文课放在图书馆里进行，已经成为张家港高级中学一个非常有特色的课程，成了语文课的不动产。哪怕考试就在眼前，其他课程都进入了复习阶段，而唯有阅读课一直进行到考试之前。

为此，2003年5月15日，《中国教育报·读书周刊》在头条位置发表记者王珺和特约记者林楠的长篇报道《把图书馆搬进课堂》，介绍了张家港高级中学的有关工作和经验。这一报道在全国引起强烈反响，很多学校前来参观学习。

将图书馆搬进教室，以打造书香校园打造学校精神，已经在江苏乃至全国范围产生了强烈的反响。2003年第12期《江苏教育》刊登长篇通讯《心灵的家园·张家港高级中学塑造学校精神侧记》。

高万祥以其独有而清醒的文化意识，打造了蔚蓝的天空下最美丽的学校。当然，这种说法来自苏霍姆林斯基，当年，苏氏称他的帕夫雷什中学就是蓝天下最美丽的学校，高万祥，作为苏氏在中国的最积极的追随者之一，有此念头，当不足为怪。事实上，经过了这么多年的打造，美丽的张家港中学，在静静地向你诉说她的文化品质、文化追求、文化关怀……

高万祥就是想让张家港高级中学的每一个角落都充满诗意和美丽。

张家港高级中学校本书刊的编辑，可能当数全国之最：品种最多，质量最好，周期最快……从《教育财富》到《新教育财富——做中国最好的教师》，从《东方文学》到《好望角——张家港高级中学校园文化读本》，从《语文沙龙》到《新作文月报》到《大语文阅读》，从《张家港高级中学学生日记精编》到《在日记中成长》，还有很多教师个人出版的著作：《相约星期一》《语文的诗意》《语文读写新法》《重塑生命》《特级教师教你写作文》《名师导读》……

这些都在告诉人们，只有栖于文化，才能面向教育发言，只有打造文化，才是积极地打造了校园精神学子品格！

高万祥是一个有心人，在着意打造书香校园的时候，他没有忘记学校的每一面墙壁都会说话的道理。任何一个参观过张家港高级中学的人，都会有着一种强烈的视觉冲击和文化冲击，无论你徜徉在哪个角落，你都会感受到一股浓郁的文化氛围。"康桥"，告诉你一个遥远的大学城和不老的诗意般的传说；"母亲河"，让你体会到中华文明的悠远是与一条母亲般的河流分不开的。将香格里拉与希尔顿搬进校园，只有一个大气魄的校长方能有如此手笔；至于哈佛楼、剑桥楼、清华楼、复旦楼、南大楼、北大楼，每天都在告诉莘莘学子，这些著名的学府其实并不遥远，只要你走过鲁迅路、爱因斯坦路、普希金路、杨振宁路，你就能学有所成，不负家长和学校的厚望……

甚至连餐厅的门上，高万祥都不忘记教育孩子们：学会生活，学会吃饭。

小小餐桌之上，有着大教育的许多学问！

很多次，高万祥在学校德育工作会议上强调，当我们的路道转弯的地方还要插上小牌提醒孩子们不要践踏草坪，当我们还看到校园里还有纸屑，那就是我们教育的失败。

这样的昭示与积极的心理暗示，也是一种文化的提醒啊！

2004 年 4 月中旬李镇西到张家港高级中学访问，作为高万祥的老朋友，李镇西来张家港高级中学不止一次了。但最近这次访问张家港高级中学是以一个学校的管理者身份前来考察的，这位成都市盐道街外国语学校的副校长当晚与高万祥聊了很多，后来，便下榻于高万祥的小书房。第二天，他高兴地对高万祥说，他住了世界上最美丽的房间，任何一个五星级的房间，也没有那么多好书的。接着话锋一转，他对高万祥说，最让我感动的不是我看到了你那么多书，也不是你昨晚与我的谈话。你们学校的学风建设才让我惊叹！我拿着照相机到处拍照，从教室门前经过时，我也在拍，可是，教室里学生在早读，竟然没有一个人抬头看我！

李镇西是一个教育名人了，李镇西对教育的敏感可能也非常人能及。他觉得高万祥给他介绍的学校情况远不及他所看到的这一个细节更让他感动。李镇西的惊叹却让我们深思，高万祥是在用什么样的方法，将孩子的注意力全都集中在面前的书上呢？他是在用什么方法，让学风建设达到这样的令人兴奋不已的境界呢？

我们只能认为，高万祥是在打造一种精神。只有在一种精神的驱动下，一个人才会有超于常人的举止。但是，我们也还明白一个道理，就譬如说学生的注意力吧，要一个学生专心致志容易，要那么多孩子专心致志却非常困难！面对此情此景，我们很难想象，在学生的身上，在班主任队伍的建设上，高万祥花了多少心血！

而且，他还要读书，还要写文章，行政工作还要占去他绝大多数的时间……

高万祥确实是在创造一种奇迹！

这样的校长在江苏乃至全国产生较大影响也就是在想象之中的了。只要稍稍追踪一下这些年高万祥的踪迹，我们就会发现，高万祥这位苏州市名校长，其影响早已超越了苏州，走出了江苏，走向全国了：

——2000年9月，高万祥一篇18 000字的长文《做一个"学习型"校长》入选《中国著名校长办学思想录》卷首（朱永新教授主编，江苏教育出版社出版）。

——2001年10月22日，作为经江苏教育厅严格选拔的教育部特邀18位代表之一，在北京参加"全国基础教育论坛"，并在开幕式上发表演讲。2001年12月，演讲论文《和学生一起成长·关于建立现代师生关系的实践和思考》入选教育部基教司编选的《更新教育观念报告集》正式出版并在全国发行。

——2002年12月，出版专著《相约星期一》（文化艺术出版社），深受中学生欢迎。这本书的大部分文章，是高万祥在每周星期一国旗下讲话的集锦。这实在不是平常意义上那种空洞的说教式的国旗下的讲话，这些讲话，是那样的雅致，那样的富有文学特色，那样的关注着凡人小事，用细节打动着你我他，甚至，高万祥写的他与学生沈冰的故事《多年师生成朋友》也都是国旗下讲话的精彩内容。无怪乎这样的书，张家港的出租车司机，那些的哥的姐，都经常从什么地方找来放在车上阅读。甚至，连高万祥自己也没有想到的是，就是他的这本书解救了本市一个破裂家庭，让一个割断亲情的弟弟和儿子重新回到姐姐和母亲的身边。

高万祥每周一次的"国旗下讲话"就这样成了全校师生享受的精神大餐。这是一位和蔼可亲的师长奉送给学生的精神食粮，就像朋友间的友情提示，又像一个和蔼的父兄的劝慰！

——几年来，高万祥校长应邀先后在北京、成都、湖南浏阳、福建南安、浙江嘉善、江苏南京、苏州、常州、大丰、东台、江都、吴江、太仓、武进、徐州、连云港等地作了80多场专题演讲。

面对当今的应试教育，其实高万祥有着他的理解。人文关怀、人格教育、艺体特色办学，可能是应试教育和素质教育的夹缝里最完美的表现形式。毕竟，现在的社会，所有的家庭都希望孩子能考上大学，国家和社会也都有这样的需求。如何能做到低进高出，满足家长与社会的要求，让孩子在现有的考试制度下培养起自己的个性来，人文办学和特色办学也许是最好的方式和思路。张家港高级中学的做法是，能考试的，让他们以高分考进大学；会画画的，让他们画进大学；能唱歌的，让他们唱进大学；善于打球、跳高的，那就让他打进大学、跳进大学！每一个孩子都是最好的孩子，每一种方式都是最好的方式，适合自己的就是最好的，能够超越自己的就是最成功的孩子。

当我们就要结束这篇报道时，我们真诚地希望高万祥校长再为我们多讲一讲他的教育思想。

高万祥不无自豪地告诉我们，在张家港高级中学，做最成功的高中生，确实不是虚言。而这样的成功，其落脚点可能就是我们强调得最多的人格教育。"人格第一，学习第一，健康第一"，你一进张家港高级中学的大门，就能看见这12个大字。"我们天天在传授知识，我们经常在帮助学生，我们永远在塑造人格。"高万祥就是以这样的信念来打造学校品牌。

高万祥感慨颇深地说，人格教育生活化，人格教育人文化。向人格教育要教育质量，向人格教育要管理质量，向人格教育要教育情怀。只有这样，我们的教育才能形成超越。打造校园人格长城，是目前中国的基础教育领域最难做的事。现在，很多人都是做着见分不见人的事。中学阶段，其实实施人格教育已经很晚了。真正的做人教育应该从小学从幼儿园就要开始。现在，我们其实是在救治着中学生业已偏失的人格。张家港高级中学现在所作出的种种努力，其实是在进行一种知不可为而为之或知其难为而为之的挣扎与努力。我们没有办法，我们也别无选择！

高万祥为我们阐述说，教育的目的，我一直认为，就是教育的过程。我们现在的基础教育领域，太看重结果太看重目的了，严重忽视了过程教育。我们自己有时候也在犯着这样的错误。我们无视孩子们的生命过程，孩子们没有一个幸福的童年，没有一个梦幻一般的少年。成人化的东西，挤压进了中小学生的生命的全过程。康德说过，人就是目的。我们的办学，应该在这样的理念支配下进行。人格教育因而必须极富生活化的特色，因为人格是一撇一捺写成的。人格就在平常的点点滴滴的行为过程之中。

理想的学校是能够改变人的。有时，这种改变甚至能改变两代人。后喻时期，有时候就是小手拉大手，亲子两代人一同走进理想的教育境界。高万祥在进行着他的教育苦旅，他希望张家港高级中学在引导学生成长的同时，也能促进教师成长，也能为培育一个健康优良的社区做出努力……

这就是高万祥，他在向人们叙说着他的教育梦想和教育情怀，他在构筑着他的美丽的教育世界……

[姜广平，江苏作家协会会员。著有《重塑生命》《经过和穿越》两种，另有中短篇小说、文学评论、教育研究文章若干。现任职于江苏张家港市外国语学校。]

[卞幼平，江苏省张家港高级中学语文高级教师，校科研部副主任。历年在《光明日报》《中国青年报》《文汇报》及教育类报刊发表文章60余篇。]

五、一本书，一个人，一支队伍

——高万祥老师印象

唐玲娟

● 一本书

五年前，书桌上放着一本《我的教育苦旅》。透过深深浅浅的文字，读到心怀教育的一往情深。淡淡的书香，久久的凝神。拢着文字里盛开的坚忍与执着，勤勉与智慧，我将其随时安放在自己的教育求索之路上。

翻阅五年前的读书笔记本，一行行教育箴言仍然清晰可见——"如果你的学生感到你的思想在不断地丰富着，如果学生深信你今天所讲的不是重复昨天讲过的话，那么，阅读就会成为你的学生的精神需要。"

"看一个人是不是有志向、有出息，或者说，看人和人的区别主要看两点——一是看他交怎样的朋友，二是看他的业余时间怎样安排，怎样度过。只要想读书，就能找到时间。要耐得寂寞，耐得繁华。现代生活，外面的世界真热闹，灯红酒绿，声色犬马，有诱惑力的东西太多了。要读书就要学会坐冷板凳，只身一人，孤灯一盏，寒窗苦读，是要有一点精神和追求的。"

深蓝色的读书笔记本上清晰地记录着"2007年3月"的字样。笔迹穿越时光的印痕，我仍能触摸到当时的激动与欢喜。

是的，因为读一本书，所以记住了一个人；因为读一本书，所以获得了一种观点，一个立场，还有许多语句。

然而，始终不能忘的还是"教育苦旅"这几个字——因为深深的爱，所以有深深的痛；因为深深的痛，所以有无法言语的苦。那些行与思，沉在一字一句的记录里；那些对教育的忧愁与坚守，定格在曾经的岁月里。

五年后，书桌上放着一本《优秀教师的30本案头书》。穿越六年的时光，再读曾经读过的人，读他现在的书。时空的象限，改变的不仅仅是容颜、故事，还有思维的方式与精神的高度。

30本书，每一本都读得那样专注，那样深刻。当阅读成为教师专业成长的第一要素时，我们如何在浩瀚的书海里汲取最好的营养？如何将阅读与教育紧紧相连呢？这一本书，无疑为我们打开了一扇眺望远方的窗。

读书如进食。不是每个人都能将每一种食物生生地咀嚼，因为每个人的消化与吸收的能力不尽相同。可以说，读书之后的消化与吸收远比选择书籍更有难度。仔细翻阅这本《优秀教师的30本案头书》时，我不止一次感受到——它的价值不仅仅在于给教师朋友提供了相当多的经典书目，更是将每一本经典烹饪成了一道可口的菜肴，一道适合大众而又高于大众口味的菜肴。每个爱读书的教育人都可以从这里开始触摸经典，亲近经典，并反观自我。条分缕析的概括与提炼，与教育实践相联系的辩证与探讨，以一种浅近而从容的方式娓娓道来。

是的，这是一本好书，一本开启教育人阅读之门的好书。

● 一个人

"永远是朋友——高万祥"天蓝色的名片背景上，就是这样简简单单的几个字，就是这样真情实意的几个字。没有官衔，没有职称，没有发表的论文篇目，也没有出版专著的介绍。但是，谁都不会去质疑。因为，当一个人不需要高贵的时候，他才真正高贵。

和高老师第一次见面，只是以微笑和倾听的方式随行。谦和尔雅的高老师，始终微笑、低调。当他温和地向我谈起拙文《文化有多深，我们就能走多远》时，谈起我所钟爱的一批作者时，我惊诧于一位资深的教育专家对新教师的关怀与爱护。这是怎样的一种情怀？若没有对教育炙热的深情，怎会如此关注教育，关注教育人的成长，以及关注教育人成长背后的故事？心里默念，并涌起感动。

之后，席间不多的寒暄，都是关于阅读、关于作者、关于教育的探讨与交流。没有客套，无须避讳，我们直言在教育路上的行与思。在真诚缺失、虚假泛滥的今天，我庆幸我们仍然保留了一份可贵的真。那样的一顿晚餐，在我看来，因为彼此的真与诚，着实变得可爱许多。

晚餐后，高老师赠予我他的新书《优秀教师的30本案头书》。扉页赠言上的一句"向您学习"让我受宠若惊。自知在高老师面前，我确是毫无可学之处。然而，我却是深深懂得话语背后的期待与祝福——不唯上，不唯名，不轻信，不盲从，相信自己独特的教育体验与感悟，也相信自己的思辨能力，每个人都可以成为更好的自己。

书中摘录了弗洛姆的一段话："尊重就是要努力地使对方能成长和发展自己。"是的，从高老师的言与行中，我深深懂得了尊重，并从心底深深地感谢这真正的尊重。

相谈甚欢。起身告辞时，高老师执意将朋友们送下楼。话题仍在阅读上，仍在教育里，我们为下一次的读书盛会而满怀热情，欣欣向往。

长沙的夜色，明暗交错。静谧而深邃的夜空，闪闪繁星，默默无语。不由得忆起《易经》里的经典——"谦卑而光，卑而不可逾"。

是啊，大道至简，越谦卑的时候越接近伟大。

● 一支队伍

"学校，应该是一个幸福的天堂。"这里，有你，有我，也有他。这里，需要我们。不是一个人，而是一支队伍，一支朝向爱，朝向明亮行走的队伍。

——聆听高校长的讲座，脑海里总会不断闪现一支队伍幸福前行的画面。

是的，话语里透着一股召唤的力量。

整整三个小时，高校长一直站着。幽默而风趣，调侃现实，追问教育。每一句言说，都最终指向教育的回归。

"学校，应该是真正读书的幸福天堂。"没有阅读，就没有教育。学校，理所应当是读书的幸福天堂，而我们却常常背道而驰。"从现在起，做一个幸福的读书人，办一所真正读书的学校，让每一个学生都成为真正的读书人，让每一个教师都成为我的书友。"——如此美好的愿景，我们舍弃多年。盲目追逐分数与名利的学校，已经逐渐异化为机械加工的工厂。我们忽略灵魂，忽略体验，全都奔忙在流水线上。我们需要这样的警醒——"阅读，能给我们带来思想尊严；阅读，能给我们带来更多的爱心、良心和社会责任心；阅读，能给我们带来诗意和创造情怀。"我们需要以不断的阅读和思考，来改变工作的状态，改变自我，改变孩子的成长状态。

"学校，应该是生命成长的天堂。"我们却一次次漠视生命，扼杀个性，忽略成长。"读《苏霍姆林斯基选集》，读《张伯苓传》，读《陶行知文集》……"让我们从无数大教育家的教育追问里，读懂道德关怀，读到生活情趣与生命的升华。

"学校，是充满爱心的幸福天堂。"我们却常常以爱的名义来伤害。我们不懂得什么是真爱，却常常道貌岸然地夸夸其谈。"读《爱的艺术》，读《爱的教育》，读《幸福的方法》……"我们经由工作，将真爱变成看得见的行为。

玉在山而草木润，渊生珠而崖不枯。因为有阅读，因为有爱，方能看到草木润，方能看到崖不枯。

讲台上的高老师，仍旧那样执着，那样虔诚地向我们表达着阅读之于学校，之于教育，之于个人的重要。这是五年来不变的言说，这也应当成为教育永远不变的传说。

当那些铿锵有力的表达慢慢隐退时，我看到的不止是一个人，而是一支队伍，一支因为同样的追求，相同的信仰而走到一起的队伍。

是的，一个人，就像一支队伍，有召唤，有力量，向着明亮的方向。

附　录

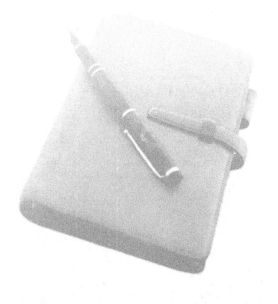

生命里，那些不可缺席的精彩

——读《学校里没有讲的教育》

陈海燕

2014 年 9 月 14 日上午 11 点左右，我第一次见到高万祥先生。只是，那时我并不知道，他就是高万祥。

活动在浙江大学紫金港校区，启真报告厅。我正好是这个"名师高研班"的班主任。上午活动进入尾声的时候，侧门走进一人，匆匆在前排坐定。我疑惑了两秒，身边一位学员和我耳语：那位好像就是高万祥老师哦。我定睛看去，啊，可不就是大名鼎鼎的高万祥老师嘛！心里一惊，又有些感动：离下午开课还早，高老师就来到活动现场了，真是个细致严谨的人啊。我赶紧迎了过去。

下午的报告，是大家期待已久的。只是，我没有想到，高老师会以那样一种姿态走进我们的视野，带给我们永难忘怀的震撼和感动。花甲之年，手执话筒，以一种诚挚的、温暖的、极富感染力的语调，或娓娓讲述，或深深喟叹，或悠悠发问……三个小时，一直站着讲，走着讲，零距离互动着讲。没有 PPT，没有图片和音乐，但让你觉得，他就是图片，他就是配乐，他就是无法替代的最精彩的课件！——多么奇妙的一个人啊！我在心里深深感叹。

活动很快结束了，大家都说，高老师的演讲是这次活动的压轴大戏，带劲。我听了，心里有说不出的意犹未尽。当晚分别后，我把自己兴奋中记下的一段感受，短信发给了高老师："心动时刻——与当代教育家高万祥零距离互动。感性，温润，澎湃。有深度，有广度，有温度！巅峰体验，沉浸体验，高老师诠释了什么是丰润，什么是蓬勃，什么是快意流淌的教育，什么是沉醉恣意的人生。真好。真好。绘本《两只獾打架》，完美演绎，可爱的高老师，今日因您而闪亮。致深度注目礼。"

高老师很快给了我回复，并在返程的列车上和我短信聊了半小时，他的风趣与醇厚，也更深深地印在了我的脑海中。我趁热打铁，邀请高老师秋天再赴杭州讲学，高老师爽快答应，并说要赠我一本他刚刚出版的新著，我听了开心不已，感觉自己真是意外大收获。

两天后，来自南京的快递到了。华东师大出版社，大夏书系，淡蓝色的封面上，干干净净的一行书名——《学校里没有讲的教育》。学校里没有讲的教育？我的心里泛起的问号，催使我开始了这本书的阅读。

整整一个礼拜，我在读这本书。夜读。

不间断的静夜里的阅读，仿佛挚友的寒夜长谈，他的往事、他的心绪、他的得失和他的泪笑，全都那么清晰地展现在眼前，坦率、袒露、坦诚。我看到了一个立体的、真切的高万祥，一个在爱里战栗、在恨里切齿的高万祥，一个歌唱着、品尝着、叹息着的高万祥……

种种画面，随着文字，款款翻页。高老师在书里叙说，我在书外倾听。我的叹息伴随着我勾画的线条，密密展开。而书中的人事物景、悲欢啼笑也逐渐凝成了一个更为厚重的名字——高万祥。

歌者万祥

万祥老师爱歌，我是真没想到，他的书里总是不经意地冒出几句歌词。

看，忆及恩师程丽华老师，他的心上旋律悠扬：

"每个人心里一亩田……用它来种什么？种桃种李种春风，开尽梨花春又来……那是我心里一个不醒的梦。"

三毛作词，台湾歌手齐豫、潘越云合唱的这首《梦田》，让读者思绪悠扬，不觉间跟着万祥老师泪眼婆娑。

"长大后，我就成了你！"

"你的身影，你的歌声，永远印在我的心中，昨天虽已消逝，分别难相逢，怎能忘记你的一片深情？"

李谷一的《乡恋》荡气回肠，也是万祥老师对启蒙恩师的一番倾诉吧。毕业30载，同窗重聚首，歌声又飞来，听——

"天边飘过故乡的云，它不停地向我召唤。当身边的微风轻轻吹起，有个声音在对我呼唤，归来吧，归来呦，浪迹天涯的游子。"

"为了那旧日的时光，老朋友，为了那旧日的时光，让我们干一杯友谊之酒，为了那旧日的时光。"

读着《为了那旧日的时光——写在大学毕业 30 年同窗聚会之际》，歌声缭绕，情思飞扬，我们仿佛看到高老师正与老同学们执手放歌，"老夫聊发少年狂"，好一番情深义重！

——率真的、豪放的、顽皮的、可爱的高老师啊！

或许，正如您自己说的那样"因为热情，自觉年轻"。

我总在想，活在旋律中的心，会是一颗跃动的心，不断吟唱的心，也肯定是颗年轻的心；在旋律中忘我，在情谊中忘我，在美好中忘我的那个人啊，也必是胸中有明月，眼前有清泉的澄澈之人。

而高老师的文字里，也正是满满地充盈着这种令人唏嘘的"澄澈"。《在千山万水茫茫人海相遇》《满树桃花一棵根》《倚枕旧游来眼底》……你读着读着，常常会忍不住掩卷，靠在椅背或者床头，愣上一阵，因为总有那么一些句子，敲打了你的内心，让你惊讶，歆羡，或者揪心。

因为澄澈，所以总是直达心底吧。

那天演讲时，高老师说："我是铁杆歌迷呀，我喜欢蔡琴，特别特别喜欢！"全场都笑了。我也笑了，或许从那一刻起，这个年逾花甲、步态蹒跚的老先生，一下子魅力四射起来。哈，这是一个多么动感的、时尚的、有情怀的小伙伴啊！在场的所有人都一下爱上了他。

彩色的旋律，是高老师口里的歌，他唱着，乐着，行走着。

教育的艺术，是高老师心头的歌，他想着，试着，奔波着。

口里有歌，所以他身轻如燕，步履如风。

心头有歌，所以他披沙拣金，目光如炬。

当我们为了生活的小沟小坎和工作的琐琐碎碎而把自己心情弄得一团糟的时候，当我们埋怨别人、埋怨自己、埋怨所有人而把自己弄得面目可憎的时候，当我们早已忘了自己最爱的那首歌叫什么名字的时候，请听听高万祥，请读读高万祥，请想想高万祥，他正微笑着对你说："我，是铁杆歌迷哦。"

赤子万祥

这本新著的开篇，是凝重的。它让我们看到了一个不太熟悉的形象——赤子万祥。

《慈母是堂上的活佛》，读着这个题目，我被一种凝肃而又圣洁的情愫所感染，心头氤氲起悠远而又深重的感慨。文章饱含深情地记述了与母亲相处的若干个片段和内心独白，殷殷之情，令人动容。阅读中，我的心时时在颤动。那些细而又细的小心思，让我在共鸣的同时深深慨叹：这是一个多么多么体贴母亲的儿子啊！

"我为什么每天至少给母亲打一次电话，尽管明知没什么要紧的事情联系，尽管日复一日、年复一年地不断重复说一些冬暖夏凉的家常话？除发自内心的对母亲的牵挂思念，很重要的一点就是想让母亲知道，我过得很好，我很开心、快乐。相信母亲在电话的那一头，能'看'到我的笑容和健康。"

万祥老师的一席心思，那么熨帖地牵住了我的心，是啊，我懂。因为，我也是这样想过、这样做的啊，简直一模一样！离家千里，我也和万祥老师一样，靠电话和母亲亲近。我知道，愈是年纪增长，愈是能感念亲恩，体贴母亲。但是，作为一个儿子，一个名满天下、活动繁忙的"名家"，高老师仍以眷眷深情每日定省，承欢高堂，令人感佩不已。

孝悌心，实在是一个人最要紧的那份"良心"啊！祈念母亲，祝祷母亲，体贴母亲，呵护母亲，我看到一个儿子小心翼翼侍奉母亲的同时，也看到了一个教育大家最为丰厚的精神底基和最为动人的情感归依。

读着第二篇《哭父亲》，我的心更是一次次地被高老师的如潮热泪所浸湿。为父亲的病而痛，为父亲的去而哭，为自己的种种无奈而深深自责，追忆儿时清贫而又温暖的守望时光，一切都恍如隔世了，唯有父亲的教导和以身垂范，让儿子含泪缅怀——

"父亲啊，从您身上，我读懂了什么叫淡泊宁静，什么叫快乐心态，什么叫幸福人生！……怀着一颗感恩的心，尊老爱幼，'泛爱众，而亲仁'，把平常的日子过得有滋有味。这就是最幸福的人生。"

痛的泪光中，也有一份欣慰——

"这次看着为父亲送行如此纷至沓来的亲友乡邻，如此悲壮隆重的场面，我突然生出感慨：他们是中国农村最后一代精神贵族！"

良善做人，恭俭让人，严己宽人，万祥老师铭记了父亲一生的行事待人之道，纵然行走四方，不敢忘却。

"世若无佛，善父母，即是事佛"。万祥老师以无比虔敬之心感念父母养育之恩、怜惜之情、舐犊之爱。痛父母所痛，念父母所念，天上地下，魂梦相依，文章读来令人动容。刻骨亲情，让人心生肃穆，却又无限缱绻。

哎！掩卷之际，又是一番深叹：人之为人，因有孝亲之念，因有奉养之思，因有反哺之心，因有寸草之愿。孝悌是万善之源，是德行之根，是每一个人必需的修行。唯其如此，心根方始蓬勃，心性方始厚重，心怀方始宏阔，心气方始圆融——万祥老师从教、行文、处事、待人中的诸般大气象、大境界，或许，就是从这里生发涵养出的吧。

恭谨奉亲，高老师捧着自己的一颗赤子之心。

行走四方，高老师仍以热心待人，念旧且念情，同样捧出了一份赤子心怀。

看，旧日同窗重逢，高老师酒酣耳热之际，情不自已——

"同学相聚，把酒言欢，叹岁月无情，大家都已神采不复奕奕，甚至难免会互惊老丑，然岁月催化，我们的友情已经变成亲情，每一次聚会，都使得亲情的成分进一步发酵香醇。"

即使是一面之缘的朋友，高老师也能用心体念，格外珍惜——

"我的讲课很难说是时雨春风，她却一定不是一个安常处顺、目光如豆之辈。只可惜一日之雅，如今已成清尘浊水，各自天涯。"

这样的文字，这样的念想，使得作者在我眼前逐渐地立体起来、具体起来，也更加的清晰起来，似乎我与作者高万祥老师不再是匆匆一晤的擦肩之交，他的感触，他的心思，他的叹息，那么真切的就在眼前，可以让你走近，更可以让你亲近。

赤子万祥，于亲人，于友人，甚或于路人，他都有热力、有心力且有感召力！

而他却说——"感谢父母给了我生命和如此幸福温暖的生活。感谢家人和朋友给了我如此真实饱满的人生和幸福的人生上半场。"

食客万祥

我说万祥老师：你真的很帅啊，你说得，你笑得，你唱得，你演得，你，还吃得！

你是这样地爱吃啊，你对美食真的有种天然的痴迷。读到《家乡美味，天赐的生命礼物》，我不禁笑了。

"我家炖蛋一般都用酱油，起锅时炖蛋便呈现出黑里透红的颜色，随着热气缭绕，一股带着葱花味的香气会直往鼻子里钻。"

你说，尽管基督教把贪吃列为七大罪状之一，你却依然坚定地认为，热爱美食就是热爱生活。

是啊，热爱生活。热爱滋味浓重的生活，热爱五味俱全的生活，热爱甜咸俱在的生活，热爱苦辣不一的生活！

美食忆，最忆是乡味——

"烹煮时一定会飘出一股奇异的河豚香味，端上餐桌，定力再足的人也会垂涎欲滴。鱼油最毒却最为鲜美。鱼肋、精巢，白嫩胜于乳酪，口感最佳。鱼皮，其肥美软糯一定为饕餮者首选。"

品味，体味，回味。丝丝余味，全因情味。掌勺的是父亲，而在一个小小孩童的明澈眼眸里，还有什么比颠勺的老爸更神气、更牛气的呢？童年的回味永远地印在了他的味蕾上，成为一生的寻味。

酒逢知己之幸，话逢投机之喜，也全在桌上呢！瞧，"如有三五知己，把酒言欢，筷下生风，其乐融融，其味醇醇，真乃人生一大快事！"

豪放如你，倾心如你，做你的朋友该是多么快意呀！

坦诚如你，爽朗如你，与你把盏共醉可以多么尽兴啊！

食客万祥。我又笑了。

仿佛看到冲进家门的你，仿佛看到大快朵颐的你，仿佛看到薄醉微醺的你，仿佛看到击箸放歌的你……

我又想起你爱说的那句话——"因为热情，自觉年轻。"

我不知道，是不是所有贪吃的人都有些小小的喜感，总之，我在你的文字里读出了太多太多的喜悦、喜欢和喜兴。

你为什么那么样的欢喜呢？那样的欢喜呀！你那么爱笑，那么爱唱，那么爱吃，可我知道，你曾经那么地笑不出来，那么地唱不出声，那么地吃不出味。

你有过痛而又痛的往昔。

你有过苦而又苦的经历。

你有过辗转反侧不得要领的纠结。

可是，你却这样地欢喜着。在笑里欢喜，在歌里欢喜，在食物里欢喜。

你说了，"感谢父母给我人生带来的这一份特殊的生活享受和生命礼物。"

你把生命给予你的所有的滋味，全都当成了"生命的礼物"。

你把日子里的酸甜苦辣咸，全都看作了"生活的享受。"

食客万祥。你咀嚼着你最爱的菜肴，你痛饮着你最爱的美酒，你把所有的日子都过得鲜香无比，入口回甘。

这份潇洒，无人可比。

而你内心依然温柔——

"觥筹交错之际，享用美味之余，我突然想到，下次一定带母亲来此一游，因为老人家特别爱吃河豚啊！"

食客万祥，笑着，尝着，挂念着的性情中人，生活达人。

明师万祥

高老师曾说，做教师要做明师。不是有名的名，是明白的明，明朗的明，明确的明。高老师自己也一直走在成为"明师"的道路上。

明师，一定有明灯在前，照亮生命的路途。

高老师在他的《种桃种李种春风》一文中，无比深情地追忆了他生命中非常重要的几位恩师。

一位是小学语文老师程丽华。高老师说："遇见本是一瞬间的事。有些遇见是相识恨晚，有些遇见会成为生命的捉弄，但总有一些遇见会影响人的一辈子。种桃种李种春风，生命中，和程丽华老师的遇见影响了我的人生轨迹。"

在高老师的印象里，"程老师的微笑很灿烂真诚。有时也板着一个脸，但说话却始终轻言轻语、柔软温和，更不会讽刺挖苦、恶语伤害。"

多年以后，当自己也成为一名教师，高老师深深感叹道："现在我知道，教师和教师最大的差别就在于对待学生的态度。现在想想，就是放在几十年后的今天，程老师绝对也是一流的教师，甚至可以说，这样有爱心、有气质、有水平、有责任的好教师，在今天也是不可多得的。"

是的，高老师曾经那么笃定地说过："你希望学生成为什么样的人，你首先必须成为那样的人。"

从启蒙老师程丽华那里，高老师汲取了一生关于教育的第一桶营养，他为自己庆幸，更为恩师叹服。

另一位深深影响了他的恩师，是他初中的语文老师赵延彬老师。"更绝的是他的普通话，字正腔圆，浑厚的男高音，朗读课文总是那么抑扬顿挫、声情并茂，让我们听得入迷。讲课幽默生动，往往妙语解颐。毫不夸张，和现场的电视主持人或话剧演员比，赵老师一点儿也不逊色。还有他的字写得实在漂亮。无论上课的板书，还是作文的评语，简直和正式出版的正楷字帖没甚两样。"

在少年的他看来，赵老师是"一等好的教师"。因而"每念师恩，我自泪眼潸然。"

更为幸运的是，他在高中，这个人生的重要节点，又遇到了一位难得的好老师——高中语文老师张菊生老师。

高老师对于自己的老师，记忆多么深刻啊！

"特别是张菊生老师，更是乱世校园里的佼佼者。"

"普通话好，又富于激情，听他的课真是一种特别的享受。"

"张老师认认真真，一字一字地给我解释、疏通、串讲、翻译。豁然开朗！"

难忘恩师，让少年高万祥铭记终生的，绝不仅仅是这几位老师对于知识的传授和文学的启蒙，对他影响最大的，是人格的影响，是知识尊严、师道尊严、教育尊严这些精神上的感染。"他们给予我的最大帮助，是为我树立了一个'语文人'的形象，让我从小有了强烈的心愿：将来也要成为像他们一样知识渊博，而且爱生敬业的优秀语文老师。也就是说，最重要的，不是语文课本和语文教学内容，不是教学方式和教学水平，而是教语文的这个人的精神内涵、人格魅力和职业形象。"

因此他认为，在自己走向"明师"的道路上，这几位恩师"功不可没"。

明师，一定有明灯在前，照亮生命的路途。

在高万祥老师看来，他生命里点点星光，汇聚了最可亲近和最值仰慕的几个闪亮的名字——

"每次和她聚首告别，我总有一种光风霁月、心神朗朗的豁然感，以及行将离开慈母一般的依恋之情。"这是敬爱的于漪老师。

"娓娓道来，咳唾成珠。"这是亲爱的朱永新老师。

还有很多很多，从教育家传记里熟悉并亲近的名字，从胡适、张伯苓、晏阳初、陈鹤琴，到卢梭、杜威、蒙台梭利、苏霍姆林斯基……高老师觉得，对于从事教育工作的人来说，这些传记都是人生最好的老师和最好的教育学课程，也都是使自己能够登高望远的巨人的肩膀。

"三生有梦书当枕，半床明月半床书"。受诸位生活中的恩师和书本上的恩师影响，高老师成为一个几乎痴迷的"阅读狂"。阅读名著，提升了他的人格修养和视野境界，也使他的专业发展进入快车道。

明师，一定有坚定的教育理想和富有个性的教育主张。

高老师说，我骄傲，我是语文教师，我是母语之子。

在《满树桃花一棵根》一文中，高老师强调了语文教育中，经典的熏陶和诗心的培育。文中若干主张，读来真是痛快淋漓。

"满树桃花一棵根。这个根就是经典，就是阅读。"

"最重要的是播种诗意和诗心。什么是诗意和诗心？诗意是生活的美好，诗心是童心。"

"什么是诗意和诗心？诗心是人生审美感受的积累，诗意是多姿多彩的生活中迸发出的真情结晶。"

在《故事课程：文学和生活的双重启蒙》一文中，高老师更是旗帜鲜明地提出了自己的观点——听故事、讲故事，是儿童阅读的初级阶段，也是一辈子爱上文学的启蒙教育。这是一种用耳朵的阅读。

"在故事和语言之间，孩子能得到和世俗生活不一样的气息，优雅的心情和美好的感觉就会慢慢滋生。慢慢地，慢慢地，还有智慧、灵性、经验等很多东西都会渐生渐长。"

——说得多好啊！高老师大声倡导，故事应该作为一门独立的课程，进入幼儿园和小学。

有理想，有情怀，有主张，有行动；明师万祥，已自成体系，自成一家。

愤青万祥

愤青万祥，真的，万祥老师的笔底，总蘸满了他的忧思、他的焦虑、他的痛惜以及他的呐喊。

"面对社会的种种丑陋和不公，特别是看到自己心爱的教育被弄到这般狼藉的地步，我往往痛心疾首，到处呼吁批判，也积极践行建设。在公交车上，我往往让座。在十字路口，我从来不闯红灯。开车在路上，前面有车扔出个纸团或易拉罐，我总是恨不得超车把对方截住，罚他将垃圾捡回……"

这是一个心忧天下的教育者，这是一个眼里揉不得沙的社会人。使命感，让他面对症结坐卧不安；内心的担当，让他蒿目时艰，沥胆呼号。

关注基础教育现状，关注儿童学习生态，高老师大声疾呼——《让艺体成为高贵的大学科》。

"音体美应该是培养特长爱好、审美情趣、提升生命质量的高贵的大学科。"

"艺术教育绝不是一般的知识技能传授，它是一种哲学和精神层面上的感化与升华，是一种能让人性变得完美的高贵教育。"

高老师忧虑地叹息，中国百年现代教育最早向西方学习的就是艺体教育。然而，一百年过去了，今天中国的基础教育和欧美的相比，差距最大的仍然是艺体教育。他忧心忡忡——

"课时本来就有限的'小学科'纷纷被考试'大学科'占领，音体美早已沦落为仅仅贴在墙上迎接上级检查的可怜的一张薄纸。"

高老师坚定地认为，基础教育的改革发展，一个极其重要的内容是"呼唤音体美的真正回归。"他满怀美好憧憬——

"按我的设想，从小学一年级开始，一直到高三，每天都要开一节音乐课、一节体育课、一节美术课……也许，中国基础教育的美好未来，乃至中国社会和中华民族的美好未来，都在我的这一设想中！"

高老师一针见血，指出了当下的教育时弊，发人深省。他观察的目光从未有过停顿，他教育的思考从未有过稍歇，他呼吁，他倡导，他呐喊。

他发出了胸腔里的最强音：《还学校一片宁静——致教育厅厅长》。

"好多学校都有一面挂满各种牌牌的'铜墙铁壁'……我的心里总会感到一丝丝悲凉。"

高老师为学校陷入无休止的迎检、考核中而深感痛苦。

"校长成了传声筒，校长成了忙于表演的木偶！厅长先生，你知道这些情况吗？你是否应该承担其中主要的责任呢？"

"干扰！严重的教育骚扰！"

高老师说，这种破坏，更糟糕地表现在对人心和风气的腐蚀。

他焦灼，他愤怒，他像一个雄心万丈的青年奋力地扫荡着前行路上的沙石。

他呼吁，他沉默，他渴望着有一片清清静静、明明朗朗的教育净土。

他的深深的痛苦，在于，他的深深的爱。

《学校里没有讲的教育》，是什么呢？高老师说——

"书中所叙，是学校里不能讲、不屑讲、不敢讲，或者还没来得及讲的内容。"

——是啊，生活教育，生命教育，人文教育，社会教育；孝悌心，同情心，责任心，爱美心，爱国心；教育歌颂，教育批评，教育反思，教育建设……

《学校里没有讲的教育》，包含了高老师的思考、遗憾和痛心，也寄托了他的理想、热情和期盼。

《学校里没有讲的教育》，就是当下中国最缺少也是最需要大讲特讲的关于"人"的大教育。

高老师以身垂范，用自己的形象为我们回答了一个真正的教育者应该拥有怎样的神采？

歌者万祥，带给我们一抹生命的亮色。

赤子万祥，引发我们一段情怀的唏嘘。

食客万祥，触动我们一缕生活的情味。

明师万祥，指引我们一程前行的路径。

愤青万祥，凝聚我们一股教育的正气。

……

从现在起做一个幸福的读书人——这是高老师印在名片上的一句话。

幸福，就从读这本书开始。

2014 年 10 月 3 日　于杭州

（陈海燕，语文特级教师，杭州市余杭区教师进修学校课程督导处主任）